文化困知录

冯天瑜 著

SPM
南方传媒

广东人民出版社

· 广州 ·

图书在版编目（CIP）数据

文化困知录 / 冯天瑜著. —广州：广东人民出版社，2023.7

ISBN 978-7-218-16672-8

Ⅰ.①文… Ⅱ.①冯… Ⅲ.①中华文化—文集 Ⅳ.①K203-53

中国国家版本馆CIP数据核字（2023）第092535号

WENHUA KUNZHI LU

文 化 困 知 录

冯天瑜 著

出 版 人：肖风华

策 划：李 敏
责任编辑：李 敏 温玲玲
装帧设计：仙 境 奔流文化
责任技编：吴彦斌 周星奎

出版发行：广东人民出版社
地 址：广州市越秀区大沙头四马路 10 号（邮政编码：510199）
电 话：（020）85716809（总编室）
传 真：（020）83289585
网 址：http://www.gdpph.com
印 刷：广州市豪威彩色印务有限公司
开 本：787 毫米 ×1092 毫米 1/16
印 张：22.5 字 数：350 千
版 次：2023 年 7 月第 1 版
印 次：2023 年 7 月第 1 次印刷
定 价：128.00 元

如发现印装质量问题，影响阅读，请与出版社（020-85716849）联系调换。

或生而知之，或学而知之，或困而知之，及其知之，一也。

——《礼记·中庸》

小引

吾辈处古今更化、中外对接的大时代，种种文化问题纷至沓来，时处困惑中，困而思解，遂有若干断想，今择以呈现诸君，盼相与切磋，有以教我。

冯天瑜　2022年夏日于武昌珞珈山

目录 contents

壹　文化史片议

古典生态智慧的现代价值及其限定　/ 2

"五伦""三纲"分梳　/ 13

"劳心"与"劳力"的离合变迁　/ 24

科举制度
　　——中国的"第五大发明"　/ 42

中华元典"终极关怀"论析　/ 59

贰　历史语义学

中国衍为国名历程　/ 74

"革命"概念的迁衍建立　/ 92

"科学"概念的古今转换与中外对接　/ 121

"共和"内涵的衍生发展　/ 133

叁　中华文化生态

文化生态说　/ 148

农耕文明思维探略　/ 158

循环论与循环经济　/ 171

1

试析"李约瑟悖论" / 176

"中国世纪"说当缓议 / 184

肆　明清文化五百年

"集古"与"萌新" / 194

明代理学流变考 / 206

明清之际文化近代性初萌
　　——以徐光启、黄宗羲、顾炎武、王夫之为例 / 226

晚清新教传教士译业述评 / 238

近人对传统文化的两极评判 / 250

伍　中日文化交际

中日何以"两千年玉帛""一百载干戈" / 264

汉字文化对日本的深广影响 / 271

近代日本新语入华评议 / 288

中日间关于对方国情的"信息不对称" / 302

近代日本中国调查的历史警示与文献价值 / 308

陆　问学历程

修学三门径：义理—考据—辞章 / 324

庭教记略 / 332

未成文的家训 / 335

"住读"湖北省图书馆八年记 / 338

"看家书" / 346

壹　文化史片议

古典生态智慧的现代价值及其限定

现代工业文明取得巨大进展，同时也带来严重问题，诸如环境污染、人的意义危机等。针对"现代病"，谋求经济增长、人的全面发展和社会进步三者协调的可持续发展成为时代趋势，而中国先哲的"和谐""中道"观、"绿色意识"、共济式人伦观，可以提供可持续发展的某种启示。

一、"和谐"与"中道"

人类生产方式的发展史，大略经历了采集渔猎时代、农耕畜牧时代、工业化时代三个阶段，当下正在向信息智慧时代转化。前两个阶段，都走过了"创生—繁荣—衰败"的全过程，第三阶段在20世纪70年代达到极盛，其弊端在此前后显现出来。这三个阶段文明盛极而衰的原因当然是多方面的，但其中共通的一条便是，该生产方式已日益严重地破坏生态环境，又伴之以社会问题的积累，人们只得寻求新的生存方式，向新的文明形态过渡。

工业化时代对生态环境的破坏性更成倍增长，而环境问题则日益全球化，现在任何国度、任何民族都无法躲避全球变暖、空气及水质污染的威胁。如果臭氧层继续变薄，大气层空洞扩大，那么全人类便会普遍遭受紫外线的杀伤性照射，任何人都难以逃遁。而造成全球性生态问题的症结，便在于文明发展的无节制性，也即中国先哲所指出的——"过犹不及"。

20世纪80年代中后期以降，人类的发展理论出现革命性转折——从对资源、能源的高消耗，对环境的掠夺性开采以求得发展，转变为不仅谋求经济增长，而且注重环境、人口、文化的综合发展，转变为不仅造福当代，而且惠及后代的长远发展，也即顾及"世代间平等"问题。追求经济增长、人的全面发展和社会进步三者协调共进的可持续发展，日渐成为世人的共识，但这种共识还有待从哲理层面加深，从实践层面落实。总之，三者的可持续发展在知、行两方面都处于初始阶段，尚待朝深度与广度进军。

就"知"的层面而言，先秦哲人的"和谐"观与"中道"观，为可持续发展提供丰富而深邃的哲理之源。

"和"是中国哲学的一个重要范畴，指两种或两种以上事物间的和谐关系，指事物多样性的统一，"和"是形成事物的法则。老子说：

> 万物负阴而抱阳，冲气以为和。

意谓万物背阴而向阳，阴阳两气互相激荡而成新的和谐体。周太史史伯说：

> 夫和实生物，同则不继。以他平他谓之和，故能丰长而物归之。若以同裨同，尽乃弃矣。①

认为两种以上不同事物形成多样性统一的和谐关系，则能产生新事物，而相同事物加在一起并不能产生新事物。因而史伯反对"去和而取同"②。孔子（前551—前479）发挥这一思想，提出"君子和而不同，小人同而不和"③的著名命题，肯定差异性事物间的和谐关系。荀子（约前313—前238）则进而把"和"的观念引申到万物生成的高度：

---

① ② 《国语·郑语》。
③ 《论语·子路》。

> 万物各得其和以生，各得其养以成。①

与"和谐"观念相联系的是不走极端的"中道"观念，认为"过"和"不及"两种偏颇皆不可取，提倡"中行"②、"执和"③、"时中"④、"执其两端，用其中于民"⑤，将"中""和"视作根本法则，认为遵循此法则，天地万物便获得秩序、发育生长——

> 中也者，天下之大本也；和也者，天下之达道也。致中和，天地位焉，万物育焉。⑥

"和谐"观念与"中道"观念，是认定人生的最高境界为"与天地合其德，与日月合其明，与四时合其序，与鬼神合其吉凶"⑦。如此才能达到天人间的协调统一。这种观念虽然不是正面论述人与自然的协调关系，但在借喻之间，流露出尊重、顺应自然规律，维持生态平衡的卓越理念。

成书于战国时期的《国语》有"里革断罟匡君"⑧的故事：春秋时鲁宣公在泗水张网捕鱼，其臣里革把"罟"（渔网）割断，扔在水里，并对宣公说，春夏是鸟兽鱼孵卵繁衍之际，不应捕杀；是树木发芽生长之际，不宜砍伐。而动植物得到繁衍，人类才能取之不尽，用之不竭。孟子（约前372—前289）在论证"仁政""王道"时，也有类似的"观物比德"之喻——

> 数罟不入洿池，鱼鳖不可胜食也；斧斤以时入山林，材木不可胜用也。⑨

---

① 《荀子·天论》。
② 《论语·子路》。
③ 《论语·尧曰》。
④⑤⑥ 《中庸》。
⑦ 《周易·乾·文言》。
⑧ 《国语·鲁语上》。
⑨ 《孟子·梁惠王上》。

《逸周书》也包含了封山育林的思想：

> 禹之禁，春三月，山林不登斧。①

荀子更从哲理高度论述尊重自然规律的必要性：

> 天有其时，地有其财，人有其治，夫是之谓能参。舍其所以参，而愿其所参，则惑矣！②

荀子认为人的功能是与天地配合，人如果放弃与天地配合的本分，却去与天地争职责，便是犯糊涂了！《管子》也有类似见解，认为人不能"上逆天道，下绝地理"，否则"天不予时，地不生财"③。

二、"绿色意识"

农耕文明时代留下的思想遗产中具有深远价值的一种，是上遵天道、下循地理的观念。如果说，先秦哲人谈及此点，多半是论证伦理、政治问题的借喻，那么，农学家则是正面探讨这一问题。北魏农学家贾思勰指出："顺天时，量地利，则用力少而成功多。任情返道，劳而无获。"④

贾思勰在总结中国传统农业经验时，对农畜产业的循环生产模式进行了概括。其模式可图示如下：

---

① 《逸周书·大聚解》。
② 《荀子·天论》。
③ 《管子·形势解》。
④ 《齐民要术·种谷第三》。

　　这种"人事"不违天地规律的"因势利导"思想，顺应自然以发挥人力的思想，耕作、养殖、消费三者有机循环、生生不已的思想，体现了传统生态智慧对于"天—人"关系、"人—地"关系的远见卓识。

　　因当时的生产力水平不高，此类经验概括还是浅层次的，但此中所包蕴的意义却十分深长，与当下正在觉醒的"绿色意识"、正在兴起的"绿色营销"在理念上血脉相通。"绿色意识"指人类应效仿绿色植物，取之自然，又回报自然，从而有利于大自然的生态平衡，实现经济、环境和生活质量之间的相互促进与协调；"绿色营销"指生产者及企业在满足顾客需要和保护生态环境的前提下获得利润。从"绿色意识"中还可引申出"绿色消费"的观念，即适度消费意识。当下发达国家的高消费已经造成资源的巨量损耗，而这种高消费还通过现代信息手段，生动地展示在世人面前，导致发展中国家消费观念更新的速度，大大超过科技与经济发展的速度，从而形成一种浮躁、超前的消费取向。值此之际，东方固有的"节俭"意识、"量入为出"的治家治国理念，具有修复性疗效，其精义也正与绿色植物生产（光合作用）和消耗统一，生产量大于消耗量（方有有机物积累）的示范相合。这种天人协调的绿色意识及其表现——绿色营销、绿色经济、绿色消费，指示着可持续发展的前景：以高效、低耗、少污染以至无污染的生物方法、绿色技术取代高能耗、高物耗、高污染的生产方式和生活方式，以达到人与自然、主体与客体的协调互济。

　　人类对自身和外在自然界相互关系的认识，经历了三个阶段："主客浑然一体阶段""主客体两分对立阶段""主客体辩证统一阶段"。如果说，西方文化较典型地经历了从第一阶段向第二阶段的转化，这便是工业革命和科技革命所完成的任务，现在已步入后工业时代的西方正处在由第二阶段（主客体两分对立）向第三阶段（主客体辩证统一）转化的过程之中。东亚的思维方式未能充分展开主体与客体（或曰人与天）的分离，以中国为例，虽然有春秋时期子产倡言"天道远，人道迩"，战国荀况、唐代刘禹锡论证"天人相分"，但就总体而言，"天人合一"观念占优势，"天人相分"观念没有获得充分发育。这一倾向与中国走向现代化的历程特别艰难互为因果。但中国传统的主客一体、天人合一的理念，对于当下正在形成中的"主客体辩证统一"思维方式显然富于启迪。这正是具有现代意识的东西方哲人注目于东亚智慧的原因所在。

东亚智慧没有也不可能树立一种人与自然和谐发展的可资仿效的完备样板，它所提供的只是闪耀着真理之光的某些启示。东亚智慧没有完成"主客体浑然一体"向"主客体两分对立"的转化，这是其时代性缺陷，但它阐扬了人与自然的一体观——从自然规律经过人的自觉而发展出伦理观以达成人与自然、人与人和谐统一的观念，如孟子所说的"仁民爱物"，主张施仁政于民众，更把爱推及万物；又如宋代思想家张载（1020—1077）的名论"民，吾同胞；物，吾与也"①，视万民为我的同胞、万物为我的同伴朋友，整个宇宙是一个大家庭，这种"绿色理念"对于纠正工业革命以来人与自然二元对立导致的种种弊病，无疑具有精神疗治作用。

东方智慧的另一渊源——印度思想也有此类资源。诗人泰戈尔说：

> 印度人……把世界和人一起包括在一个伟大的真理里。印度人强调人和宇宙之间的和谐……②

这种思想与中国先秦哲人的"赞天地之化育""人与天调"一类理念是相通的，它们对现代人克服主体与客体截然两分对立造成的生态危机富于启示性。当然，这种"克服"绝不是否定现代文明，重新回到古代的"主客不分""主客混沌"，而是充分肯定工业化的成就，利用现代科技的巨大威力，将生产力引导到实现人与自然和谐统一的绿色运作轨道上。

现代西方的一些思想家，开始超越人与自然两分对立观念，追求人与自然的和谐统一。如美国新环境理论的创始者奥尔多·利奥波德所著《沙乡的沉思》一书，描述作者在一个废弃的沙乡农场，运用现代科技恢复生态完整性的探索过程及其思索。该书有一节名为《土地道德》，首次从道德角度提出人与自然关系标准，把土地看成一个由相互依赖的各个部分组成的共同体，而人只是共同体中的一个普通成员。该节论述维持生物链完

---

① ［北宋］张载：《正蒙·乾称篇》。
② ［印度］泰戈尔：《没有墙的文明》。

整性的重要性，指出人如果过分垦殖、开采，强行打破这种生物链，是不道德的，而且"征服者最终都将祸及自身"。利奥波德还指出："一个事物，只有在它有助于保持生物共同体的双向互助式和谐、稳定和美丽的时候，才是正确的，否则，它就是错误的。"这种认识与中国一千年前的哲学家张载提出的"民胞物与"的命题一脉相通，不过这是在新的科技、新的生产力水平上的哲学及伦理学概括，生动展现了人类理智的古今贯穿性和中西相应性。

三、协和共济的人伦观

近20年来，可持续发展已逐渐成为世人关注的焦点，但其认识主要集中在人与自然关系的协调上。然而，人类要真正实现可持续发展，除必须正确处理人与自然的相互关系外，还必须追寻人与自我、人与社会的协和共存，求得人际关系的健全发展。而东亚智慧提供的互动共济的人伦理念在此方面的教益尤其值得借鉴。

阴阳彼此依存、相互为用的观念，是中国哲学的精髓，表现在人与社会、人与自我的关系上，即是发扬"仁者爱人""交相利，兼相爱"精神，以达成人我间的双向互助式和谐共处。

东亚智慧关于人伦关系的内容十分丰富。东亚的仁爱、兼爱与西方的博爱有着内在的相通性，这里不作详论。东亚智慧的人伦观，尤其值得今人借鉴的是包含人际间双向互助关系的"五伦"思想。"五伦"又称"五常"，原指宗法社会中的君臣、父子、夫妇、兄弟、朋友这五组关系，但又可放大，如君臣关系可泛解为上下级关系，朋友关系可包括同事关系。中国传统伦理对这些关系的界定，有单向独断论和双向协调论两种。前者以"三纲"说为代表，即"君为臣纲，父为子纲，夫为妻纲"[①]，认定尊者、长者拥有绝对权威和支配地位，卑者、幼者唯有屈从的义务。这种单向独断论的绝对主义伦理观念构成专制政治的伦理基础，是现代化进程应予扬弃的东西。后者的代表性表述则是"父子有亲，君臣有义，

① ［西汉］董仲舒：《白虎通·三纲六纪》。

夫妇有别，长幼有序，朋友有信"①，其间包含着较多的人际间的温情、理解和信任，而且是相对性的、双向性的要求。以君臣一伦而言，"五伦说"便对君与臣两方面都提出要求："君之视臣如手足，则臣视君如腹心；君之视臣如犬马，则臣视君如国人；君之视臣如土芥，则臣视君如寇仇。"②至于夫妇一伦，则以"义"为标准，"夫妇以义事，义绝而离之"③，"夫不义，则妇不顺矣"④。这里强调的也是一种双向性要求。此外，在父子关系上主张"父慈子孝"，在兄弟关系上主张"兄友弟恭"，也是双向性要求；朋友关系则讲究互利互助，"交友之旨无他，彼有善长于我，则我效之；我有善长于彼，则我教之。是学即教，教即学，互相资矣"⑤，倡导朋友间互相取长补短，推崇的仍然是双向互动关系，促成人际间达到和谐境界。

四、太极图启示

东亚智慧中蕴涵着丰富的关于"和谐"的、可持续发展的思想内容，而"和谐"精义最简明、直观的体现便是太极图（阴阳鱼及阴阳鱼与伏羲八卦的合图）。

这一图式生动形象地揭示了宇宙构成的奥秘：阴阳对立而又统一，相应而又合抱。太极图中的S曲线，是一分为二的阴阳双方彼此依存、制约、消长、转化的动态展现。由此曲线判分的阴阳双方，互补共生，相反而又相成，象征着宇宙万象遵循对立统一法则实现的和谐。在阴阳鱼周围绘出伏羲八卦图，合称"伏羲太极图"，展示"易有太极，是生两仪，两仪生四象，四象生八卦"⑥图像，将易道的"流行"与"对待"两大精义生动揭示出来。太极图形象而集中地体现了东亚智慧的多元综合性、互补和谐性、动态演化性及模糊意向性。这种特性表现于人世间，便是"琴瑟

① 《孟子·滕文公上》。
② 《孟子·离娄下》。
③ ［北宋］司马光：《家范·夫妇》。
④ ［北齐］颜之推：《颜氏家训·治家》。
⑤ ［明］王肯堂：《交友》。
⑥ 《周易·系辞上》。

调和""政通人和""协和万邦";体现于天人之际,便是人类与自然相亲和,"赞天地之化育""与天地参"①,达到与生态环境的和谐共生。

阴阳互补共生、相反又相成的观念,是克服主客两分对立的现代病的启示之源。美国当代物理学家弗里乔夫·卡普拉(Fritjof Capra,1938—)对此有生动的论说。他批评笛卡儿、牛顿代表的工业文明的机械论潮流,主张从中国关于"道"的观念和阴阳互补思想中吸取营养,建立有机的生态智慧。他认为,文化观念中包含阴、阳两种因素,女性、收缩、保守、回应、合作、直觉、综合可归于"阴";男性、扩张、要求、进攻、竞争、理性、分析可归于"阳"。西方智慧主导的现代工业文明的失衡,主要表现为阳盛阴衰,"过分强调了阳——理性知识、分析、扩张;忽视了阴——直觉知识、综合和生态意识"②。西方文化是一种"阳性文化""崇阳文化",并已发展到"至阳"。根据"阳至而阴,阴至而阳"的原则,它正面临"阳至而阴"的转折。在这一转化过程中,东亚智慧的启迪至关紧要,因为东亚智慧包含着丰富的阴性因素,并在一定程度上体现出阴阳平衡。卡普拉以西医代表西方智慧,以中医代表东亚智慧,比较二者的差异:

> 在西方医学中,具有最高名望的医生是对身体的某个具体部位有详细知识的专家。而中医理想的医生是哲人。他们懂得所有的宇宙模式是如何在一起共同运行;他们以个体为基础来治疗每一个病人;他们的诊断不是把病人分类为患某种特殊的疾病而是尽可能详细地记录下每一个病人总的精神和身体状态及其与自然和社会环境的关系。③

卡普拉对东西方智慧的这种概括,大体是确切的,与本文题旨亦有相通之处——疗治现代文明病,使现代社会走向健全发展的道路,不能一味依靠西医式的分体疗法,而需要借鉴中医式的辨证综合施治。

---

① 《中庸》。
② [美]弗里乔夫·卡普拉:《转折点——科学、社会和正在兴起的文化》,四川科学技术出版社,1988,第24页。
③ [美]弗里乔夫·卡普拉:《转折点——科学、社会和正在兴起的文化》,第308页。

东亚智慧在数千年间，经历了"下学上达"与"上学下移"的双向发展过程，既凝聚在《周易》《老子》等典籍文本之中，又发挥于文化大师的宣讲、阐释之间，同时也活跃于百姓的日用实践里，形成诸如勤俭敬业、信用信实、重教尊师、注重积累等习俗、规范，不仅在历史上发挥过作用，而且在东亚的现代化进程中显示巨大的活力。因此，东亚智慧的未来走向，不仅取决于东西方智慧的相互吸纳融合，而且取决于在现代生活的新高度上，实现精英文化与大众文化的健康互动——以精英文化提升大众文化，由大众文化滋养精英文化，这是东亚智慧获得源头活水、生生不息的机制所在；也是精英文化防止枯涩、顿滞，大众文化克服物欲化的沉沦倾向的希望所在。

五、东亚智慧的历史局限

东亚智慧作为古典整体思维的产物，对克服现代病颇有启示，但也存在历史局限，不可能提供"疗治现代病"的现成方案和操作手段。以人与自然的关系问题而论，东亚智慧的"天人合一""民胞物与"等观念，对于现代人克服人与自然的两分对立，富于启迪。然而，"天人合一""民胞物与"的原意是讲人处天地间的超越态度，并非正面探讨人如何在操作层面上实现与自然的和谐，故在流行此说的古代中国，未能从实践上解决发展生产与保护生态环境的矛盾问题。实际情况是，随着人口增长、土地过度垦殖，黄河流域、长江流域的生态环境在秦汉、唐宋、明清三个阶段持续恶化，加之专制帝王的穷奢极欲，唐人杜牧《阿房宫赋》所云"蜀山兀，阿房出"一类现象层出不穷。先秦时森林茂密、野鹿成群的三晋、河洛一带，唐宋以降变得黄土突兀、沟壑纵横；河西走廊的绿洲沃壤被漫漫黄沙所淹没；曾经古木森森的鄂西北山地，至明清因移民开垦，变成一片荒山。这都提示我们：不能把产生"天人合一"理念的农耕文明美化为"桃花源"式的黄金时代。那时的人类由于"工具理性"的滞后和认识上的短视，不可能克服对大自然的盲目性，在愚昧和贫困的逼迫下，生态破坏日趋严重。故"天人合一""民胞物与"的理想，只有经历现代文明的洗礼，又获得现代科技伟力的武装，方能为文明的可持续发展之道提供切实的借鉴。

就人与人、人与社会层面而言，东亚智慧重视人伦，形成一种对人生目标的公正概念、宽容和深思的精神和平，具有很高的德性价值。然而，东亚智慧并未寻觅到普遍维护民众人格独立、社会公正的制度保障，社会长期运作的是"轻视人，使人不成其为人"的君主专制制度。在"三纲"的束缚下，广大民众的自由被剥夺，一些起码的生存权利被禁绝。"尊尊""亲亲"的宗法积习又妨碍法治的推行，"官本位""任人唯亲"更成为沿袭至今的痼疾。这些问题的克服，当然有赖于东亚智慧内部健康因素（如"民惟邦本""法不阿贵"等观念）的张扬，但尤其需要现代文明的强劲冲击，其间西方的人文精神、自由理念、民主与法治相整合的思想，是必不可少的参照。就伦理而言，东方智慧主张发扬道德义务及社会责任心，与西方智慧强调个人权利、公平竞争原则，应当互补共存。

总之，那种无视东亚智慧的认识当然有害，而以为东亚智慧可以提供现成的克服现代病的灵丹妙药的看法也无益于事。东方智慧与西方智慧的互补相济，古典文明与现代文明的对话沟通，促成人类价值理性与工具理性的全面发展，才有可能创建一个较为美好的未来。哲学家张岱年（1909—2004）"综合中西文化之长以创造新文化""主动吸取外来文化的成果，取精用宏，使民族文化更加壮大"等主张，是可取的方略。

曾经辉煌的东亚智慧，将在现代文明大潮中，与西方智慧相互切磋，彼此为对方提供补强剂、复壮剂，达到互动共进，以创建多元一体的人类新文明。

为了明天更加明媚的阳光和灿烂的星空，为了人与人既合理竞争又相亲相爱，为了每个人身心得到健全、平衡的发展，让我们上下一心，现在就开始行动！

"五伦""三纲"分梳

扬弃（aufheben），指新事物对旧事物的既抛弃又保留、既克服又继承的关系。德国哲学家康德（1724—1804）首先运用该词。黑格尔（1770—1831）赋予这一概念以肯定和否定的双重哲学含义，认为概念发展的每一阶段对前一阶段而言，都是一种否定，这是包含肯定的否定，是概念的发展过程，对旧质既有抛弃又有保留，既有克服又有继承。扬弃包括发展和联系两个环节。联系的环节体现了新事物对旧事物的发扬、保留和继承，这是"扬"的过程，是事物发展的连续性；发展的环节体现了新事物对旧事物的抛弃、克服，这是"弃"的过程，是事物发展中的非连续性。对中华民族的文化遗产须加扬弃，去其糟粕，取其精华，实现连续性与非连续性的统一。

扬弃须进入国学讲习诸层面，尤须进入核心层面。

国学即国故之学，指中国传统学术，其包蕴丰富，鱼龙混杂，精华糟粕互见，今日讲习国学，须作辨析，扬其当扬，弃其当弃。这是倡导国学的题中应有之义。国学由"国文""国史""国伦"组成，对三者皆须作扬弃，不能囫囵吞枣。而"国伦"即中国式伦常，是国学的核心内容，尤当深入辨析。

中国伦常的精神内核是什么？陈寅恪（1890—1969）将其概括为"三纲六纪"，他在《王观堂先生挽词并序》中说："吾中国文化之定义，具于《白虎通》三纲六纪之说，其意义为抽象理想最高之境，犹希腊柏拉图所谓Idea者。若以君臣之纲言之，君为李煜亦期之以刘秀；以朋友之纪言之，友为郦寄亦待之以鲍叔。其所殉之道，与所成之仁，均为抽象理想之通性。"①

纲纪说被视为"抽象理想最高之境"，是对各组伦常关系的高标准设计，如遇到李煜这样孱弱的君主，则期之以刘秀那样英明的君主；遇到卖友的郦寄，则期之以鲍叔牙那样忠诚的朋友。

两汉以来的纲常说，将"三纲"与"五伦"并列论之（所谓"三纲五常""纲常名教"），推尊为人伦准则的极境。无论是汉至清对"纲常名教"的推崇，还是近代将其视作吃人的旧礼教加以整体摒弃，都是将"三纲"说与"五伦"说捆绑在一起。然而，这种概括并不完全符合中国思想史实际。置之概念生成史考察，"三纲"说与"五伦"说虽然都是宗法社会的产物、宗法观念的表现，有着相通性，但二者又颇有差异，分别代表中国伦常观念的两种走势，不宜笼统处置，应当予以分梳，区别对待。

一、伦理观的两种旨趣

宗法社会的人伦观，并非铁板一块，而有单向独断论和双向协调论两种系统，形成两种旨趣不同的传统。一种传统以"三纲"说为代表，一种传统以"五伦"说为代表。

1."三纲"说强调尊者、长者的权威性、绝对性

"三纲"一语出自西汉董仲舒（前179—前104）的《春秋繁露·基义》，他将"王道"的要领概括为规范君臣、父子、夫妇的"三纲"说，并认为这些规范是天道决定的。董仲舒曰："王道之三纲，可求于天。"又曰："道之大原出于天，天不变，道亦不变。"认为王道三纲是颠扑不破的永恒法则。

"三纲"说完整的表述，见于汉代纬书《礼纬含文嘉》。班固（32—92）在《白虎通义》卷八《三纲六纪》中说：

---

① 陈寅恪：《陈寅恪集·诗集》，生活·读书·新知三联书店，2001，第12页。

　　三纲者，何谓也？谓君臣、父子、夫妇也。六纪者，谓诸父、兄弟、族人、诸舅、师长、朋友也。故《含文嘉》曰："君为臣纲，父为子纲，夫为妻纲。"又曰："敬诸父兄，六纪道行，诸舅有义，族人有序，昆弟有亲，师长有尊，朋友有旧。"何谓纲纪？纲者，张也。纪者，理也。大者为纲，小者为纪。所以张理上下，整齐人道也。

　　两汉的董仲舒、班固肯定上下尊卑秩序，却并未着力强调上对下权威的绝对性。而早在战国末期，力倡君本位的法家韩非子（前280—前233）在《韩非子·忠孝》中说：

　　臣事君，子事父，妻事夫，三者顺则天下治，三者逆则天下乱。此天下之常道也。

　　尧、舜、汤、武，或反君臣之义，乱后世之教者也。

　　韩非子强调的是下对上的"事"和"顺"，即无条件服从，并激烈批评《尚书》《周易》讴歌的尧舜禅让、汤武革命，认为尧舜汤武所为，是"反君臣之义，乱后世之教"。韩非子主张"人主虽不肖，臣不敢侵也""所谓忠臣，不危其君；孝子，不非其亲"，将君对臣、父对子的威权提升到绝对程度，还提出"事在四方，要在中央。圣人执要，四方来效"。

　　韩非子坚称的"臣事君，子事父，妻事夫"三"常道"，即"秦制"君主集权社会的制度原则，又演为两汉以降"三纲"说的主旨。汉武帝（前156—前87）采纳董仲舒"罢黜百家，独尊儒术"的意见，核心是"王道三纲"说，强调君父权威，成为宗法专制时代的主流意识。唐代韩愈（768—824）在《原道》中论及君、臣、民关系时，阐发的是上对下、尊对卑的垂直控制：

　　是故君者，出令者也；臣者，行君之令而致之民者也；民者，出粟米麻丝，作器皿，通货财，以事其上者也。君不出令，则失其所以

> 为君；臣不行君之令而致之民，则失其所以为臣；民不出粟米麻丝，作器皿，通货财，以事其上，则诛。

与君主专制相伴生的"王道三纲"说，贯穿汉唐至明清，当近代民权运动兴起，此说仍具有强势的抗拒惯性。戊戌变法之际，张之洞（1837—1909）著《劝学篇》，其内篇称：

> 故知君臣之纲，则民权之说不可行也；知父子之纲，则父子同罪、免丧、废祀之说不可行也；知夫妇之纲，则男女平权之说不可行也。

足见"三纲"说作为单向独断论的绝对主义伦理观念，构成专制政治的伦理基础，抵制民主、平权诉求。

2."五伦"说讲究人伦关系的相对性、和谐性

传统伦理的另一宗旨则见于"五伦"说，即孟子所谓：

> 父子有亲，君臣有义，夫妇有别，长幼有序，朋友有信。[①]

其间包含着人际间的温情、理解和信任，而且是相对性的、双向性的要求。这种"五伦说"集中反映在《尚书》《左传》《孟子》《老子》等先秦典籍的民本主义表述中。

简言之，民本主义的上下关系论要领有二。

第一，下是上的基础，民众是立国根本。《尚书》中的"民可近，不可下。民惟邦本，本固邦宁"是此一精义的著名表述。老子从贵与贱、高与下的辩证关系立论："故贵以贱为本，高以下为基。是以侯王自谓孤、寡、不穀。此非以贱为本邪？"[②]正是从这种下是上的基础，民众是

---

① 《孟子·滕文公上》。
② 《老子》第三十九章。

立国根本的认识出发，孟子发出千古名论："民为贵，社稷次之，君为轻。"①

第二，民意即天意，民心即圣心。《尚书》载周武王语："天视自我民视，天听自我民听。"《尚书》又称："天聪明，自我民聪明；天明威，自我民明威。"《老子》第四十九章则说："圣人无常心，以百姓心为心。"以君臣一伦而言，"五伦"说对君与臣两方面都提出了要求，如孟子指出：

> 君之视臣如手足，则臣视君如腹心；君之视臣如犬马，则臣视君如国人；君之视臣如土芥，则臣视君如寇仇。

民本主义的一个经常性论题是"爱民""利民"，反对"虐民""残民"。孟子反复劝导国君"保民而王"②，荀子则有"君者舟也，庶人者水也。水则载舟，水则覆舟"③的警告，八百载后唐太宗与魏徵君臣对话中的"水可载舟，亦可覆舟"④的名论承袭于此。

至于夫妇一伦，"五伦"说则以"义"为标准，"夫妇以义事，义绝而离之"⑤，"夫不义，则妇不顺矣"⑥。这里强调的是一种双向性要求。

在父子一伦上，主张"父慈子孝"，双向要求；在兄弟关系上，主张"兄友弟恭"，也是双向要求；朋友关系则讲究互利互助，"交友之旨无他，彼有善长于我，则我效之；我有善长于彼，则我教之。是学即教，教即学，互相资矣"⑦，倡导朋友间互相取长补短，推崇的仍然是双向互济关系。

梁启超（1873—1929）慧眼卓识，将"五伦"的精义概括为"相人偶"，也即人际对偶关系的相敬互助。他指出：

---

① 《孟子·尽心下》。
② 《孟子·梁惠王上》。
③ 《荀子·哀公》。
④ 《贞观政要》。
⑤ ［北宋］司马光：《家范·夫妇》。
⑥ ［北齐］颜之推：《颜氏家训·治家》。
⑦ ［明］王肯堂：《交友》。

五伦全成立于相互对等关系之上，实即"相人偶"的五种方式。故《礼运》从五之偶言之，亦谓之"十义"（父慈子孝，兄良弟悌，夫义妇听，长惠幼顺，君仁臣忠）。人格先从直接交涉者体验起，同情心先从最亲近者发动起，是之谓伦理。[①]

这种对人际在权利与义务两方面提出双向互助性要求，以形成较为和谐的人伦关系，在利益驱动的现代社会尤其显得宝贵。20世纪下半叶，东亚国家和地区创造经济奇迹，除利用最新科技成就，借用西方市场经济的竞争与激励机制以外，一个重要原因是东亚伦理的人际和谐精神得到现代式发挥，将企业和社会组合成风险共担、利益均沾的"命运共同体"，使管理者与劳作者在"和"的精神凝聚之下，形成长久、牢固的"合力"，而不是短暂的利用关系。这正是对东亚和合精义的创造性发挥，暗合了孟子的名论："天时不如地利，地利不如人和。"[②]也暗合了荀子的名论："上不失天时，下不失地利，中得人和，而百事不废。"[③]

二、"五伦"说先于"三纲"说

"三纲"说与"五伦"说的生成机制、成说时代，有性质之差、先后之别。

1."五伦"说成于分权的封建时代

大体言之，"五伦"说形成于先秦，是宗法封建时代（本义上的"封建"，而非泛化的"封建"）的产物，较多地保留了氏族民主遗存和封建分权之义，蕴蓄着血亲温情，讲究的是"情理"。

先秦哲人普遍认为下对上既当顺从，又应批评，臣子谏议君父，是忠孝的表现。春秋末年曾子（前505—前435）主张子对父"微谏不倦"（不

---

① 梁启超：《先秦政治思想史》，见《饮冰室合集》第9册，中华书局，1989，第75页。
② 《孟子·公孙丑下》。
③ 《荀子·王霸》。

倦地提出温和有度的批评）。战国初期子思（前483—前402）说："恒称其君之恶者,可谓忠臣矣。"[1]

战国中期孟子主张臣子"格君心之非",即批评君父的不是之处:"责难于君谓之恭,陈善闭邪谓之敬,谓吾君不能谓之贼。""人不足与适也,政不足间也,惟大人为能格君心之非。"[2]

战国后期荀子强调敬重君王,但仍把谏君之非列为忠,不过是"下忠":"以德覆君而化之,大忠也;以德调君而辅之,次忠也;以是谏非而怒之,下忠也。"[3]荀子高度赞扬谏君之臣:"故谏争辅拂之人,社稷之臣也,国君之宝也。""逆命而利君谓之忠。"[4]

先秦哲人普遍认为,道义是人伦的最高准则,忠孝皆在"道"的覆盖之下,所谓:"从道不从君,从义不从父,人之大行也。"[5] 如《左传》肯定晏婴（？—前500）的"不死君难"说（不为暴君昏君当殉葬品）。汉人赵岐诠释《孟子》时,有一切关紧要的注疏:

> 于礼有不孝者三事,谓阿意曲从,陷亲不义,一不孝也;家贫亲老,不为禄仕,二不孝也;不娶无子,绝先祖祀,三不孝也。[6]

认为第一不孝,是"阿意曲从,陷亲不义",即对父母无条件地屈从,容忍他们做不义之事。"不娶无子",只是第三位的不孝。孟子的思想体系是仁义至上（所谓"杀身成仁,舍生取义"）,赵岐将"陷亲不义"列为不孝之首,庶几合乎孟子的思想主旨。

2."三纲"说成于君主集权时代

与"五伦"说相区别,酝酿于战国、定型于秦汉的"三纲"说,是皇权时代的产物,体现了君主集权制覆盖下的垂直式独断,强调的是上对下

---

① 《鲁穆公问子思》。
② 《孟子·离娄上》。
③④ 《荀子·臣道》。
⑤ 《荀子·子道》。
⑥ ［东汉］赵岐:《孟子章句》。

的等级式威权以及下对上的无条件屈从。先秦法家持君权无限论，汉儒董仲舒部分吸收法家君权论，又以天命说为其论证：

> 天子受命于天，诸侯受命于天子，子受命于父，臣妾受命于君，妻受命于夫，诸所受命，其尊皆天也。……臣不奉君命，虽善，以叛言。……妻不奉夫之命，则绝，夫不言及是也。①

这种综合儒、法、阴阳诸家，以天命论为基旨的"三纲"说，又与"五常"说相并列（南宋朱熹正式使用"三纲五常"短语），构成中古以至近古人伦观念的主流。

人类在跨入阶级社会之前，经历了漫长的无阶级的氏族社会，其间孕育了氏族内部以血缘纽带维系的原始民主，在跨入阶级社会初期，如中国的商周时代建立的宗法封建社会，还保留着若干原始民主的痕迹，并在两周历史条件下演化为"民本"说与"五伦"说。而"三纲"说定形于秦汉以降的专制君主制时代，其强势的独断论为专制帝王和尊者、长者所喜好、所运用，虽然受到历代民本主义者和异端思想家的批判，然其主流地位从未动摇。

时至近代，在君主专制与民主平权相争锋之际，"三纲"说的元典性成为保守与革新两大派别争论的焦点。

张之洞在1898年撰写的《劝学篇》内篇中亟言"三纲"说来源于圣人之道，肯定其元典性：

> "君为臣纲，父为子纲，夫为妻纲"，此《白虎通》引《礼纬》之说也。董子所谓"道之大，原出于天，天不变，道亦不变"之义，本之《论语》"殷因于夏礼，周因于殷礼"。注："所因，谓三纲五常。"此《集解》马融之说也，朱子《集注》引之。《礼记·大传》："亲亲也，尊尊也，长长也，男女有别。此其不可得与民变革者也。"

---

① 《春秋繁露》（卷十五）。

近代启蒙思想家则以"三纲"说为扬弃对象，如何启（1859—1914）、胡礼垣（1847—1916）在1899年撰写的《〈劝学篇〉书后》中批评张之洞《劝学篇》内篇宣扬的"三纲"说有悖于人道，认为君臣、父子、夫妇之间应是平等关系，只应服从情理，不应以绝对的垂直纲纪加以强力控制。何启、胡礼垣特别揭示"三纲"说的非元典性：

> 三纲之说非孔孟之言也。三纲之说，出于《礼纬》，而《白虎通》引之，董子释之，马融集之，朱子述之，皆非也。夫《礼纬》之书，多资谶纬。以谶纬解经，无一是处，为其无实理之可凭也。三纲者，不通之论也。

何启、胡礼垣在批评"三纲"说的同时，陈述"五伦"说的合理性，称其"通明""不偏"，保存了血亲和谐的双向互动理念。又进而指出，"五常之道，在孔子二千余年之前而已然"，即源自上古；同时，"凡尚理学如希腊等国，亦莫不以五伦为重"，足见"五伦"说是古今中外之通义。

梁启超在《先秦政治思想史》中，也区分"三纲"与"五伦"，他指出："后世动谓儒家言三纲五伦，非也，儒家只有五伦，并无三纲。"① 这里说的"儒家"当然是指先秦原始儒家。梁氏此一辨析，与何启、胡礼垣相类似。钱穆（1895—1990）、张岱年有相近论说。

综上可见，古人、近人都不乏对"三纲"说与"五伦"说加以分梳的努力，我们今日更应超越混淆二者的粗率思维，在扬弃"三纲"说的同时，用力开掘"五伦"说的宝贵精神资源，借以发挥其社会协调功能。

三、"五伦"说指示双向协和的社会秩序

"五伦"说有别于专制主义政治伦理，它阐发的是对尊与卑、上与下

---

① 梁启超：《先秦政治思想史》，载《饮冰室合集》第9册，中华书局，1989，第75页。

的双向要求，具有协和性。所谓"君使臣以礼，臣事君以忠"①，分别对君和臣提出要求，"君礼"与"臣忠"互动，方能达成君臣和谐、同舟共济。所谓"父子有亲，君臣有义，夫妇有别，长幼有序，朋友有信"②，为"五伦"关系分别树立了"亲、义、别、序、信"等富于理性和人情的准则，并无绝对主义的要求。成书于秦汉之际的《礼记》之《礼运》篇，对先秦的"五伦"说做了总结，将父子、兄弟、夫妇、长幼、君臣这五组社会人际关系的良性双向互动概括为："父慈子孝，兄良弟悌，夫义妇听，长惠幼顺，君仁臣忠。"此后，关于"五伦"的双向性要求，还有多种大同小异的说法，最流行的是："君明臣忠，父慈子孝，兄友弟恭，夫和妇顺，朋谊友信。"

"五伦"说主要强调上下关系的协调，而"各守职分"（处在"五伦"关系诸层级的人各有责守，必须各尽义务）是达成和谐关系的要义所在。这一思路包含"互动""双向要求"诸要义，既是对专制独断论的一种抑制，也是对无政府及民粹倾向的一种防范与救治，有助于我们今日正确处理社会人际关系，如政府与民众关系、劳资关系、民族关系、医患关系、家庭关系等，以构建和谐社会。

以政府与民众关系为例，片面的单向要求，或者是上对下的"专断"，或者是下对上的"民粹"，都将导致社会矛盾的激化，国家丧失稳定祥和。以劳资关系为例，资方如果一味追逐利润最大化，置劳方利益于不顾，必将激化劳资矛盾；劳方如果强索超越企业承受力的要求，必有损于企业的生存与发展。以民族关系而论，大民族的沙文主义与少数民族的分离主义，都不利于民族团结、和谐共存。

环顾社会的诸种双边关系，"五伦"说阐扬的"互动""双向要求"至关紧要。

当然，传统的"五伦"说作为宗法等级社会的产物，侧重强调"义务"，尤其是下对上的义务，而基本没有涉及"权利"问题，没有对民众享受权利和运用权力（所谓"民享"与"民治"）给予实际的肯认，故中

① 《论语·八佾》。
② 《孟子·滕文公上》。

国传统社会不可能充分实现社会和谐。秦以后专制皇权社会两千余年间，社会动乱此伏彼起，便是明证。社会主义的精义便在于实现人的全面发展、社会关系的和谐发展。我们创建社会主义和谐文化时，应继承前人的优秀遗产，如"五伦"说在人际关系上的双向观照、和谐相处观；同时也要超越前人，有所创发，如在义务与权利的统一上，实现上下层级的良性互动，这可能是社会长治久安，实现可持续发展的关键之一。

"劳心"与"劳力"的离合变迁

中国传统文化的一个结构性论题，是劳力—劳心之辩，此与政学—技艺地位直接相连。

一、从"圣人创物"到"小人末技"

对劳力—劳心的评价，历史上约略经历了三个阶段：

第一阶段：原始社会，体力劳动与脑力劳动尚未分离，传说中的上古"帝王"，如神农、黄帝、尧、舜、禹等，都身兼生产技艺及工具发明者、社会制度构建者、精神文化创造者的多重身份，这是人类童年时代劳力—劳心彼此携手的表征。

第二阶段：先民跨入文明门槛（以金属工具、文字发明使用及国家出现为标志），随着剩余产品的日渐丰富并被社会管理阶层占有，统治者（王及诸臣）和专业文化人（巫、史、祝、卜等，他们中的不少人进入诸臣行列）从沉重的体力劳动中解放出来，劳心、劳力分工，国家机器得以建构，获得"闲暇"的文化人创建文学、艺术、哲学、政治学、伦理学。这是历史的一大进步。此一进步挖掘了"工匠之手"与"哲人之思"之间的鸿沟，此后两三千年，这种鸿沟愈益深阔，"技""道"隔离，阻碍文化的健康成长和人的全面发展。

第三阶段：近代工业文明兴起，对扩大社会再生产具有革命意义的科学技术受到前所未有的重视，商品经济的发展和重视实证科学的近代教育的进步，在"哲人之思"与"工匠之手"的鸿沟上架设桥梁，劳心与劳力逐渐走向新的统一。

我们通常所说的"中国传统文化"，略指第一、二阶段的文化，主要指第二阶段的文化，劳力、劳心也即手脑关系的走势是从合一走向分离。

1. 手脑合一阶段的"圣人创物"说

在前文明和文明初期，体力劳动与脑力劳动大体合一，由此派生出"圣人创物"说（此说多记载于文明初期的典册中），洋溢着对劳力的尊重、对技艺创造的景仰。这可见于先秦典籍的记述中。

一如先秦史官修撰的《世本》（"世"指世系，"本"指起源，是记载上古帝王、诸侯和卿大夫家族世系传承的史籍）。《世本·作篇》将一系列技艺发明归之古圣贤——

> 燧人出火，伏羲制俪皮嫁娶之礼，伏羲作琴，神农作瑟，女娲作笙簧，黄帝作冕，黄帝作旃，苍颉作书，史皇作图，容成造历，大挠作甲子，隶首作数，羲和占日，常仪占月，臾区占星气，伶伦造律吕，芒作网，蚩尤作兵，夙沙氏煮海为盐，随作笙，随作竽，胡曹作衣，于则作扉履，挥始作弓，牟夷作矢，共鼓、货狄作舟，雍父作舂，乌曹作博，胲作服牛，祝融作市，尧修黄帝乐，舜造箫，夔作乐，伯夷作刑，后益作占岁之法，化益作井，垂作规矩准绳，垂作耒耜，垂作铫耨，垂作钟，毋句作磬，夷作鼓，巫彭作医，巫咸作筮，鲧作城郭，禹作宫室，奚仲作车，仪狄造酒，杜康造酒，逢蒙作射，少康作秫酒，少康作箕帚，杼作甲，杼作矛，昆吾作陶，相土作乘马，韩哀作御，纣为玉床，武王作翣，暴辛公作埙，苏成公作篪，秦穆公作沐，鲁昭公作弁，公输般作石硙，卫公叔文子作輗轴。

《世本·作篇》可称作表彰先民技艺发明的名录及年表。

二如《周易》，把创制器具称作"圣人四道"之一，认为圣人的本领是模仿自然之象的变化原理进行发明创造，实现从"象"到"器"的转化，而圣人制作一系列生产—生活器具，皆与卦象对应——

> （包牺氏）作结绳而为网罟，以佃以渔，盖取诸《离》。
>
> 包牺氏没，神农氏作，斫木为耜，揉木为耒，耒耨之利，以教天下，盖取诸《益》。
>
> 日中为市，致天下之民，聚天下之货，交易而退，各得其所，盖取诸《噬嗑》。
>
> 刳木为舟，剡木为楫，舟楫之利，以济不通，致远以利天下，盖取诸《涣》。
>
> 服牛乘马，引重致远，以利天下，盖取诸《随》。
>
> 断木为杵，掘地为臼，臼杵之利，万民以济，盖取诸《小过》。①

《易传》将先民的发明创造神圣化、哲理化，把"开物成务"的功勋归之于圣人的仰观俯察、亲历亲为，从而给农、工、商、交通诸劳作成就及其技艺以崇高定位。

三如先秦工艺集成《考工记》，更具体肯定手工劳作的重要地位，所谓"国有六职，百工与居一焉"。《考工记》约7000字，记述木工、金工、皮革工、染色工、玉工、陶工等六大类，含30个工种，其中6种失传，后又衍生出1种，实存25个工种的内容，涉及车舆、宫室、兵器以及礼器、乐器的制作工艺和检验方法，蕴含数学、力学、声学、冶金学、建筑学等方面的知识和经验总结，并记载一系列生产管理和营建制度。西汉整理经书《周官》（即《周礼》），缺《冬官》，而以《考工记》补入，使这篇具论手工技艺的专文跻身经典，得以流传。《考工记》说：

> 知者创物，巧者述之，守之世，谓之工。
>
> 百工之事，皆圣人之作也。烁金以为刃，凝土以为器，作车以行陆，作舟以行水，此皆圣人之所作也。

---

① 《周易·系辞下》。

《世本·作篇》《周易·系辞下》《周礼·考工记》等先秦文献一再申述：手工劳动及其创造品皆属圣人之道、圣人之作。创物的"圣人"，其实是先民集体的代称，几千年来被推尊为人文初祖、文化英雄。这种"圣人劳作观""圣人制器观"是体力劳动与脑力劳动分工尚不严格的文明初萌时代的观念遗存，保留了对文明创制的高度尊崇。这正是早期中华文化的一个优良传统，特别值得珍视。

2. 手脑分离阶段的"小人末技"说

在第二阶段中后期，"劳心、劳力分离论"登上舞台，政学以优势地位压倒生产技艺。在社会主流意识的评价系统中，生产劳动及其技能从圣贤伟业跌落为小人末技。这从孔子及所创之儒学的价值倾向显示出来。

孔学"道大，无所不包"。孔子阐扬的仁、礼、德、孝、悌、忠、恕、中庸等政治伦理观念，对中国的政治制度和中国人的民族性格影响深刻。在这个庞大体系里，自然知识相对贫乏；儒家治学、执教，"游文于六艺之中，留意于仁义之际"①，很少涉及生产技艺和理论性自然知识的研究与传授。孔夫子"轻自然、斥技艺"的文化取向，在中国宗法皇权社会特有的气候土壤条件下，得到滋生繁衍，给两千余年的文化教育，乃至整个社会生活，都带来深广影响。

自然科学是人类向自然界争取自由的武器，是生产劳动知识的结晶。"科学的发生和发展一开始就是由生产决定的。"②生产劳动的需要决定了科学的发展顺序，生产发展的水平决定了科学发展的水平。最古老的科学部门，如天文学、数学、力学，便是由人类早期的生产活动——农业、畜牧业、建筑工程和手工业诱发产生的。那些在自然领域里有所建树的学派（如墨家、农家），都注意研究生产问题，有的还直接参加生产活动。如代表手工业者的墨子便在自然科学诸方面（力学、光学、机械制造等）卓有建树，其"学"以物理为对象，所谓"知也者，以其遇物而能貌之，若见"③。但这类知识论并未成为传统中国的主流。

---

① 《汉书·艺文志》。

② ［德］恩格斯：《自然辩证法》，人民出版社，1971。

③ 《墨子·经说上》。

二、儒者贱视生产劳动

农业是古代社会决定性的生产部门，是人类谋取生活资料的主要手段，孔子作为殷周文化的承继者，对农业生产持有一种矛盾的态度。

一方面，殷人和周人都是农业部族，有着重农传统。在殷墟甲骨卜辞中，常可看到"求禾""求黍""受黍年""告麦"一类字样，表明殷统治者把发展农业生产作为祈祷天地鬼神的一项重要内容。至于周人的重视农业，则更为突出，从文王起，"卑服即康功田功"①（周文王穿着平民衣服，从事开山垦荒、耕田种地的劳作）。孔子承袭殷周统治者的"农本思想"，认为农业生产和农业劳动者是国家物力和人力的基本来源。他强调治国者必须重民食，告诫统治者驱使民众服劳役不要贻误农时，并提出著名的"庶—富—教"②原则，表现出一种注重社会经济问题的现实态度。

另一方面，周人东进克商，成为统治部族以后，主要注意力已从发展农业生产，转向政治治理和道德教化。周金文的诰命中，便极少涉及农业知识，而多是宗法思想的阐扬。上承周礼的孔子，其学说的重点当然也在"德化"和"礼治"。他以为，农业固然于社稷国家至关紧要，但只要将尊卑、贵贱、长幼、亲疏的礼制调理好了，农业的发展、生产者的顺从，是不成问题的。关于这一层意思，孔子在斥责要求"学稼""学圃"的弟子时所说的一番话，表述得很清楚：

> 樊迟请学稼。子曰："吾不如老农。"请学为圃。曰："吾不如老圃。"樊迟出。子曰："小人哉，樊须也！上好礼，则民莫敢不敬；上好义，则民莫敢不服；上好信，则民莫敢不用情。夫如是，则四方之民襁负其子而至矣，焉用稼？"③

这段记载似乎与前面所说的孔子的"重农"倾向相抵牾，其实不然。

① 《尚书·无逸》。
② 《论语·子路》："庶之，富之，教之。"
③ 《论语·子路》。

孔子的重视农业，是出于一个务实的、精明的统治者的考虑，而并非主张亲为农业技艺。他以为，农业技艺是"小人之事"，绝非"君子之学"。君子所要探讨的问题，只是"何为则民服"。他们的学习任务也就是通晓使民众"心悦而诚服"的礼制，至于耕稼之艺，则无须亲自问津。

与农业相比，手工业更是殷周统治者所鄙视的"贱业末技"，儒家直接秉承这种传统。子夏说："百工居肆以成其事，君子学以致其道。"[①]明确地把读书人追求的"道"与劳动者尽力的"事"对立起来。子夏还说："虽小道，必有可观者焉；致远恐泥，是以君子不为也。"[②]子夏在孔门以"多艺"著称，因此而受到孔子"无为小人儒"的警告。但即使是子夏，虽承认技艺尚有"可观"之处，但也以为不必多求，否则便会悖逆于君子追索的"大道"。可见，孔门把手工技艺与儒家的政治伦理学说视作不兼容的对立物。

孔子还低评经商。他一方面从"结驷连骑""家累千金"的门徒子贡那里获取资助，另一方面又对子贡的经商表示不以为然，批评子贡"不受命而货殖焉"[③]，将商业活动列入违背天命的不轨行为。孔子对待商业的两重态度，也是祖述先人的。殷周贵族一方面依靠商贾提供奢侈品，所谓"商不出则三宝绝"，但同时又抑制民间商业的发展，指责经商活动是"非命"。

三、"劳心"与"劳力"对立

承袭殷周文化传统的孔子，虽然看到经济活动在整个社会生活中的作用，但他又认定，物质生产、商品交换这类社会经济活动，以及与此相关的技能、学艺，都是"小人"才去从事的"末业""小道"，"君子"不必为之，"君子之学"不包括农、工、商等实际技艺。于是，"君子不器"成了儒学的一条教规。许多关注实际技艺的弟子，往往被斥为"小人""小人儒"。究其根本，这种观念是脑力劳动与体力劳动相分离、脑

---

① ② 《论语·子张》。
③ 《论语·先进》。

力劳动成为统治阶级专利品的社会存在的反映。

孔子开创的儒家学派继承殷商、西周以来形成的劳心与劳力相分离的传统，又进一步将二者的对立推向绝对化。孟子以职业分工的必要性，批驳许行（约前372—前289）的"贤者与民并耕"的说法，并进一步发挥道：

> 有大人之事，有小人之事……或劳心，或劳力，劳心者治人，劳力者治于人；治于人者食人，治人者食于人：天下之通义也。①

"劳心"与"劳力"分工说，反映了跨入文明门槛以后社会的必然走势，强调"劳心"与"劳力"分途，是孟子的重要理论贡献。然而，把"分工说"推演到极致，贬抑、贱视"劳力"及其生产技艺，又成为孔孟以降儒学的一大病端。

儒学另一支脉荀子也同样低看体力劳动和生产技艺，他说：

> 农精于田而不可以为田师，贾精于市而不可以为市师，工精于器而不可以为器师。有人也，不能此三技而可使治三官，曰：精于道者也，[非]精于物者也。②

荀子还认为，"物之理"不是认识的终极目的，"圣也者，尽伦者也；王也者，尽制者也。两尽者，足以为天下极矣"③。把由伦常之学、法制之学组成的治民术、管理学看作认识的最高峰，是"圣""王"登"天下极"的依凭，至于"物理"探求，则是等而下之的事情。

儒门多杂，孟子、荀子以及其他儒家后学，在许多问题上歧见迭出，但在崇尚政治人伦之"道"、贬抑探索天地自然的"物理"及生产技艺这一点上，却是一脉相通的。这就构成"重政务、斥技艺"的儒学传统。正是这一传统，堵塞了儒家通往自然科学的道路。

自然科学大体分为两个部分：一是直接的生产技术，将实际的生产

---

① 《孟子·滕文公上》。
②③ 《荀子·解蔽》。

经验和技能一代代流传下来；二是理论科学，侧重于研讨自然规律。在古代，前者由农民、工匠保存和发展；后者则由书吏、祭司阶层探讨和传播。自然科学的这两个部分本是相互联系、相互促进的，但随着阶级的划分、脑力劳动与体力劳动的分离，二者又相互脱节。古代文化人作为脱离生产实践的脑力劳动者，一般都轻视生产技术方面，较为重视其理论方面，这种理论性的自然知识又与哲学互为表里，构成古代一些国家盛行的"自然哲学"。而儒家源于"司徒之官"，任务是辅佐人君，擅长"讲政治、立德范"，至于宇宙本体论的探讨、天文历算学的研究，则是另一些文化人——出于"史官"的道家和出于"羲和之官"的阴阳家的任务。这样，儒家与社会生产实践脱离得更为彻底，不但排斥生产技艺，连理论性的自然知识也很少过问。天道自然极少成为孔子论学、授业的内容。子贡说："夫子之言性与天道，不可得而闻也。"[1]这样，探索天地自然奥秘的学问，便被排斥在儒家所追求的"道"之外。其结果如梁启超所说："儒家舍人生哲学外无学问，舍人格主义外无人生哲学也。"[2]

黑格尔也指出，孔子的学说"是一种道德的哲学"[3]，自然科学未能进入这个"道德哲学"的殿堂。

儒家为了使自己的"道德哲学"形成一个坚固的、不受异端思想侵袭的体系，还发起"义利之辨"，把与社会经济生活相关的各种事务概括为"谋利"；而"利"又被说成是一种与"道义"互不相容的东西，非君子所应追求。孔门弟子回忆孔子谈吐的特点是，"子罕言利"[4]。孔子本人也说："君子喻于义，小人喻于利。"[5]又说："君子谋道不谋食""君子忧道不忧贫"。[6]他把"义"与"利"、"道"与"食"对立起来。孟子更将这种观点推向极端。他对梁惠王说："王，何必曰利，亦有仁义

---

① 《论语·公冶长》。
② 梁启超：《先秦政治思想史》，东方出版社，1996。
③ ［德］黑格尔：《哲学史讲演录》（第1卷），北京大学哲学系外国哲学史教研室译，三联书店，1956。
④ 《论语·子罕》。
⑤ 《论语·里仁》。
⑥ 《论语·卫灵公》。

而已矣。"①尔后，董仲舒又发挥道："正其谊不谋其利，明其道不计其功。"②此类"崇义斥利"的论调，在儒家典籍中可谓汗牛充栋。

作为小生产者思想代表的墨家，其学说以人类生存问题为核心，所以他们十分坦率地强调物质利益，决不讳言功利，"兼而爱之，从而利之"③便是他们的口号。墨家还说，"功，利民也"④，明确指出，所谓"功"，就是对民众有利的行为。墨家学说既以人类的生存活动为出发点，因此倡导生产，精研技艺，便成为其重要组成部分。而儒家把墨家的这种学说斥之为贱人之学、"役夫之道"⑤，讥讽"鸡鸣而起，孳孳为利者，跖之徒也"⑥，将"为善"与"为利"对立起来，并进而把与经济生活相关的科学技术，列为谋求功利的卑贱、不洁的行径。

如果说，先秦儒家为脑力劳动与体力劳动分离的合理性所作的申述，以及对许行等人"反分工论"的批驳，顺应了时代发展的要求，具有进步意义的话，那么，当儒家将这种"分工说"推向极端，走到忽视社会经济生活、排斥与社会经济生活紧密相关的科学技术的程度，便陷入荒谬，在以后漫长的岁月中，起着阻滞生产技艺发展的作用。

有人从《论语》中举出数以十计言及自然与技艺的条目，证明孔子注重自然及技术知识的传授。另外，据《国语》《史记》《孔子家语》等典籍记载，时人遇到难解的自然现象，往往向孔子求教，而孔子居然也能有问必答。凡此种种，似乎都表明孔子重视自然知识。但是，如果我们对孔子的思想言论作具体分析，就会发现，情形并非如此。

孔子渊博，不仅熟悉古代典籍，而且有丰富的生活知识，这与他早年的经历有关。但当孔子成熟以后，对自己的"多能""多艺"却并不肯认。《论语》对孔子的这一心情有过明白无误的记载：

　　　子闻之，曰："太宰知我乎！吾少也贱，故多能鄙事。君子多乎

---

① 《孟子·梁惠王上》。
② 班固：《汉书·董仲舒传》。
③ 《墨子·尚贤》。
④ 《墨子·经上》。
⑤ 《荀子·王霸》。
⑥ 《孟子·尽心上》。

哉？不多也。"①

孔子在这里谈到自己的"能"和"艺"时，绝无炫耀之心，反倒有一种如怨如诉的意味：是少年时贫贱的生活，迫使我去从事那些鄙下的工作。而这类技艺，君子是不必多懂的。可见，孔子熟悉某些技艺是一回事，不主张研究和传授技艺又是一回事。

至于《论语》中谈及自然的语录，虽为数不多，却涉猎颇广，从天文、地理、气象，到物理、化学、生物等诸多领域，都有论列。然而，只要我们对这些条目略加寻检，便可看出，孔子不过是利用某些现成的自然知识，去比附人伦政务，增添其政治道德训言的论证力量，而并未正面探讨自然物和自然现象本身。总之，自然在孔子眼中，只是作为类比逻辑中的借喻物，并未成为客观的研究对象。兹举几例——

为政以德，譬如北辰，居其所而众星共之。②

以众星拱卫经年不移的北极星，比喻德政的稳固。此条并无探讨天象的意思。

天何言哉？四时行焉，百物生焉，天何言哉？③

这段话的主旨并非论述自然规律本身，而是以自然界不事声张的运行比喻执政者和施教者的无言之训。

知者乐水，仁者乐山。④

此论显然不是对山、水自然性状的探求，乃是"观物比德"。

---

① 《论语·子罕》。
② 《论语·为政》。
③ 《论语·阳货》。
④ 《论语·雍也》。

此外，《论语》中还有以"日月之食"比喻"君子之过"①；以松、柏、栗三种树木象征夏、商、周三代制度②。这类句式，作为文学的"比""兴"手法，不乏精彩之处，但皆把自然界当作"比""兴"的材料，只有拟人化的自然，而没有作为科学研究对象的、客观的自然，故谈不上对自然界的探求。

《论语》中涉及技艺多处，也同样是用作比喻，而并非考究手工业技巧本身。"如切如磋，如琢如磨"③，以玉工琢玉的勤谨、细腻，说明治学时互相研讨、精益求精的必要。"大车无輗，小车无軏，其何以行之哉？"④以造车缺乏部件，隐喻无信之人寸步难行。

《论语》中也提到过做生意，如"子贡曰：'有美玉于斯，韫椟而藏诸？求善贾而沽诸？'子曰：'沽之哉！沽之哉！我待贾者也。'"⑤以经商求贾的经验，告诫士子应待价而沽，以攫取更多的功名富贵。此条不过是围绕"干禄之术"所作的生动阐发，并非研讨商业行情。

孔子提到学诗可以"多识于鸟兽草木之名"⑥。这是《论语》中所仅见的孔子要求弟子学习自然知识的言论，但也不过限于从书本上了解动植物的名称等常识而已，尚未论及对动植物进行实地观察研究。至于某些史籍所载孔子回答时人有关自然现象的问难，也不能说明孔子重视自然知识的研究和传授。

《史记·孔子世家》载："季桓子穿井得土缶，中若羊，问仲尼云'得狗'。仲尼曰：'以丘所闻，羊也。丘闻之，木石之怪夔、罔阆，水之怪龙、罔象，土之怪坟羊。'"显而易见，孔子对求问者的答复，并非真正的动物学知识，而是颇带神秘色彩的臆想性奇谈。又载："吴伐越，堕会稽，得骨节专车。吴使使问仲尼：'骨何者最大？'仲尼曰：'禹致群神于会稽山，防风氏后至，禹杀而戮之，其节专车，此为大矣。'"吴军讨伐越国时，在会稽发现极大的动物骨骼，这很可能是恐龙化石，孔子

---

① 《论语·子张》。
② 《论语·八佾》。
③ 《论语·学而》。
④ 《论语·为政》。
⑤ 《论语·子罕》。
⑥ 《论语·阳货》。

当然不可能有这种古生物学知识，却讲了一大套禹时的传说故事，以应询者。

这两个故事，《国语》亦有记载。

这些故事似乎与孔子"不语怪、力、乱、神"的原则相矛盾。崔述在《考信录》中曾对此类记载表示怀疑，认为"孔子不语神怪""穿土得羊"之说，"与《论语》之言相刺谬"；解释会稽骨节，也非"圣人之所为"。他认为这些故事大约都是后人的附会。然而，这些故事所塑造的孔子形象，也是古代传闻逸事的熟知者，而并非自然知识的博学者。这大约符合孔子的本来面目。

纵观《论语》及其他记述孔子言行的典籍，可以看到，孔子论"学"，不外乎"学易""学文""学干禄""学诗""学礼"；孔子强调的"多见"，则不出"见善""见贤"；"多闻"，也在"闻道""闻义"范围之内。至于天道自然，没有真正成为孔子研讨的对象，即或偶有涉猎，也从未具有独立的意义，而不过是儒家政治论、道德论、人生论的比喻性附庸。董仲舒曾点明此种儒学精义："能说鸟兽之类者，非圣人所欲说也；圣人所欲说，在于说仁义而理之。"[1]儒家的学术取向，确如斯言。

四、"轻自然，斥技艺"对文化发展的阻滞

如果说，在百家林立的先秦，儒家的"轻自然、斥技艺"只是一个学派的主张，重视科技的墨家与儒家还可以同列"显学"，那么，到了西汉以后，随着"儒学独尊"局面的形成，儒家排斥自然知识的主张便演为君临社会的统治观念。

宗法皇权社会建立在保守的生产方式的基础上。规模狭小的、供个人使用的劳动工具，小农业与家庭手工业相结合的自然经济，使得社会仅维持着简单再生产，扩大再生产的速度异常缓慢。在这里，"交换是有限

---

[1] 《春秋繁露·重政》。

的，市场是狭小的，生产方式是稳定的，地方和外界是隔绝的"①，这一切经济条件，对于科学技术的发展不可能提出紧迫的要求。《庄子》记曰：子贡从楚国到晋国的路上，看到一个老农亲自入井取水，灌溉菜圃，"用力甚多而见功寡"。子贡问他怎么不使用一种名叫"槔"②的机械，"用力甚寡，而见功多"呢？这个老农说，用机械劳作，是投机取巧，"吾非不知，羞而不为也"③。庄子喜作寓言，这个"抱瓮入井"的寓言，正是小生产者不愿采用新技术成就的保守性格的表现。

阻碍科技发展的另一重要原因，是中国的教育制度和官僚制度把儒家"重政务、斥技艺"的传统，用行政的强力固定下来。隋唐以后沿袭千余年的科举制度，以考选方法选拔平民为官，有重大进步意义，然此制也有负面效应。这便是诱使士子攻读应试经书，以求"蟾宫折桂"，其学问限于政术，自然知识被排除在视野之外，生产技艺更为其所不齿。其实，早在科举制之前，《礼记·王制》已厉禁士人研习技艺："凡执技以事上者……不与士齿。作淫声、异服、奇技、奇器以疑众，杀。"汉儒郑玄在注释这段话时，便把战国时的著名工匠公输班（即鲁班）列为"作奇技奇器"应杀的罪人。《汉书·艺文志》将方技三十六家（医术、匠艺等），列于卷尾；刘歆总天下群籍而奏《七略》，其中"方技"列于七略之末。

《新唐书·方技列传》说："凡推步（指天文、数学）卜相医巧，皆技也……小人能之。"其鄙薄科技之意，流于言表。还有一些古代科学家如张衡（78—139）等人，致力于科技研究，却被人攻击为"玩物丧志"，是从事"于国事无补"的"屠龙术"。史书的这类记载，正是中国皇权时代科学技术地位低下的写照。

以德行觉悟为求学的主要目标，既是中国传统文化伦理型性格的表现，又助长了中国传统文化的伦理化走向。而客观的外在事物，尤其是自然界既然未被当作独立的认识对象与人伦相分离，以外物为研究对象的科学便遭到压抑。

清初学者刘献廷（1648—1695）谈及中国地理著作时指出：

① ［德］恩格斯：《反杜林论》，人民出版社，1999。
② "槔"是一种利用杠杆原理的取水设施。
③ 《庄子·天地》。

> 方舆之书所记者，惟疆域、建置沿革、山川、古迹、城池、形势、风俗、职官、名宦、人物诸条耳。此皆人事，于天地之故，概乎未之有闻也。①

这里揭示了中国传统学术的一种带共性的倾向——重人事而忽视"天地之故"（自然规律）的研究。在这种文化氛围内，自然科学、思辨哲学都难以获得充分发展。

两千年来，中国社会的治理者是朝廷通过选考拔擢的"士"，他们之中的绝大多数，穷毕生精力于文字学习和研讨由政治伦理学说构成的经书上，正如明末入华、与中国士人有密切交往的利玛窦（1552—1610）所说：

> 在这里每个人都很清楚，凡有希望在哲学领域成名的（指通过科举做官——中译者注），没有人会愿意费劲去钻研数学或医学。除非由于家务或才力平庸的阻挠而不能致力于那些被认为是更高级的研究。钻研数学和医学并不受人尊敬，因为它们不像哲学那样受到荣誉和鼓励……②

利玛窦之后三百多年的美国社会学家塔尔科特·帕森斯（Talcott Parsons，1902—1979）对中国士人的评议如出一辙。他讲到中国的科层制官僚体系时说：

> 它不是一个专门化的官僚科层制；它对某一特殊职位没有任何特定的技术限定，所必需的基本训练根本不是专门化的或技术性的。必需的是有关经典的知识，人人都读同样的经典。③

---

① ［清］刘献廷：《广阳杂记》（卷三）。
② ［意］利玛窦、［比］金尼阁：《利玛窦中国札记》（第一卷），何高济译，中华书局，1983。
③ ［美］帕森斯：《社会行动的结构》（第2卷），张明德等译，译林出版社，2003。

这种科层官僚制显然沿袭"重政务，轻自然，斥技艺"的传统，以研习伦理政治经书为业的儒生治理社会，管理一切专门化的、技术性领域。从中可以看出，"外行领导内行"说的渊源如此久远。

如果说，上古社会分工不明显，尚处在原始的手脑一体阶段，生产技艺被视作"人文初祖"的伟绩；而中古及近古劳心与劳力分工，手脑分离是主流文化大势；至近现代，又走向新的手脑结合。这种劳心与劳力的"合—离—合"，是一个否定之否定的辩证过程。

五、"哲人之思"与"工匠之手"结合的新探求

中国人勤劳智慧，在古代即显示科技方面卓越的创造能力。16世纪以前的两千余年间，中国在农学、医药学、天文历算、地学、数学、水利学等领域取得世界领先地位，涌现过墨子、张衡、祖冲之（429—500）、沈括（1031—1095）、李时珍（1518—1593）、徐光启（1562—1633）、徐霞客（1587—1641）、宋应星（1587—1666）等精研自然科学及生产技艺的卓越士人。他们可谓"哲人之思"与"工匠之手"结合的先驱。

然而，在小生产和宗法社会条件下，在"重政务、轻技艺"的文化氛围下，精研自然科学及生产技艺的先驱们往往被忽视，"哲人之思"与"工匠之手"结合的典范——墨学，自秦汉以降被视为"小人之学"，几乎灭绝。清人汪中对墨子略加褒评，即被斥为"名教罪人"。直至晚清，孙诒让（1848—1908）著《墨子间诂》，方重振墨学，发掘墨子的贡献。

中古、近古，先驱们的科技成就很少转化为社会普及知识，相关论著或作为一般笔记小说聊供谈资（如沈括的《梦溪笔谈》），甚或全然被弃置、遗忘（如宋应星的《天工开物》）。即使徐光启以内阁大学士之尊所著《农政全书》，也未入学术主流。中国古代科学技术的一系列成就，除天文历法、农学、水利、河工受到朝廷重视外，大都委屈于民间底层，如同大石镇压下的小草，无法雄强壮大。受到重视的天文历法、农学、水利、河工，也只由少数专门家授受，工匠农人实施，没有引进官学、私学的教学系统，多数士人并不闻问。手脑分离、崇思鄙行的大势，弥漫于文

化教育界并影响全社会。

在西方学术史上，科学技术的受重视程度也有起伏变化。古希腊对自然哲学的关注不亚于对人文学的关注，科学技术是知识阶层研习的重要领域。以亚里士多德为例，他对力学、天文学、植物学皆有专门研究，并将探讨自然界的论著总括入《物理学》之中，哲学领域称之为"物理学之后"。中世纪欧洲神学统治精神领域，自然科学沦为神学的"婢女"，生产技艺被压抑和扭曲。发展生产力是近代文明强劲的社会需求，科学及生产技艺的重要性日益突显，知识界逐渐走向哲思与技艺结合，文艺复兴的巨匠们承袭希腊精神，将"哲人之思"与"工匠之手"结合起来，成为近代文化的典范。

以"文艺复兴三杰"之一的达·芬奇（1452—1519）为例，他不仅以《蒙娜丽莎》《最后的晚餐》被世界公认为伟大的美术家，同时又是发明家、生物学家、解剖学家、地理学家、建筑工程师、军事工程设计家等。他最早用蜡制模型表现人脑内部结构，设想用玻璃、陶器制作心脏与眼睛，发明水下呼吸装置，创制发条，提出利用太阳能的构想；他关于人体比例及内部结构的研究，即使在今日看来也堪称精密。他是把科学、技术与人文学、艺术完美结合的范例。

英国文艺复兴时期的思想家培根（1561—1626）在《知识的进步》中提出建立综合知识体系的设计，将实用科学、手工技艺与抽象学术并列，纳入新知识体系，突破中世纪神学笼罩，昭示了近代文明的走势。至18世纪，法国启蒙运动的代表狄德罗（1713—1784）与数学家达朗贝尔（1717—1783）编纂《百科全书》（全名《百科全书，或科学、艺术和工艺详解词典》，1772年完成），重视生产技术知识，广设实用科学、工艺、技术和贸易词条。当时的法国知识界主流仍崇思鄙行，生产技术不入学问之门，而狄德罗、达朗贝尔力纠此弊，推崇"机械艺术"，将大量生产技艺词条收入百科全书中。该书的名称即突出对"科学、艺术和工艺"的"详解"，"从制造一枚缝衣针到冶铸大炮、制造一架羽管琴键，巨细工艺悉数包罗，呈现18世纪法国传统技术工艺的知识全景"①。为收集整

---

① 姚雅欣：《启蒙光耀下的法国传统技艺》，《中国社会科学报》2012年5月7日。

理生产技术知识，"狄德罗遍访法国各行业最好的作坊和工匠，观察、采访、记录，亲自操作复杂的工艺，将所得第一手资料分析编纂成图文，再回访提供资料的作坊与工匠，讨论修正"①。百科全书派运用新知识体系整理法国传统生产技艺，完成了进入工业文明时代的知识准备，法国在18—19世纪之交紧随英国成为世界科学及工业强国，与此大有关系。

近代初期的中国，"轻自然、斥技艺"的传统尚未扭转，处于生产第一线的劳动者无力采用先进技艺，而"临民""治世"的士大夫阶层则漠视科技。这种状况在清末显得十分突出。19世纪中叶，魏源（1794—1857）指出：

> 是英夷船炮在中国视为绝技，在西洋各国视为寻常。广东互市二百年，始则奇技淫巧受之，继则邪教毒烟受之，独于行军利器则不一师其长技，是但肯受害不肯受益也。②

谭嗣同（1865—1898）更具体揭露清末当政者科技常识方面的无知：

> 然问以大小炮数百种，后膛精枪亦数百种，形式若何，运用若何，某宜水，某宜陆，某利攻，某利守，某利山林，某利平地，其左右前后之炮界何在，昂度低度若何，平线若何，抛物线若何，速率若何，热度若何，远近若何，击力若何，以及水雷旱雷炮台地营一切攻守之具，无一人能知……精于此者。某国当与，某国当拒，某国善良，某国凶狡，吾之联之而备者，其道何在，宜更无一人知之矣。③

清末当政者这种对科技的无知，不仅使中国连连惨败于船坚炮利的西方列强，而且，当政者将近现代科技视作败坏心术的"奇技淫巧""形器之末"，加剧了他们政治上的冥顽不灵。

---

① 姚雅欣：《启蒙光耀下的法国传统技艺》，《中国社会科学报》2012年5月7日。
② ［清］魏源：《海国图志》（卷二），山东画报出版社，2004。
③ 《谭嗣同全集》，中华书局，1981，第158页。

晚清以降，随着工业文明初萌，涌现出李善兰（1811—1882）、徐寿（1818—1884）等兼通中西、学贯文理的新士人，他们走上"哲人之思"与"工匠之手"结合之路。中国近代科技前驱李善兰，幼阅《九章算术》，14岁自学欧几里得《几何原本》前6卷（利玛窦、徐光启译本），走上会通中西数理之路，著《椭圆正术解》《椭圆新术》《椭圆拾遗》《史器真诀》《对数尖锥变法释》《级数四术》《垛积比类》等，汇集《则古昔斋算学》13种24卷；又译西方天文学、力学、植物细胞学等，对促进近代科学的发展作出了卓越贡献。他在京师同文馆从事数学教学十余年，审定《同文馆算学课艺》《同文馆珠算金蹄针》等数学教材，培养一批数学人才，是中国近代科技教育的鼻祖。

严复（1854—1921）是清末民初人文—科技双轮并进观的倡导者，他将西方的社会学、政治学、经济学、哲学和自然科学介绍到中国，其译著是中国20世纪初重要的启蒙读物。严译《天演论》介绍"物竞天择，适者生存"的生物进化论，并将"天演"规则推及社会，力主变法以图存。这是人文社会科学与自然科学会通的早期名作。

随着现代文明的演进，中国人对科技重要性的认识与日俱增，在文—理的取向上发生很大变化，"学好数理化，走遍天下都不怕"成了流行语，"重理轻文"则成为趋势。这是"重政务，轻自然，斥技艺"传统的反向运动。"重理轻文"当然包蕴着别样的偏颇，而此种倾向的出现，肇因于近百年间政治强势干预人文学，导致人文学失范和人们对人文学的疏离，而科学技术的社会实效性及超然于政治之外，给人们以吸引力。而文理并重方为正途。诺贝尔物理学奖得主李政道说："科学和艺术是不可分割的，就像一枚硬币的两面。它们共同的基础是人类的创造力，它们追求的目标都是真理的普遍性。"①

人文与科技不可偏废。"重政务，斥技艺"与"重理轻文"是两种极端的取向，而科技文化与人文文化的互动共进，达成二者的协调发展，方是健全的现代文明的前进方向。

---

① 李政道：《李政道文录》，浙江文艺出版社，1999。

科举制度
——中国的"第五大发明"

周秦以来，政治文化的显著特征，是摆脱了封建性的贵族政制，形成非封建的官僚政制，其完备形态便是始于隋朝的科举制度。科举制度是周制的"选贤与能"、秦制的拔擢人才与底层相结合的产物，被中外人士称为中国的"第五大发明"。孙中山（1866—1925）指出，西方文官考试制度学自中国科举制。美籍华裔学者邓嗣禹（1905—1988）受孙论启发，广为搜集资料，1943年在《哈佛亚洲学报》发表《中国对西方考试制度的影响考》。美国汉学家德克·卜德（Derk Bodde，1909—2003）1942年著《中国物品西传考》，盛赞四大发明及丝绸、瓷器、茶叶对西方的贡献，又于1948年著《中国思想西传考》，称科举制是"中国赠予西方最珍贵的知识礼物"，对欧美的制度文化影响深巨。

一、考选官僚制：以其私行其大公

帝王不可能凭一己之力推行政令，必须仰仗官僚体系。朱熹（1130—1200）对宋宁宗进言，讲明"大臣"对于"君"推行制命的重要性：

> 君虽以制命为职，然必谋之大臣，参之给舍，使之熟议，以求公

议之所在，然后扬于王庭，明出命令而公行之。①

反映帝王意志的"诏令"通过垂直的官僚系统布达四方，经由郡县制、流官制，实现对广土众民的掌控。而所谓"流官""朝廷命官"，不同于世袭贵胄，是朝廷从民间拔擢出来的干才，从而扩大了朝廷的社会基础。这便是中国两千年皇权政治具有相当生命活力的一大原因。

朝廷越过世袭身份，实行民间选士制度，其目的是强化皇权，扩大统治基础，令英雄尽入彀中，这当然是帝王从"私天下"之心出发而采取的措施。然而，此制在客观上和一定程度上打破了利益固化格局，造成上下阶层间的流动，颇具"公天下"意味。王夫之（1619—1692）评议秦始皇以郡县制取代封建制时说：

> 秦以私天下之心而罢侯置守，而天假其私以行其大公。②

王夫之此议也可用以评价民间选士制：帝王从揽才集权的私念出发，却促成朝廷与平民相对接，广拔英才于民间，这是上天借帝王专制之私心达成的"大公"。

二、从世卿世禄制到游仕制、军功爵制、察举制

"官"起源甚早，相传夏代设官颇多，《礼记·明堂位》即记载"夏后氏官百"。殷商西周的官由贵胄"世及"，世族凭借其世袭身份，世世为官，执掌国政，这是封建贵族制。那时也偶有破格选用无爵贤士任官的举措，如商汤重用有莘氏女的陪嫁之臣伊尹，武丁举从事版筑（以土筑城）的傅说为相，周武王用出自底层的姜尚作讨殷大军统帅。但这还算不上真正意义上的官僚政治，只是世卿世禄体制外的"举贤"补充。

春秋时世卿制与选士制并行，一方面，世族继续掌理国政，如鲁国

---

① ［南宋］朱熹：《宋文公文集·经筵留身面陈四事札子》。
② ［明末清初］王夫之：《读通鉴论》。

的季孙氏、叔孙氏、孟孙氏，齐国的国、高、鲍、陈，晋国的范、知、中行；另一方面，有能力、立功勋的无爵士人入官渐多，士族阶层崛起，进入贵族政治向官僚政治的转化期。在《论语·先进》中，孔子说：

> 先进于礼乐，野人也；后进于礼乐，君子也。如用之，则吾从先进。

表达了对先学礼乐后做官的制度的推崇，对不学礼乐、凭世袭身份做官的世卿制的温和批评，企望学习礼乐的"野人"（平民）为国所用。略晚于孔子的墨子也力辟世袭贵族制，主张不计身份等级，尚贤举能，他在《墨子·尚贤》中说：

> 官无常贵，而民无终贱，有能则举之，无能则下之。

战国初年，士人从政、为教趋于普遍，"七十子之徒，散游诸侯，大者为师傅卿相，小者友教士大夫"①，此为游仕现象。而统治者也求贤民间，如魏文侯开"访士"之风。

战国中后期，列国实行军功爵制度，魏国李悝变法的一项内容是"食有劳而禄有功"②，不再以"亲、故"而以"功劳"作为赏赐的标准。吴起在楚国变法，"使封君之子孙三世而收爵禄，绝减百吏之禄秩"③，然后用所收减的爵禄"以奉选练之士"④。秦推行军功爵制最彻底，"有军功者，各以率受上爵"，"宗室非有军功论，不得为属籍"⑤，取消宗室贵族享有的世袭特权，而以高官厚禄授予有功劳者。

战国年间，公室、私门养士之风盛行一时。公室如魏文侯（前472—前396）、齐威王（前378—前320）、燕昭王（前335—前279）均好士；私门如孟尝君（？—前279）、平原君（？—前251）、信陵君（？—前243）、春申君（前314—前238）等战国"四公子"门下，各聚士数千，

---

① ⑤ ［西汉］司马迁：《史记》。
② 《新序·杂事》。
③ ④ 《韩非子·和氏》。

或文韬武略，或鸡鸣狗盗，各有用场。秦国则行"客卿制"，广揽山东杰士，李斯《谏逐客书》以秦缪公、孝公、惠王、昭王广用异邦人才、拔擢底层下士，国力大增的事实，阐发"王者不却庶众"政策的优胜性。这都是对贵胄"世及"制度的突破。而张仪（？—前310）相事秦国、苏秦（？—前284）挂相六国，是出身低微的游士登上政坛的显例。

秦代建立了完备的君主集权的官僚政制，朝廷设三公九卿，地方设朝廷掌控的郡长县令。官员的选取，实行军功爵制、客卿制、征士制、荐举制，其意都在打破世袭官制，拔擢有才能的底层人士为朝廷效力，如韩非在《韩非子·显学》中所言：

> 故明主之吏，宰相必起于州部，猛将必发于卒伍。

至汉代，征辟制和察举制并行。所谓察举制，即按郡国及人口比例察举孝廉，推举明经明法、茂才异等、贤良方正。以常科和特科、正式和非正式的各种渠道，出身商贾、奴仆乃至俘虏者，只要有异才专长，皆可入仕做官，各阶层效命王朝的渠道渐趋畅通。《汉书》称，汉武帝时人才选拔最为成功，才俊辈出，各显风流：

> 上（武帝）方欲用文武，求之如弗及，始以蒲轮迎枚生，见主父而叹息，群士慕向，异人并出。卜式拔于刍牧，弘羊擢于贾竖，卫青奋于奴仆，日磾出于降虏，斯亦曩时版筑饭牛之朋已。汉之得人，于兹为盛。儒雅则公孙弘、董仲舒、儿宽，笃行则石建、石庆，质直则汲黯、卜式，推贤则韩安国、郑当时，定令则赵禹、张汤，文章则司马迁、相如，滑稽则东方朔、枚皋，应对则严助、朱买臣，历数则唐都、洛下闳，协律则李延年，运筹则桑弘羊，奉使则张骞、苏武，将率则卫青、霍去病，受遗则霍光、金日磾，其余不可胜纪。是以兴造功业，制度遗文，后世莫及。[①]

---

① ［东汉］班固：《汉书·公孙弘卜式儿宽传》。

  战国以来，中央集权的官僚政治取代封建贵族政治是一种基本趋势。秦汉以下诸朝，一方面禁养士、禁游侠、抑私门，以防贵胄尾大不掉；另一方面朝廷又广开仕门，掘隐发微，威恩并下，把士人诱引到服务朝廷、效忠君主的"正途"上来。从战国时期各国竞相用士，到汉初朝廷从全国范围选士入官，官僚政治大约经历三百余年，基本定型，汉武帝时呈现上述人才辈出的鼎盛景象。

  秦汉以下朝廷实行从民间考选士人任命为流官的官僚政制，较之先秦的世卿世禄制是重大进步，亦优越于西欧、日本中世纪的世袭封建贵族政制。中国的中古文明之所以领袖群伦，与此制颇有相关性。而中国从民间选取官员的举措，在春秋战国至秦汉，突破世卿世禄制樊篱，迭次展开为游仕制—军功爵制—察举制，它们是隋唐以下实行的科举制的前导。

三、科举制应运而生

  在杜绝贵族政治的流弊上，汉代的征辟察举之制并不彻底，因察举权的执掌者多是豪门大族，他们利用世代权力，控制官员任免。发展至魏晋南北朝，形成由世族豪门任"大中正"（主选人）的"九品中正制"，强化世家大族的参政特权，向贵族政治复归，造成"上品无寒门，下品无势族"[1]的格局，难以为朝廷选拔优秀人才，还有可能产生中央集权的离心力量，于是变革势在必行。

  为了"人尽其才，才尽其用"，自南北朝后期（如北周）便探索考试选官的方法。其实，早在汉代就有策问取士的故例，即以政事、经义设问，应考之士书于简策条对，公孙弘、董仲舒等人的应试策论便十分著名，特别是董仲舒的《天人三策》垂名千古。

  隋朝开始实行的科举制度（以分科举士而得名），将上述选士做法加以系统化、制度化，通过学校育才、科举选才、铨叙用才三个环节，养育、选拔官员。

  隋开皇七年（587），隋文帝设志行修谨、清平干济二科，令诸州每

---

① ［唐］房玄龄等：《晋书·刘毅传》。

年贡士三人，此为科举之端绪。宋以后科举用经义，体制成熟。

科举制以封闭应答的方式，"一切以程文为去留"①，突破世卿制的官员血统禁锢，修正察举征召制选拔人才的主观性及九品中正制对门第的谨守，达成相对公开、公平、公正的举官制度，将"选贤与能"的古老理想付诸实施，使官僚制度走出贵族化故辙。

隋唐科举制度兴起有如下几个条件：

第一，其经济前提是北魏始行的均田制在隋唐间得以推行。均田制以土地国有、计口授田为原则，摧毁大族豪强的庄园经济，使一批自耕农和庶族地主得以产生，并参与分享文化和权力，正所谓"旧时王谢堂前燕，飞入寻常百姓家"。

第二，反映了"世代衰微，全无冠盖"②的山东士族和江南士族的利益，而这些士族通过科考获取政治地位，成为朝廷的支柱力量。唐代曾三次官修姓氏书，即太宗时命高士廉等刊正姓氏，修撰《氏族志》；高宗时修《姓录》；中宗时修《姓系录》。国家专设"谱局"，让博古通今的名儒修撰姓氏谱录，其目的在于重新划定社会阶层，打破前代士庶的差别。贞观十二年（638），《氏族志》修成，仍列山东士族崔民干为第一等。李世民看后，大为不满，遂命高士廉等重新刊定，并指示"不须论数世以前，止取今日官爵高下作等级"③，强调以当朝的考试选官确定身份级别，这正是科举制的精义所在。

第三，书写、印刷等物质条件大有进步，有利于考试的实施。魏晋以来，纸质书写材料取代简帛，西晋左思的《三都赋》使"洛阳纸贵"，晋惠帝令下吏"赍纸笔"抄写陈寿的《三国志》，东晋末年桓玄下令"以纸代简"，简牍时代结束。纸上书写答卷，为科举考试简便、直观、公开的操作提供可能，唐代士人的行卷、投卷不必再像战国游士那样"负书担橐""陈箧数十"。唐代手工造纸产量颇大，雕版印刷渐趋流行，为普通人读书并参加科考创造了便利条件。

第四，隋唐时代的经学大统一为应考士人提供必备的教科书，规定了

① ［南宋］陆游：《老学庵笔记》。
②③ ［五代］刘昫等：《旧唐书》。

法定的经义文本。

科举制有一个逐步精密化的发展过程。隋开皇七年（587）设志行修谨、清平干济二科；炀帝大业二年（606）置进士科；唐承隋制，又于进士科外，复置秀才、明经、明法、明书、明算、诸史等科，依帝王的喜嗜不同，各有增减，唐玄宗时甚至设有专考老庄著作的道举科。其常设仅为明经、进士两科。考试及格者称"及第"（"登龙门"），这意味着获得晋身官僚阶层的基本资格，再经吏部考试，通过身（取其体貌丰伟）、言（取其司论辨正）、书（取其楷法遒美）、判（取其文理优长）四项审查，合格者才算完成任官的铨选。

唐代明经科主要考帖经和墨义。所谓"帖经"，就是选择经书中的任何一页，遮住前后文，只留出中间一行，再用纸贴住其中的几个字，让考生读出来。所谓"墨义"，就是让考生用笔默写出某一段落的经文和注疏。此皆检验应试者对经书的熟悉程度。

进士科在考试策论和帖经之外，诗赋成为必考内容。这要求考生不仅要熟读经传，背诵经义，而且必须具有相当的文学才能。为了表现文学才能，时兴"行卷"，即把自己的代表作抄在卷轴上，呈献给某一推荐人（一般是达官显要或著名学者），以求得其赏识，然后再将自己推荐给主考官。行卷之风促进唐代文学的发展，有的行卷作品成为流传后世的名篇。

进士科出身仕途更优于明经科，头名进士称"状元"，为读书做官的极品。唐代的进士和明经科之轻重，有如前代秀才与孝廉。进士极难，其时有"三十老明经，五十少进士"之说，进士及第者每年不过三四十人，录取率约为百分之一二，而明经科则为百分之一二十。故进士科为士人所趋，"缙绅虽位极人臣，不由进士者，终不为美"[1]。唐代高官如宰相多从进士中选拔，藩政辟举也以进士为优先。唐中叶以后，进士逐渐代替过去的士族，享受政治、经济、文化上的种种特权，包括免除赋税徭役。

唐朝科考分常科和制科两类，每年分期举行的称常科，由皇帝下诏临时举行的考试称制科。隋唐五代贡举实行解试、省试两级制，宋代实行

---

① ［五代］王定保：《唐摭言·散序进士》。

解试、省试、殿试三级制，明清实行童试考秀才、乡试考举人、会试考贡士、殿试考进士的四级科考制。

科考的淘汰率甚高，明清时三年一次的进士考试每次上榜不过两三百人；乡试中举者各省相加可达数千；童试取秀才，总额近万，然较之成百万读书人的基数，仍为凤毛麟角。故科举制作为教育制度，走的是精英路线，但对普及性的童蒙教育、大众教育有深刻的引导功能。

四、科举制的历史作用

科举制最重要的功能，是促成一个不靠出身而以考试入官的官僚阶层取代世袭的封建贵族阶层。马克斯·韦伯（Max Weber，1864—1920）说：

> 此一制度导致候补者互相竞争官职与俸禄，因而使得他们无法联合起来形成封建官吏贵族。获取官职的机会对任何人开放，只要他们能证明自己有足够的学养。①

唐宋以下，科举制愈益完备。此制通过法定的、不计身份的考试录用人才，使出自底层的士子可以通过读书应试攀援上升，如五代王定保（870—954）在《唐摭言》中所说：

> 三百年来，科第之役，草泽望之起家，簪绂望之继世。

揭示了隋唐三百年科举制促成"草泽"（下层百姓）、"簪绂"（名门望族）各阶层人士流动的社会效应。

"唐宋八大家"之一的欧阳修（1007—1072）是起自底层的士人，他在《相州昼锦堂记》中描述"朝为田舍郎，暮登天子堂"的情景：

> 盖士方穷时，困厄闾里，庸人孺子，皆得易而侮之。若季子不礼

---

① ［德］马克斯·韦伯：《儒教与道教》，洪天富译，江苏人民出版社，1995。

于其嫂，买臣见弃于其妻。一旦高车驷马，旗旄导前，而骑卒拥后，夹道之人，相与骈肩累迹，瞻望咨嗟，而所谓庸夫愚妇者，奔走骇汗，羞愧俯伏，以自悔罪于车尘马足之间。

这里列举的"季子不礼于其嫂"，指战国苏秦穷时，嫂子不肯给他饭吃。"买臣见弃于其妻"，指汉代砍樵的朱买臣（？—前115）被妻唾骂出门。而苏、朱后来当上大官，亲朋巴结不迭，所谓"前倨而后恭"。这种由朝政养成的崇尚功名利禄的社会风气，促使底层士人孜孜于学业，以竞选入官。

官员考选制削弱了世袭性、割据性的封建贵族政治，形成世界上较早的完备的文官制度。

参加科举考试的主要是学校生徒，因而此制带动了学校教育的发展。唐时学校分京师学和州县学，各级学校主要研习儒家经典，此外还学习律令、书法、算学等专门技能。因此，科举制度既是一种选官制度，又是一种教育制度，从隋唐延至明清，发挥了重要的社会功能。

科举制度以封闭式考试录取官员，具有公正性和法定性。因不计生员出身，唯才是举，从而较广泛地从社会各阶层选拔人才，扩大了政权的统治基础。官员和候补官员基本上都是知识阶层的精英，普遍提高了官僚队伍的人文素质。

唐载初元年（690），太后武则天亲策贡士，殿试自此开始，以后历代沿袭。殿试以一种制度形态昭显"君师合一"，由帝王亲任主考官，将录取最高一级知识官僚的命题权、评判权收归皇帝，中试者皆成为"天子门生"，从而以师生关系强化君臣纲常。

官僚政治与贵族政治有着明显差异，社会学家费孝通（1910—2005）说：

> 官僚是皇帝的工具，工具只能行使政权而没有政权。贵族是统治者的家门，官僚是统治者的臣仆。[①]

[①]　费孝通：《乡土中国》，上海人民出版社，2006。

与此说相类似，美国政治学者塞缪尔·P. 亨廷顿（Samuel P. Huntington，1927—2008）称中国的政治形态为"家产官僚主义"，即政府是皇室的扩大，官员是君主的仆役。亨廷顿区分"封建国家"与"官僚政治国家"时指出：

> 官僚政治国家的特点是具有相当大的社会和政治流动性——那些来自最低阶层的人可以达到最高的官位；而封建国家则等级森严，能改变社会地位者极为罕见……
>
> 官僚政治国家一般总是趋于职能分离、权力集中；而封建国家则往往职能混合、权力分立。①

自隋朝始兴（隋文帝开皇七年，即587年）至晚清诏废（清光绪三十一年，即1905年），科举制度实行1318年，其间不独汉族政权如此，辽、金、元、清等少数民族入主中原政权也实行此种制度选拔人才。以科举考试为核心，在学校教育、异地赴任、月给俸禄、致仕退休等方面都形成系统，构造了完备的文官制度，成为中国文化的一大特色。

与郡县制相匹配的，是从贵族世卿制向游仕制的转化，进而形成官僚制度。如果说，周代是"天子—诸侯—卿大夫"分等级次第的世袭封建贵族当政，那么，秦汉以下则是由朝廷任命的非世袭的官僚用权。当然，官僚体制内，在朝廷任命的"流官"之下，还有比较稳定的"吏""吏胥"，他们往往终身在一地从事行政管理的基础工作，并多有子孙相袭之例，故宋人叶适（1150—1223）说："官无封建而吏有封建。"②

自隋唐至明清实行1300余年的"科举制度"，朝廷与平民对接，较之"世卿世禄"的贵族政治是一大进步，在不拘一格选拔治国人才、扩大统治基础等方面，发挥积极作用。据统计，明初百余年间，进士及第者来自三代无功名家庭的，多达六成，这较之世袭贵族政治无疑有其优越性。何

---

① ［美］塞缪尔·P. 亨廷顿：《变化社会中的政治秩序》，王冠华等译，生活·读书·新知三联书店，1989。

② 叶适：《叶适集》（第三册），中华书局，1961。

炳棣（1917—2012）统计明清1.2万名进士、2.3万名举人的出身，发现来自寒门小户的几乎占一半，明代约为55%，清代约为37%。"白衣卿相"是科举制之下并不罕见的事例。

余英时（1930—2021）在《反智论与中国政治传统》中说：

> 自汉武帝以来，尤其是隋唐科举制度建立之后，政治上用人遵守一定的知识标准。明清的八股文取士最受现代人攻击。然而，撇开考试的内容不谈，根据学者统计，明初百余年间进士来自平民家庭者高达60%，这样一种长期吸收知识分子的政治传统在世界文化史上是独一无二的。[1]

美国汉学家艾恺（1942—）对科举制推崇备至，他说：

> 这个在世界史意义上的独特制度培养并创造了优异阶级，该阶级在世界史上是独一无二的。世界上其他任何一个社会，包括美国独立革命与法国大革命，都是由一个世袭的武士阶级所统治，并常常由传教士或神职阶级辅助。但中国则非常不同，他们是非世袭，依靠学识，而非军事和武力获取权力的群体。[2]

科举制使朝廷从平民中取用人才，较之贵族政治显示了平等性、公开性，但这种平等又有其限定性。殷海光（1919—1969）指出：

> 中国社会文化的发展并非依一个平面而前进。骈文、八股、律诗、词曲、品画，不是一般人有机会学习的。在中国要写得一篇响亮的文章或写得一手能上朝的好字，必需有闲、钱、名师指导、十年寒窗等社会条件的支持才有希望。终年胼手胝足为孝敬肚皮而忙碌的一

---

[1] 刘小枫：《中国文化特质》，上海三联书店，1990。
[2] 王传军：《中国文明震撼了我——访美国著名汉学家、芝加哥大学终身教授艾恺》，《光明日报》2013年9月1日。

般农民，怎易到达这种地步？①

科举考试诚然不问出身，然而，可以获得参加考试能力（深悉经典、熟谙古文、书法上乘等）的，多是有田土、遗产，坐收地租者，他们有读书之暇，并可聘请老师指导。当然也不乏家道贫寒、苦读登仕者，但毕竟是少数。科举平等性受到文化级差、社会级差的制约，也是不争的事实。

五、清末"废科举"的得与失

作为拔擢民间英才的善政，科举制也有其流弊，这便是助长读书做官、升官即得荣华富贵的社会风尚。宋真宗（968—1022）的《劝学诗》将科举考试的"好处"归结为：

> 富家不用买良田，书中自有千钟粟。安居不用架高堂，书中自有黄金屋。娶妻莫恨无良媒，书中自有颜如玉。出门莫恨无人随，书中车马多如簇。男儿欲遂平生志，六经勤向窗前读。

功名利禄成为指挥棒，引导士人奔竞于仕途，其高明者治国平天下，立德、立功、立言；末流则沦为"禄蠹"，"其有老死于文场者，亦无所恨"，《儒林外史》中的周进、范进，便是碌碌终生的士人典型。读书当官成为深入社会各阶层的理念，一些下层父老也谆谆告诫子弟苦读入仕，由民入官，享受荣华。这种风靡千载的风尚，既是"官本位"的产物，也助长了"官本位"的膨胀。

科举制的另一弊端，是引导士人以经史为唯一学问，使科学技术等实际知识不入社会文化主流。而宋代"右文抑武"，高调实行科举制，导致士人柔弱，宋代经济文化发达而武功不强。科举制的此一缺陷，当时即遭有识者诟病，南宋朱熹有"谋恢复，当废科举三十年"的愤语。元代初中期停科举，元仁宗皇庆二年（1313）在儒臣力倡下，重启科举。

---

① 殷海光：《中国文化的展望》，上海三联书店，2002。

　　明清两代科举极盛，而八股取士等积弊渐深。延及清末，科考内容及考试方法的迂腐愈益昭彰，康有为指出，科举出身的"翰苑清才"不堪新政之用，除熟悉八股制艺之外，"竟有不知司马迁、范仲淹为何代人，汉祖、唐宗为何朝帝者。若问以亚非之舆地，欧美之政学，张口瞠目，不知何语矣"①。固有的科举制已无法适应社会近代转型的需求，废改的呼声遍起朝野。1901年3月，两广总督陶模（1835—1902）上《图存四策折》，其一为"废科目以兴学校"。山东巡抚袁世凯（1859—1916）有逐年减少科举取士名额以增学堂之议；刘坤一（1830—1902）、张之洞的《江楚会奏》内容之一是变革科举。

　　顺应朝野呼声，1901年清政府宣布废除武举，此为变科举的第一步。1904年1月，张之洞与管学大臣张百熙、荣庆在修订学堂章程时奏称：由于科举未停，导致新学堂的设立受到阻碍；而新学堂未能普遍设立，又使得科举不能立刻停止。因此，朝廷应该确立一个过渡期，使科举和学堂教育归于一途。此奏折获清廷认可。科举便开始逐渐减少录取名额而转向从学堂选拔人才。光绪三十一年（1905），袁世凯、张之洞、周馥、岑春煊、赵尔巽与端方等地方督抚大员联衔上奏，请"立停科举以广学堂"。清廷发布谕旨，宣布从光绪三十二年（1906）开始，停止各级科举考试。隋唐以降延续千余年的科举制度，戛然而止，中国传统的政教合一体制随之走向崩解。历史的吊诡处在于，领衔上奏废除科举的，早年多为科举骄子，如张之洞15岁中乡试头名、26岁中殿试第三名（探花）。身为重臣的张之洞等人，晚岁面对纷至沓来的近代转型，困于科举弊端，又无法在此制之内更张变通，终于决定将沿袭千余年的科举制一废了之。

　　对于清末废科举，赞扬有之，如维新派所办《时报》发文，称此举"革千年沉痼之积弊，新四海臣民之视听，驱天下人士使各奋其精神才力，咸出于有用之途，所以作人才而兴中国者，其在斯乎"。另类评议亦接踵而至。废科举后四个月，严复在《论教育与国家之关系》的演说中评议"废科举"说：

---

① 康有为：《清废八股试帖楷法试士改用策论析》。

不佞尝谓此事乃吾国数千年中莫大之举动，言其重要，直无异古者之废封建，开阡陌。造因如此，结果如何，非吾辈浅学微识者所敢妄道。

在这中性语句中，深蕴着对科举制贸然全盘废弃的忧思。

1905年前后曾力主废科举的梁启超，1910年即颇有悔意，他说：

夫科举非恶制也，所恶乎畴昔之科举者，徒以其所试之科不足致用耳。昔美国用选举官吏之制，不胜其弊，及一八九三年，始改用此种实验，美人颂为政治上一新纪元。而德国、日本行之大效，抑更章章也。世界万国中，行此法最早者莫如我，此法实我先民千年前一大发明也。自此法行，我国贵族寒门之阶级永消灭，自此法行，我国民不待劝而竞于学，此法之造于我国也大矣，人方拾吾之唾余以自夸耀，我乃惩末流之弊，因噎以废食，其不智抑甚矣，吾故悍然曰：复科举便！[1]

梁启超称废科举是因噎废食的不智之举，提出"复科举"的建议。

1955年，国学家钱穆在《中国历代政治得失》一书中批评清末"废科举""铸成大错"：

直到晚清，西方人还知采用此制度弥缝他们政党选举之偏陷，而我们却对以往考试制度在历史上有过千年以上根柢的，一口气吐弃了，不再重视，抑且不再留丝毫姑息之余地。那真是一件可诧怪的事。……清末人一意想变法，把此制度也连根拔去。民国以来，政府用人，便全无标准，人事奔竞，派系倾轧，结党营私，偏枯偏荣，种种病象，指不胜屈。不可不说我们把历史看轻了，认为以前一切要不得，才聚九州铸成大错。

---

[1] 梁启超：《官制与官规》，载《饮冰室合集》文集之二，中华书局，1989。

六、近代西方文官制的模本

清末废科举的建设性目标，是兴办西式学堂，以适应近代社会之需。而西式学堂实为西方文官制的养成所，清末力主废科的人士多不知晓，西方文官制乃是仿效中国科举制的产物。

中国从民间考选士人入官的消息，中世纪初期即通过犹太商人、阿拉伯商人传至西欧。10世纪意大利西西里的诺曼王国开始举行文官考试，便受到来自中国的故事的启发。中国科举制正式介绍到欧洲，是元初（13世纪）入华的意大利人马可·波罗（Marco Polo，1254—1324）。其后，明代入华西洋传教士克香兹，发现中国古代科举考选官员制度与西方贵族官制大异，他在游记中把中国科举制介绍到欧洲。稍后，明万历年间入华的耶稣会士利玛窦向西方具体报道南昌举行乡试的情形：

> 标志着与西方一大差别而值得注意的另一重大事实是，他们全国都是由知识阶层，即一般叫作"哲学家"（指儒生——引者注）的人来治理的，井然有序地管理整个国家的责任，完全交付给他们来掌握。①

利玛窦郑重地向欧洲人介绍，"在中国最终实现这一原则的制度叫作科举制"。

据南京江南贡院中国科举博物馆馆长周道祥的研究，自1570年至1870年的300年间，用外文出版的涉及中国科举的文献达到120余种。伏尔泰（1694—1778）、孟德斯鸠（1689—1755）、狄德罗、卢梭（1712—1778）等都对科举所体现出的平等和公平原则表示折服。

至清末，入华新教传教士详尽评介科举制。19世纪初，英国译员梅笃士著书，介绍科举考试，并建议以此制为范例，在英国实行官员考选。1835年，长期居留中国的英国人英格尔斯指出：东印度公司已经采用中国人的考试办法来选拔人才了，如果哪一天我们全英国也能够采用这种办法

---

① ［意］利玛窦、［比］金尼阁：《利玛窦中国札记》（第一卷）。

来选拔、考选我们的官员，那么对英国甚至对整个欧洲社会产生的正面作用和影响，将要大于火药和指南针。廉士在《中国总论》中说："中国通过卓越的考试制度录用文官武将，这是他们制度中唯一不同于古今任何一个伟大的君主国家的地方。"

1867年美国的《北美评论》称赞科举考试。入华美国传教士丁韪良（1827—1916）1868年在波士顿举行的会议上宣读论文《关于中国的竞争考试》，认为科举是"中国文明的最好方面"，英国已经采借，他建议美国立即仿效，实行英式文官考试制度。

自马可·波罗、利玛窦以下的西方人士关注科举制，是因为同欧洲中世纪以来实行的"恩赐官职制"（patronage）相比较，"科举"（英文译作 the civil-service examinations，意谓公务员考试）有明显的优越性。18世纪启蒙大师伏尔泰在批判法国世袭贵族统治国家时，赞扬中国只有通过严格考试的人才能任官，"中国由那些及第的人治理着"。法国师法中国，率先在1791年进行文职人员考试。

受法国百科全书派的影响，英国经济学家亚当·斯密（1723—1790）于1776年提议，每个人"被获准在任何机构自由从事某一职业前，必须经过考试或试用"。至19世纪初，更有人力主欧洲仿效科举制，改变中世纪以来的封建贵族政治，废弃赐官制，确立从竞争性考试中选拔文职官员的制度。

普鲁士约于1800年试行考选文官，19世纪70年代俾斯麦执政时文官考试制正式实施。

1833年，英国确认通过考试择优录用的原则。1835年，英国人在东印度公司采取中国式的考试拔才办法。1847年，英国一驻外机构为聘任办事员，进行竞争性考试。此举受到种种非难，但英国行政改革者认为这是一种卓越的选拔人才的制度。1855年，英国成立第一个文官委员会，主持普通文职人员竞争性考试。此间英国刊物《绅士杂志》《伦敦杂志》等广为译介中国官员考选程序及方法。在中国科举制的影响下，1870年，英国颁布法令，使文官的竞争性考试正常化，英国文官考试制度最终确立，成为欧美楷模。

西方人说，科举制是中国人赐给西方最重要的礼物。此言并不夸张。

孙中山在《五权宪法》中将官员考试列为民主政治的五大方面之一，进而指出：

> 现在欧美各国的考试制度，差不多都是学英国的。穷流溯源，英国的考试制度原来还是从我们中国学过去的。所以，中国的考试制度，就是世界上用以拔取真才的最古最好的制度。[1]

需要指出的是，隋唐至明清的科举，是考选政务官，考中者由朝廷任命为朝官（入翰林院等）或任命为地方官（如县官），而事务官（称吏或吏胥，如宋江那样的县衙里的押司）虽有一套选拔制度，但不在科考之列。而英国的文官考试是选考事务官，政务官则通过选举产生的议会任命（或由议会确任的政府首脑任命）。故考选任官的重要性，中国更甚于西方。

综论之，在人类创造的种种选拔官员的办法中，科举制度是十分卓越的一种，固然难免弊端，但不能掩盖其从平民中拔擢人才的杰出构思，孙中山在清末"废科举"之际评价此制时，仍力陈科举高义：

> 虽所试科目不合时用，制度则昭若日月。[2]

反顾科举兴废史，我们由衷钦佩中山先生睿见，并由此引出两则感想——

其一，今人应当改造、更新科举制，剥离其历史积垢，转化出现代气质，让那"昭若日月"的公平、公正、公开的选官制度的精义重现辉光，既不是一"废"了之，也不是简单复归。对于传统文化，皆应作如是观。

其二，今日参酌西方文官考试制度以建立现代公务员考试制度时，切不可数典忘祖，一定要认真总结并弘扬中华文化固有的选贤与能、政权向庶众开放的传统，抑制凭恩荫授权的世袭制流弊，消减令阶层固化、官民对立的危险。此为构建优质政治文化的要处。

---

[1]　孙中山：《孙大总统五权宪法讲演录》。
[2]　孙中山：《与刘成禺对话》，载《孙中山全集》（第一卷），中华书局，1981。

中华元典"终极关怀"论析

具有理性的人有对无限与永恒的追求，而个体人的生命又十分有限，这两者间的矛盾性引出"彼岸与现世之辨"，也即关于终极关怀（ultimate concern）的探讨。世界各主要文化元典在这个问题上显示出自己的思维偏向和价值趋势。

一、希伯来、印度元典对彼岸的深切关注

希伯来元典《圣经》充满了对彼岸世界的向往、追求乃至恐惧。《圣经》的理论立足点是有神论，而且是崇奉唯一神（上帝耶和华）的有神论。神（上帝）是整个《圣经》系统的中心，是天地万物的创造者和主宰，并对人赏善惩恶。作为基督教神学基本课题的"上帝论"宣示，上帝是无可言喻的，本身就是"存在"，其本质亦即是"存在"，是不可能不存在的"存在"，即"必然存在""最高存在"和"第一存在"。一切完美属性无不为上帝所具有；对于世人，上帝具有位格而非无人称的哑然存在体；对于自然，上帝是超越万物又内在于万物；对于时空，上帝是无限的、单纯的和独一的。人则由上帝所造，其灵性和弱点都是上帝赋予的。

基督教认为，人既然一切受领于上帝，人便是上帝的臣民，负荷着"原罪"的人唯有信仰上帝，才能得到救赎。基督教系统的终极关怀是皈依造物主（上帝），在上帝那里求得无限与永生。

　　印度吠陀系统也持有神论，但不崇拜唯一神，而是诸神并立，神也并不像《圣经》中的耶和华那样支配一切。印度人从未视神为"绝对者"，诸神低于"绝对者"；"绝对者"，即"大法"，是一种宇宙法则，在诸神之上；《奥义书》及吠檀多学者注重的是"大法"的权威，而不是神的权威。吠檀多学者创立自我与他我"不二论"，宣称自我与他我统一于"绝对者""梵天"（也即宇宙永恒的"大法"），神不是梵天、大法的制定者，而是梵天使神成其为神。印度诸神与众生无异，都不是道德典范，他们也有嫉妒、羡慕、不和、背信、贪欲、骄傲、怯懦、邪淫等毛病，与百欲兼具的希腊奥林匹斯山诸神颇相类似，而与希伯来人塑造的那个"全能、全善、全美、全知、全在和全备一切"的上帝耶和华迥然相异。因而，印度人并不是从神寻求道德指教，而是从超越诸神的"大法"中获得道德启示和灵魂拯救。当然，印度也有"黑天"那样的宇宙大神，《薄伽梵歌》称其为"最高的宇宙精神"，但黑天仍然不具备耶和华的自在性和绝对性，黑天是因其英雄业绩而被大神湿婆推尊为宇宙大神的，而并非自来即有、全备一切的创世上帝。

　　至于佛经系统，虽然借用了婆罗门教诸神，但将这些神视作众生，连佛本身也不是神。佛虽有超人的智慧和能力，却并不能像耶和华那样主宰人的吉凶福祸，佛也受因果律支配。从这一意义言之，原始佛教有"无神论"倾向。当然，作为一种宗教教义，佛学中包含大量关于彼岸世界的描绘，如在中国广泛流传的《佛说阿弥陀经》便尽述西天极乐世界的庄严美妙：

　　　　彼土何故名为极乐？其国众生无有众苦，但受诸乐，故名极乐。……极乐国土，七重栏，七重罗网，七重行树，皆是四宝周匝围绕，是故彼国各曰极乐。

　　吠陀系统和佛经系统对人的看法也具有特色。从自我、他我"不二论"出发，印度人不仅认为诸神与众生无异，同时也认为人类与众生无异。印度人谈及"人"时，所用词汇是"生物""有生类""动物"。《梵经》称"人的行为与兽的行为没有什么不同"，佛教的《法句经》称"一切有生类都深深依恋生活""众生都欲安乐"。印度各教派的古文献都肯定人兽无差别的观点：第一，认为人属于胎生生物，归属于生物世界；第二，承认一切生类中存在精神因素，不仅人和兽有灵魂，植物也有灵魂。当然，印度元典也看到人是有理性、会思维的动物，因而优于其他生物，《森林书》说：

> 液汁进入草木，动物有脑汁。而"普遍自我"对人的启示是最清楚的，因为人被赋予"知性"。他能看到并且能谈论他所识别的是什么，能预料明日大概怎样，知道现实世界和非现实世界的区别，虽然他难免一死，但他力图达到不朽。①

《奥义书》则强调人类受"大法"支配的伦理价值，人若忽视"大法"，丧失伦理，则无异于禽兽。《歌者奥义书》称：

> 今世善行之人，来世将再生为婆罗门、刹帝利或吠舍。相反，罪恶之人将投生于狗胎、猪胎，或将沦为无所归宿者。

总之，人是众生之一，神也是众生之一，人和神都是宇宙"大法"的产物，"大法"是人兽之别的界限，遵循"大法"者才是真正的人。这便是印度元典系统的"神人之辨"和人道观。

二、《尚书》"绝地天通"与《圣经》"巴别塔"之比较

在"神人之辨"方面，中华元典系统与上述希伯来元典系统、印度元典系统有着迥然相异的旨趣，而与人文主义的希腊元典系统有某种近似之处。希腊元典（以柏拉图著作为例）保留着"宇宙的创造者"和"诸神"的地位，认为人是"宇宙的创造者"用"宇宙灵魂"与各种元素混合制作出来的，"这个优越的种类便叫作人"②。可见，这里虽然沿袭着神创

---

① ［日］中村元：《东方民族的思维方法》，林太、马小鹤译，浙江人民出版社，1989。
② ［古希腊］柏拉图：《蒂迈欧篇》，谢文郁译，上海人民出版社，2005。

说，却强调人的崇高。柏拉图还引述普罗泰哥拉的名言"人是一切事物的尺度"①，认为人必须通过自己的价值系统去观照宇宙，体认宇宙，发现宇宙的价值。这里洋溢着强烈的人文主义色彩。

在中国，对鬼神的解释甚多。"神"的古字通"示"，又可简作"T"，"丨"为男根，"一"为上意，"T"为生殖器之上，即生命原始起点，故"神"有引出万物的天神之义，又有神明莫测之义。"鬼"甲骨文作𤱕，上部田为面具，下部𡗞为巫师，象形"戴着面具的人"，意味着陌生怪异，但又毕竟由人演化而来。鬼神往往连用，《正字通》说："神，阳魂为神，阴魄为鬼；气之伸者为神，屈者为鬼。"

中国人的鬼神意识是与宗教意识紧密相连的。而中国人的宗教意识也走过了从原始自发宗教到人为宗教的发展过程，从多神崇拜演变为至上神（"上帝"或"天"）崇拜。作为中华元典萌芽期的商代，正是盛行鬼神观念的时段，所谓"殷人尚鬼""殷人尊神，率民以事神，先鬼而后礼"。②一切"王事"都祈求神佑，"残民奉天""残民尊神"是殷人的主张。

西周时，鬼神观念发展得更为具体，一谓死为鬼，可图报在生时的恩怨；二谓鬼神能祸祟于人；三谓求神可得福佑。殷墟甲骨卜辞和周金文中多有卜问鬼神的记载，《尚书》也言及周公自称"多材多艺，能事鬼神"③。《礼记》更谓"三代明王，皆事天地之神明，无非卜筮之用"④。正因为人们敬事鬼神，所以在殷周两代充当神人媒介的巫、觋、祝、贞人等宗教职业者地位颇高，而国家统治者则力图将其控制在自己手里，任命为宫廷要员，以掌握解释神意的专利。

《吕刑》是我国现存最早的、系统的刑法专著，讲的是吕侯劝导周穆王明德慎罚，制定刑律，因而国家大治。接受吕侯建议的穆王发布的诰词说，当年颛顼为平息苗民作乱，"乃命重、黎，绝地天通"⑤。"重"和"黎"都是传说中的颛顼时人，相传"重"主持天神，"黎"主持臣民，

①　［古希腊］柏拉图：《泰阿泰德篇》，唐文杰译，商务印书馆，2015。
②④　《礼记·表记》
③　《尚书·金縢》。
⑤　《尚书·吕刑》。

颛顼作出这种分工安排，为的是禁止民和神相通的法术，神和人再不能升降杂糅，也就安分守己了。《国语·楚语下》对"绝地天通"作了一番解说：

> 颛顼受之，乃命南正重司天以属神，命火正黎司地以属民，使复旧常，无相浸渎，是谓绝地天通。

韦昭注《国语》这段话，引用观射父的诠释："绝地天通"就是绝地民与天神相通之道。这样，窥探神意的占卜术便作为国家职能操之于最高统治者手中，而不使民间染指。

中华元典中的"绝地天通"说，与希伯来元典中的"巴别塔"故事颇有相近之处。"巴别塔"故事讲的是：挪亚的子孙向东迁徙，至示拿，见一平原，乃在此建一城和一高塔以达天上。上帝虑彼等今后将无事不成，乃混乱其语言，致使互不通意，乃四散，人类通天的计划遂成空想。[①]《圣经》中的"巴别塔"故事与《尚书》中的"绝地天通"说的相似点在于，二者都着意分割天与地、神与人，使下民保持愚昧分散状态，以便操纵。

但再深入一层剖析，可以发现东、西元典中的两个题旨又大相径庭。西方《圣经》中的"巴别塔"故事展示一个上帝捉弄人类的游戏，这是上帝对人类分而治之的策略，上帝在这里导演着一切，人类及其首领都被玩弄于股掌之中。而中国的"绝地天通"说却由周穆王宣示出来，是人间王者控制神权的一种努力。所以，这里虽然表面沿袭着神道观念，实际上其根柢都在人学原理，是人王在操纵神—人关系。由这两种不同的神—人关系准则推演下去，便产生两种相异的文化路向——

在基督教至上的欧洲中世纪，往往是宗教控制国家，神权驾凌于君权之上，走的是"神—人"路线；而在西周以降的中国，神学逐渐从属人学，国家控制宗教，君权驾凌于神权之上，"重神"转为"重人"，走的是"人—神"路线。

---

① 故事出自《旧约全书·创世纪》。

这种"人—神"路线在中华元典里多有体现。如《尚书》记载，殷纣王的庶兄微子见纣王昏暴、不听规劝，忧心如焚，与执掌神权的父师商量，父师告诫微子尽早出逃，因为天已降灾殷朝，以至"今殷民乃攘窃神祇之牺牲用以容，将食无灾"[①]。意谓殷的百姓竟然偷盗祭祀天地神灵的猪牛羊三牲，却没有受到惩罚。这正显示了时人对鬼神的蔑视和神权的失灵。至于《诗经》更有"下民之孽，匪降自天。噂沓背憎，职竞由人"[②]（黎民百姓受灾殃，灾殃并非从天降。当面欢背后恨，祸患都因有坏人）一类求福祸于社会自身的诗句，认定人间的灾难并非天神所降，而是世间坏人肆虐的结果。可见，在中国的君民两大阶层思想深处，"人道"压倒"天道"，此岸关切胜于彼岸探求。

三、中华元典的"世俗性"与"超越性"

说中华元典具有"世俗性"，并不是说中华先民没有宗教意识和创建宗教的实践，而是指中华元典精神的重心在"入世"而不在"出世"，这种价值取向使中华文化的宗教色彩比较淡薄，不同于印度、中东、欧洲等地区长期由宗教左右文化的情形。

以欧洲而论，宗教和神学一直在这个大陆的文化中占据举足轻重的地位。荷马时代的古希腊人确信，现世之上有一个以奥林匹斯山为中心的神的世界。神间冲突、神人冲突构成希腊神话和悲剧的基本内容。当轴心时代的希腊诸哲兴起以后，人文主义高扬，神界退居希腊文化幕后。但在希腊—罗马文化走向衰落之际，来自中东的基督教迅速风靡欧洲，成为中世纪千年间的文化主干。基督教通过天堂与地狱、原罪与赎罪、末日审判等命题，将人世的苦难、短暂，与天堂的幸福、永恒形成鲜明对照，从而引导人们通过信仰上帝超脱现世的苦难，去求得天堂的解脱。充满神异说和宗教激情的《旧约》与《新约》成为基督教世界人人尊奉的《圣经》。

---

① 《尚书·商书·微子》。
② 《诗经·小雅·十月之交》。

中国人视作圭臬的元典，讲究的是"君子以经纶""春秋经世"，人们关心的是现实政治和人间伦常。

中华文化的"世俗倾向"突出表现在广大士人以现实政治为务，而政治又已经从神学中剥离出来，所谓"政，不可不慎也。务三而已：一曰择人，二曰因民，三曰从时"①。政治取决于用人的恰当、民众的拥护和时势的趋向，"礼神"则不是必要的功课。在这种"尊礼""近人"精神的培育下，大多数中国人不时也会有宗教情怀的抒发，但他们更加执着追求的是世务人情。《大学》《中庸》《论语》《孟子》经宋代理学家倡导和阐释，成为中国朝野敬奉的"圣经"。而这种中国式的"圣经"，不语怪、力、乱、神，只是平实地讲述着人生道理。这里没有人格神上帝，没有人格神上帝的创世纪，也没有关于彼岸世界的描述和"原罪""拯救"观念，有的是由人心修养说和治国平天下谋略共同构成的"内圣外王之道"。中华本土文化的三大主要流派——儒、道、法都不是宗教，而较富于宗教旨趣的墨家在秦汉以后便基本消失，这些都充分显示出中华文化非宗教的世俗倾向。

20世纪初叶，康有为曾经提出以孔教为"国教"的倡议，章太炎（1869—1936）当即表示反对，他认为在中国立国教，完全不符合国情与文化传统。章氏指出"中土素无国教"，他进而证之以中国人的国民性：

> 国民常性，所察在政事日用，所务在工商耕稼。志尽于有生，语绝于无验，人思自尊，而不欲守死事神，以为真宰，此华夏之民所以为达。②

章太炎准确把握了中华文化的世俗倾向和实用理性精神，而康有为的"立国教"努力，则因有违国情，只能是一种心劳日拙的空想。

中华元典立足世俗，也升华出超越性精神追求，这便是配比"天地"的求索，对"道"的执着追探。宋人张载（字横渠）概括曰：

---

① 《左传·昭公七年》。
② 章太炎：《驳建立孔教议》。

> 为天地立心，为生民立命，为往圣继绝学，为万世开太平。①

这"横渠四句"，正是敬天道、尚人文的中国文化的现世性、超越性相统一的终极追求。

四、中国宗教的现世化风格

中国宗教呈现现世化风格，既反映在外来宗教入华后的演变上，又表现在本土宗教的价值取向上。

先论外来宗教入华后的演变。这里以佛教和基督教为例。

产生于南亚次大陆的佛教本是一个力图与外部权威脱离的宗教。原始佛教禁止出家人与国王有联系，佛教经典告诫道："比丘，莫复生心亲近国家。"②佛教相信自己处于国家权限之外，修行者应脱离任何政治事务，所谓"菩萨不侍奉国王，亦不与王子、大臣、官吏联系"③，"比丘不应近王"④，这便是著名的"沙门不敬王者"说。然而，佛教入华后，在中国这块以王权政治为中心的高度现世化的社会里，逐渐改变"不敬王者""莫亲近国家"的原有风格，而变得靠拢统治阶级，甚至演变为帝王工具。中国佛教组织往往从朝廷那里接受土地和财产的赏赐，佛教教派首脑以接受帝王"册封"为荣，而不像欧洲那样，帝王需要教皇的加冕方博得统治权的正统性。

原始佛教不仅"无君"，而且"无父"，所谓"口不言先王之法言，身不服先王之法服，不知君臣之义、父子之情"⑤，主张摆脱血缘伦常的束缚。佛教鼓励出家，本身便与孝道相悖。然而，中国化佛教教派渐渐也讲究尽孝，其轮回说竟演为父母死后做超度的佛事，汉译佛典中甚至还

---

① ［北宋］张载：《横渠语录》。
② 《增一阿含经》卷四二。
③ 《法华经》。
④ 《正法念处经》卷五○。
⑤ ［唐］韩愈：《论佛骨表》，见《韩昌黎集》卷七。

掺入伪造的《父母恩重经》，阐发孝道，宣扬忠君，其文义与《孝经》略同。此外，原始佛教本不以俗事为务，而佛教入华以后，逐渐在教义中宣扬入世和功德渡人，并增添许多原始佛教所绝无的人生实务功课。佛教"原版性"的这诸多变化，基本倾向是由"出世"转而"入世"，这大约是一种"近朱者赤"和"入乡随俗"吧！

与佛教入华以后的改变相类似，基督教在明清之际入华，利玛窦等传教士为顺应中国的民情风俗，曾允许中国受洗者仍然保持祭祖祀孔的习惯。可见中华文化的现世化倾向，是任何一种外来宗教要在中国得以传播所不得不认真对待的特别国情。不过，基督教是一个教规更为严格的宗教，而且有中心机构（梵蒂冈教廷）指挥全球范围的传教活动，不能容忍这样直接与基督教教义相违背的大变化。1704年，罗马教皇克雷芒十一世订立"禁约"，因而自康熙末年以后，中国基督徒被允许祭祖祀孔的做法时行时止。1742年，教皇本笃十四世最后裁决，重申"禁约"，基督教也因此遭到清王朝的驱逐和禁绝。直至19世纪中叶以后，基督教在西方殖民主义的坚船利炮的伴随下，才再度入华。

综上所述，外域宗教入华之后，几乎都有一种"出世性"被淡化、"入世性"被强化的过程，这正是中华文化人文精神熏陶感染的结果。

次论中国本土宗教的特性。这里以道教为例。

道教源于中国古代巫术和秦汉时的神仙方术，后又吸收《老子》《庄子》《列子》诸书思想，基本信仰和教义是"道"，认为"道"是造化之根本，宇宙、阴阳、万物都由其化生，这同老庄思想颇接近。然而，老庄并不承认人格神，故非宗教；而道教崇拜最高尊神，即人格化的"三清"（玉清元始天尊、上清灵宝天尊、太清道德天尊），并有一整套修炼方法（服饵、导引、胎息、内丹、外丹、符箓、房中、辟谷等）和宗教仪式（斋醮、度亡、功课）。作为产生于中国本土的宗教，道教深深熏染了中华文化精神的一些基本特征。与世界其他宗教分裂灵魂与肉体，划分此岸世界与彼岸世界大不相同，道教是一种现世的宗教，其信仰目标并非到彼岸做尊神或与天使同列，而是"羽化登仙"，既在现世享受荣华富贵，又带着这享乐的肉体升腾仙界。道教还专设功名禄位神——文昌帝君，又设财神赵玄坛（民间又称"赵公元帅"），以满足信徒们的双重要求：既想长生久视、超度成仙，又不忘现世的功名利禄。《红楼梦》第一回中跛足道人唱的一段歌谣就将这种特别心态描绘得很贴切：

> 世人都晓神仙好，惟有功名忘不了！古今将相在何方？荒冢一堆草没了。
>
> 世人都晓神仙好，只有金银忘不了！终朝只恨聚无多，及到多时眼闭了。
>
> 世人都晓神仙好，只有娇妻忘不了！君生日日说恩情，君死又随人去了。
>
> 世人都晓神仙好，只有儿孙忘不了！痴心父母古来多，孝顺儿孙谁见了？

道教正好把握住中国人的这种既晓"神仙好"，又"忘不了"现世享乐的二重心态，提供一个出世与入世、成仙与现世享福两全其美的方案。鲁迅（1881—1936）在《致许寿裳》中说：

> 中国根柢全在道教……以此读史，有多种问题可迎刃而解。
>
> （中国人）往往憎和尚、憎尼姑、憎回教徒、憎耶教徒，而不憎道士。懂得此理者，懂得中国大半。

就揭示中国国民性的内核而言，这些警句确乎有一语破的之妙。

由于道教从现实性与超越性的统一上适应着宗法制下的中国人的需要，所以道教颇受统治阶级的青睐，得到帝王的提携。如唐太宗（598或599—649）曾颁布《道士女冠在僧尼之上诏》，规定先道后释，推行"扶道抑佛"政策。两汉以降，不少道士充当朝廷"国师"，朝廷往往也设置"道官"（一般由上层道士担任）以管理道教事务，如金代有"道录""道正"之设；明代更在中央置"道录司"，府置"道纪司"，州置"道正司"，县置"道会司"；清袭明制，中央至地方各级均设道官。道教与国家政权的这种密切关系，正是中国宗教"现世性"的一种表现。

五、"人生三不朽"与"复归自然"：中国式"终极关怀"两走向

有的西方学者，如蒂里希（Paul Tillick，1886—1965），将宗教定义为人的"终极关怀"，如果以这种"泛宗教"观论之，非神学的中华元典也不乏宗教情怀。

宗教典籍往往就人的"终极关怀"铺陈出庞大的体系，如《圣经》衍出原罪救赎说、天堂地狱说、世界末日说、最后审判说，在人死后的结局和世界末日等"终极"问题上形成一个完备的"终极论"。中华元典走着一条"循天道，尚人文""远鬼神，近俗世"的思维路向，其"终极关怀"与现世并不截然两分。

元典创生期的中国哲人大都不详细论"死"，他们认为，"生前"都没有研究清楚，何必去议论无从证实的"死后"呢！这便是孔子在子路"问死"时简单答复"未知生，焉知死"①的缘故。老子以"出生入死"②概括人的生命过程，并认为，当人与不死的"道"同在，人就"无死地"③。孔、老多有不同，但不谋求彼岸的永生，却大体近似。这正是中国式"终极关怀"的特征所在——一种着意于把握"生"，而又视"死"如归的理智主义。

庄子热衷于探讨死生问题。他从相对主义出发，打破死生的严格界限，认为"方生方死，方死方生"④；又从生机的气化论出发，指出生死是气之聚散，"人之生，气之聚也；聚则为生，散则为死"⑤。他既感慨于生的短暂，所谓"人生天地之间，若白驹之过隙，忽然而已"⑥，又祝贺死的到来，其妻死，他鼓盆而歌。他还描述子桑户、孟子反、子琴张三人"相忘以生，无所终穷"⑦；子桑户死，孟子反、子琴张"临尸而歌"，歌颂一种"死生一如"的人生观。孟子则从仁道观出发，强调死的道义

---

① 《论语·先进》。
②③ 《老子》第五十章。
④ 《庄子·齐物论》。
⑤⑥ 《庄子·知北游》。
⑦ 《庄子·大宗师》。

价值，他说："尽其道而死者，正命也。"① 又说："生，亦我所欲也；义，亦我所欲也。二者不可得兼，舍生而取义者也。"② 这是一种伦理至上主义的生死观。

与上述伦理至上主义的生死观互为因果的，是中国特有的历史主义的"不朽观"。

古人的"不朽"意识大体有两类：一类从"神不灭论"出发，认定人的肉身可亡，而灵魂不死。《圣经》是此类不朽观的典型代表，这部希伯来元典反复训示，人的"不朽"在于"与上帝同在"。到彼岸世界去求得永生和超脱，是基督教文化系统"终极关怀"的主旨所在。另一类"不朽"意识则寄寓于历史无穷流变的恒久性上，中华元典基本上持这一类"不朽"观。对此论述较详的，见于《左传》。

鲁襄公二十四年（前549）春天，鲁国的叔孙豹出使晋国，晋国的范宣子问叔孙豹何谓"死而不朽"，叔孙豹未答。范宣子举出句的例子，说他的祖系从尧、舜、夏、殷、周直至当代的晋国都受封享禄，应当算是"不朽"了。叔孙豹则不以为然，认为这不过是"世禄"而已，并非"不朽"。他进而正面阐明自己的"不朽"观：

> 大上有立德，其次有立功，其次有立言，虽久不废，此之谓不朽。③

"三不朽"说的主旨是将个人有限的生命融入无尽的历史中。当一个人确立起崇高的道德，建立起宏伟的功业，留下内容与形式双美的言论文字，其德、行、言影响时人和后人至深至远，其人便经久而名不废，与无止境的历史同在，斯之可谓"不朽"。

《说苑·立节》曾举出一系列历史故事，论证这种"不朽"观：

> 王子比干杀身以作其忠，伯夷叔齐杀身以成其廉，此三子者，皆天下之通士也，岂不爱其身哉？以为夫义之不立，名之不著是士之耻

---

① 《孟子·尽心上》。
② 《孟子·告子上》。
③ 《左传·襄公二十四年》。

也，故杀身以遂其行。因此观之，卑贱贫穷，非士之耻也。夫士之所耻者，天下举忠而士不与焉，举信而士不与焉，举廉而士不与焉。三者在乎身，名传于后世，与日月并而不息，虽无道之世不能污焉。

这里弘扬一种伦理至上的生死观，其基石便是个体生命价值与历史相融合的"不朽"观，由此构成中国式的"终极关怀"，树立起"君子生以辱，不如死以荣"[1]的信念，培养出墨家式的"赴火蹈刃，死不还踵"[2]的精诚勇毅，儒家式的杀身成仁、舍生取义的节操。宋人文天祥（1236—1283）在被元军俘虏后，坚决不投降，慷慨就义时，衣带中留下《绝命词》，曰：

　　孔曰成仁，孟曰取义，惟其义尽，所以仁至。读圣贤书，所学何事？而今而后，庶几无愧。

文天祥的"所学何事"之问，其答案正是那"三不朽"，尤其是"立德"，也即道德的完成。这是中国式"终极关怀"的生动注解：辞别人世时考虑的既不是现世的享乐和苟且偷生，也不是求得彼岸世界的超脱，而是立德行于永恒的历史中，所谓"时穷节乃见，一一垂丹青"[3]，所谓"人生自古谁无死？留取丹心照汗青"[4]。如此，实现道德的圆满，便能垂之于史册，上可顺乎天道，告慰列祖列宗，下可教育后人，使正气长存，自身灵魂也就得到了安顿，"而今而后，庶几无愧"。

如果说，从《左传》的"三不朽"到文天祥的"留取丹心照汗青"，主要体现儒家式的"终极关怀"，那么，道家则显示一种自然主义的"终极关怀"。老子把"自然"视作最高范畴，所谓"人法地，地法天，天法道，道法自然"。他认为崇仰并复归于自然，方是"长生久视之道"。庄周也主张顺应自然，认为人的生，适时而来；人的死，适时而去；生与死

---

① 　《春秋繁露》（卷二）。
② 　《淮南子·泰族训》。
③ 　文天祥：《正气歌》。
④ 　文天祥：《过零丁洋》。

像黑夜和白天转换一般自然。因而庄周把"死生存亡之一体"视作高妙境界，提倡"坐忘"，使人与自然相融合。儒家的伦理主义和历史主义，道家的自然主义，是中国式"终极关怀"的两大路向，它们互为补充，共同构成中国人安身立命的精神支柱。

有些人认为中华文化系统中缺乏"终极关怀"。此说是从《圣经》之类的"终极关怀"模式出发，以为不谈或少谈天堂地狱、世界末日、赎罪拯救，便不能算作"终极关怀"。其实，中华文化除研讨政经社会、外王事功这些"现实关怀"之外，也精思安身立命、内圣成德等"终极关怀"，不过其题旨和完成方式自有鲜明的人文特色，论者不可失察。

有人认为中国传统的"终极关怀"存在弱点，如胡适（1891—1962）指出，中国的"三不朽"说只局限于少数有道德、有功业、有著述的人，与绝大多数人的人生实践无关，因而是"寡头的不朽论"；同时，"三不朽"说只从积极一面着想，没有消极的裁制，其涵盖范围也失之模糊；道家复归自然的"终极关怀"又有可能导向消极无为之一途。这些批评意见皆有道理，指出了上述两说的改善之径。其实，立德、立功、立言并非寡头的专利，普通人可以做到，平凡生活中亦能立德、立功、立言，禅宗讲得好，担水挑柴皆寓佛性。"三不朽"说、"复归自然"说可以演绎于广大民众的生活实践中。当然，这是一个艰巨而繁难的文化课题，近古顾炎武（1613—1682）、近代梁启超等注目此类启蒙工作，今人当循径前行。

时下人们往往忧思国人陷入"精神困境""信仰危机"，而超克之法就在眼前：求诸自己的文化遗产，便会发现脱困释危的真实出路，如中华元典阐发的"三不朽"说和"复归自然"说，不仅精义深邃，而且切实可行，资以疗治精神疾患的素材甚丰，若能创造性地扬弃其历史局限，并与世界诸元典精神相互比配，可望建设新时代的"终极关怀"，提升国人的精神境界。

贰

历史语义学

中国衍为国名历程

作为中国历史文化演出舞台的"中国"一词，人们耳熟能详，使用广泛。这一关键词从上古走来，含义多有流变：从先秦的"城中""邦国""都城"义，汉唐的"中土""中原"义，到近代演为与世界诸邦并列的民族国家之名，而"居中立邦"义则大体一以贯之。

一、由"中"与"国"组成的偏正结构名词

"中国"一词，由"中"与"国"两个古老的、具有独立含义的单字组成，前字（中）对后字（国）起修饰、限定作用。

1. 释"中"

"中国"之"中"，甲骨文作 等、金文作 等，皆象形"有飘带的旗帜"，所谓"有旒之旂"，旗杆插在一个圆圈形的栅栏中心，表示中间、中央之意。故"中"的本义为内、里。小篆衍为中，《说文解字》曰："中，内也。从口、丨，上下通。"成为方位名词的"中"，意谓空间的中央，与四方、上下等距离，居左右之中、两端之间，为四方之内核。中国最早的政治文书结集《尚书》有"王来绍上帝，自服于土中"之说，唐人孔颖达（574—648）释曰："言王今来居洛邑，继天为治，躬自服行教化于地势正中。"汉初贾谊（前200—前168）曰："古者天子地方千里，

中之而为都。"可见，自先秦以至于汉唐，"中"在地理上的空间居中义的基础上，已引申出执政中心义或文化中心义。

"中"还演绎为形容词，意指成、好、不偏不倚（适中、中庸）；演绎为量词，有"中等""半"意以及"正""得当"等含义；演绎为动词，读音同"重"（zhòng），意为"对上"（如射中、猜中）、"受到"（如中计、中枪）。

作为专用名词"中国"构造成分的"中"字，是方位名词，主要包含"中心""当轴处中"之意。

2. 释"国"

"中国"之"国"，繁体为"國"，甲骨文作 ，金文作 等，是由"戈"（兵器，表示武装）与"口"（人口）合成的会意字，意谓武装保卫人口、军队护卫的区域，所谓"执干戈以卫社稷"。

晚周使用的小篆 ，在金文 外沿增口（音围），象城垣——以城垣环绕保卫的领域，故把都城称"國"，又将地域称"國""方"（有"方国"并称）。正式的说法，"國"指天子赐给诸侯的封地。先秦有"家—國—天下"的分野，士大夫之"家"组合成诸侯之"國"，诸侯之"國"总汇为周王的"天下"。

"國"在家之上，在天下之内，"國"是"天下"的基本构成部分，孟轲（约前372—前289）有"天下之本在國"[①]的名论。

"國"字繁复，东汉曾简化为"囯"，有"普天之下莫非王土"意。魏晋六朝出现"圀"字，有"民为邦本"意；不过通用的仍是"國"字。直至20世纪50年代汉字简化运动时，方定为"国"字，有"祖国美好如玉"之意。（宋元话本、唱词曾出现"国"字，但未流行开来）

秦汉以降，郡县制取代封建制，虽仍有贵族封"國"之例，但已成次要，政制区划主体是朝廷命官管理的州、郡、县，"國"在其上，指由中央政权掌控的、有特定疆域的国家。故"國"与"邦"意相通。《说文解字》邦、国互训："國，邦也。从口从或。""邦，國也。从邑，丰

---

① 《孟子·离娄上》。

声。"帝制传统讲究"避讳",帝王名号必须回避,如西汉开国皇帝刘邦(前256—前195)的"邦"须避讳,以近义字"國"代用之,《汉书·高帝纪上》注引荀悦(148—209)语:"讳邦,字季,邦之字曰'國'。"颜师古(581—645)曰:"邦之字曰國者,臣下所避以相代也。"战国及秦通用的"邦家"一词,汉代以"国家"代之,后世沿用。

先秦以"國"指都城、城中、郊内、有疆界的行政地区等,秦汉以后诗文中的"國",往往对这类含义有所承袭。

要言之,"國"指执戈捍卫之城邑,进而指称军事、政治中心,秦汉以后主要指朝廷掌控的行政区域之总称,近古至近代正式获得在特定政权管理下的国家义,常与"天下"近义。东汉史学家荀悦"天下国家一体也"①是代表性言论。"国"具有维持民族与文化的作用,近人张之洞有"保种必先保教,保教必先保国"的吁求。明清之际"新民本"思想家则指出,"国"是统治者的政权所托,"天下"才是万众百姓生命所寄、文化延传之托。顾炎武对"国"与"天下"做了新的诠释,力主区分"亡国"与"亡天下":

> 有亡国,有亡天下。亡国与亡天下奚辨?曰:易姓改号,谓之亡国;仁义充塞,而至于率兽食人,人将相食,谓之亡天下。②

在宗法封建制的周代,"天下"指周天子名义占有的广阔空间,诸侯封地称"国",卿大夫领地称"家","家—国—天下"是三个级次的政制领域。秦汉以后,"国家"指朝廷统辖的领土和政权,渐与天下混同使用。顾炎武将这两个概念剥离开来,这是寓有深意的——"天下"指国土、民族文化,属于全体人民;"国"指政权、朝廷,仅为帝王及官僚拥有,二者不可混同,而当区别对待。顾氏指出:

> 保国者,其君其臣肉食者谋之;保天下者,匹夫之贱与有责焉。③

① 〔东汉〕荀悦:《申鉴·政体》。
②③ 〔明末清初〕顾炎武:《日知录》卷十三《正始》。

两百多年后，梁启超将顾氏语提炼为"天下兴亡，匹夫有责"，此语流传广远。

顾炎武、梁启超突破君国一体、忠君即忠国的固有观念，发挥以人民为本位、以中华文化为本位的天下国家观。这是"国"字诠释史上的重大飞跃，寓意深刻，当为今人记取与弘扬。

今之简体"国"，又含有国人像珍爱宝玉一样珍视自己祖国的意蕴。

3. 释"中国"

由"中"与"国"组成的"中国"，是偏正结构名词，"中"为修饰语（偏），"国"为中心语（正）。

"中国"一词较早出现于周初。1963年于陕西宝鸡出土的西周早期青铜器"何尊"（名"何"的宗室贵族的祭器），其内底铸有铭文122字，记述周成王继承武王遗志，营建成周（今洛阳），铭文转述武王廷告辞云：

> 武王既克大邑商，廷告于天曰：余其宅兹中国，自兹乂民。[1]

这是迄今所见首出之专词"中国"，意谓"天下之中央"。

较早的传世文献《尚书·周书》亦有"皇天既付中国民，越厥疆土于先王"的用例，《诗经》《左传》《孟子》等先秦典籍也多用"中国"一词。

"中国"初义是"中央之城"，即周天子所居京师（首都），与"四方"对称，如《诗经·大雅·民劳》云：

> 民亦劳止，汔可小康。惠此中国，以绥四方。[2]

---

① 意为武王克商后，在庙廷祭告上天曰：我要住在天下的中央，由此统治民众。
② 意为人民劳苦够了，要求稍得安康。抚爱这些京师人，用来安定四方。

毛传释曰："中国，京师也。"《民劳》篇四次出现"惠此中国"，其"中国"皆指京师。

战国时孟子追述，舜深得民心、天意，"夫然后之中国，践天子位"①。

这些用例的"中国"，均指居天下之中的都城，即京师，如东汉刘熙为《孟子》作注：

帝王所都为中，故曰中国。

初义"京师"的"中国"，以后又有多种引申：

（1）指诸夏列邦，即黄河中下游这一文明早慧、国家早成的中原地带，居"四夷"之中。西周时，"中国"主要包括宋、卫、晋、齐等中原诸侯国，此义的"中国"后来在地域上不断拓展。

（2）指国境之内。《诗经·大雅》曰："文王曰咨，咨女殷商，女炰烋于中国，敛怨以为德。"《穀梁传·昭公三十年》注："中国，犹国中也。"

（3）指中等之国。《管子》按大小排列，将国家分为王国、敌国、中国、小国。

（4）指中央之国。《列子》按方位排列，将国家分为南国、北国、中国。

以上多种含义之"中国"，使用频率最高的是与"四夷"对称的诸夏义的"中国"，如《诗经·小雅·六月》序云：

《小雅》尽废，则四夷交侵，中国微矣。

南朝刘义庆（403—444）在《世说新语·言语》中云：

江左地促，不如中国。

---

① 《孟子·万章上》。

唐人韩愈在《论佛骨表》中云：

> 夫佛者，夷狄之一法耳，自后汉时传入中国，上古未尝有也。

这些"中国"，皆指四夷万邦环绕的中原核心地带，即中央之邦。其近义词有"中土""中原""中州""中华""中夏"等。

近代通用之"中国"，指以华夏文明为源泉、中华文化为基础，以汉族为主体的多民族国家。

二、"中国"：从地理中心到政治—文化中心

1. 中国疆域拓展

中华先民心目中的世界，形态为"天圆地方"，古人把"中国"安置在这个"天圆地方"的世界之中央。以周代论，"中国"是以王城（或称王畿）为核心，以五服（甸、侯、宾、要、荒）或九服（侯、男、甸、采、卫、蛮、夷、镇、藩）为外缘的方形领域①，作"回"字状向外逐层延展，中心明确而边缘模糊。在西周及春秋早期，"中国"约包含黄河中下游及淮河流域，秦、楚、吴、越等尚不在其内，但这些原称"蛮夷"的边裔诸侯强大起来，便要"问鼎中原"，试图主宰"中国"事务。至战国晚期，七国都纳入"中国"范围，《荀子》《战国策》诸书所论"中国"，已包含秦、楚、吴、越等地。

秦一统天下后，"中国"范围更扩展至长城内外、临洮（今甘肃）以东的广大区间。班固说："及秦始皇攘却戎狄，筑长城，界中国，然西不过临洮。"②汉唐以降，"中国"的涵盖范围在空间上又有所伸缩，诸正史多有描述，略言之，秦汉以下的大一统王朝，"中国"包括东南至于海、西北达于流沙的朝廷管辖的广阔区间。清乾隆二十四年（1759）大体

---

① "五服"见《国语·周语》，"九服"见《周礼·夏官·职方氏》。"服"指祭奠死去亲属的服丧制，以丧服及服丧时间表示亲属之间血缘远近及尊卑关系。
② 《汉书·西域传》。

奠定中国疆域范围：北起萨彦岭，南至南海诸岛，西起帕米尔高原，东极库页岛，约1380万平方千米。19世纪中叶以后，帝国列强攫取中国大片领土，由于中国人民的英勇捍卫，领土避免了更大损失。今中国陆地面积960万平方千米，仅次于俄罗斯、加拿大，居世界第三位。

2. 地理中心—政治中心—文化中心

"中国"原指黄河中游（包括汾河、渭河、泾河、洛河等支流河谷）这一华夏族的活动区域，时人认为地处天下之中，故"中国"具有地理中心意味；因都城建于此，又衍生出政治中心义；由于文化发达，进而派生出文化中心义。《史记》卷四十三《赵世家》所载战国赵公子成的论述颇有代表性：

> 中国者，盖聪明徇智之所居也，万物财用之所聚也，贤圣之所教也，仁义之所施也，诗书礼乐之所用也，异敏技能之所试也，远方之所观赴也，蛮夷之所义行也。

公子成在赵王室围绕"中国"—"蛮夷"关系的辩论中，阐发了"中国"的文化中心内蕴。此后两千余年间，人们多在这一含义上论"中国"。汉代扬雄（前53—18）有"五政之所加，七赋之所养，中于天地者为中国"[1]的名论，申发文明中心、天地中心之义。唐代道士李淳风（602—670）所说"四夷宗中国"[2]，也是强调文明中心的意涵。这种观念沿袭至明清。晚清记名海关道志刚（1818—？）1868年出访欧洲时，外人问及"中国"的含义，志刚答曰：

> 中国者，非形势居处之谓也。我中国自伏羲画卦已来，尧、舜、禹、汤、文、武、周公、孔、孟所传，以至于今四千年，皆中道也。

---

① ［西汉］扬雄：《扬子法言·问道》。
② ［唐］李淳风：《乙巳占》卷三。

此言淡化"中国"的地理中心义，强化其文化中心义，将"中国"释为"中道"，凡不符合中道者即非中国，志刚云"英吉利富强已极，颇有持盈之虑"，"法郎西夸诈相尚，政以贿成"，皆不合中道，故不属中国意域。

先贤还意识到文化中心是可以转移的，明清之际哲人王夫之在《读通鉴论》《思问录》等著作中，对"中国"与"夷狄"之间文野地位的更替作过论述，用唐以来先进的中原渐趋衰落，蛮荒的南方迎头赶上的事实，证明华—夷可以易位，"中国"地位的取得与保有，并非天造地设，而是依文化不断流变而有所迁衍。王夫之还指出，中国不是从一开头便十分文明，中国也并非唯一的文明中心，他有一种富于想象力的推测：

> 天地之气，衰旺彼此迭相易也。太昊以前，中国之人若麋聚鸟集。非必日照月临之下而皆然也，必有一方如唐、虞、三代之中国也。①

认为上古时"中国"之人如同禽兽聚集，而在日月共照之下的某些地方也可能如同三代（夏、商、周）中国那样拥有文明，这是理性的中国观和多元的人类文明生成观。

三、"中国"并非我国专称

古代中原人常在"居天下之中"意义上称自国为"中国"，但也有越境远游者发现："中国"并非我国的专称，异域也有自视"中国"的。

曾西行印度的东晋高僧法显（约337—约422）归国后指出，印度人以为恒河中游一带居于大地中央，称之为"中国"。可见"中国"并非华夏专属。

明末来华耶稣会士利玛窦、艾儒略（1582—1649）等带来世界地图和五洲四洋观念，改变了部分士人的中央意识。如瞿式耜的《职方外纪小

---

① ［明末清初］王夫之：《思问录·外篇》。

言》云：“按图而论，中国居亚细亚十之一，亚细亚又居天下五之一……戋戋持此一方，胯天下而尽斥为蛮貉，得无纷井底蛙之诮乎。”明代万历年间王圻（1530—1615）编纂《三才图会》，作地为圆球形之图，标示寒带、热带等五带，并确切指示四大洋、六大洲。此皆获自利玛窦等耶稣会士带来的世界地理知识。惜乎“三才图会”之类地理知识少有传播，至清中叶朝野基本忘却，从乾隆至道光，仍拘守在“中国者，天下之中也”的固有隘见之内。

晚清魏源接触到更翔实的世界地理知识，认识到列邦皆有自己的“中国”观：

> 释氏皆以印度为中国，他方为边地……天主教则以如德亚为中国，而回教以天方国为中国。[1]

戊戌变法期间，近人皮嘉佑（经学家皮锡瑞之子）著《醒世歌》说：

> 若把地球来参详，中国并不在中央。地球本是浑圆物，谁是中央谁四旁？

这都是对以中国为天下中心的传统观念的理性反思与修正。

四、欧人辨正：“契丹”即“中国”

吾人的“中国”观有一个漫长的演变过程，外国人更是如此。以中古至近古为例，欧洲人曾长期误将“中国”与“契丹”两个地理概念或相混淆，或相割裂。直至明末入华耶稣会士利玛窦，才解开此一谜团，在西方建立起正确的“中国”观。

人所共知，利玛窦首先告知中国人四大洋、五大洲等世界地理知识。而利玛窦还有一项中国人不大知晓的地理学贡献，这便是证明了《马

---

[1] 《海国图志》卷七十四。

可·波罗行纪》所称"契丹"（Cathay）与"汗八里"的确切位置[1]。从而揭示"契丹"即"中国"，"汗八里"即北京。这是一个至关紧要的科学发现。

15—16世纪东西方直接对话，发端于西方对马可·波罗所说"契丹"的寻觅。哥伦布（约1451—1506）、达·伽马（约1469—1524）都是为了追寻那个据说金银遍地的"契丹"而进行远航的。利玛窦的功绩在于：澄清了"契丹"与"中国"这两个地理词语的关系问题，其学术意义和对中西交往的实际意义都不可低估。

由于中国与西欧处于亚欧大陆东西两端，相距甚远，古代罕有直接交往，故长期以来西欧人对中国的认识，多为印象模糊之词，称呼也极不统一，有的称Sinai、Thinai（秦尼）、Chin（秦），托勒密时代称中国Sina（丝国）、Seris（赛里斯）；中世纪欧洲又称中国为Khitai、Cathay（契丹），这与传教士的陆路东行见闻有关：13世纪，方济各会创始人、意大利人柏朗嘉宾和法国人鲁布鲁克自西亚、中亚抵达并访问蒙古汗国后，著《柏朗嘉宾蒙古行纪·鲁布鲁克东行纪》，向欧洲人介绍中国，采用了"契丹"一名，并认为"其民族就是古代的丝人"。这是一种中古时期的地理观。

13世纪后期沿陆上丝绸之路来华的马可·波罗，沿袭先辈传统，也称中国为Cathay（契丹）。但进入大航海时代，16世纪由海路抵达南中国的葡萄牙人，遵从印度习惯，称中国为China。此外，暹罗人称中国Chin，日本人又称中国为唐，鞑靼人称中国为汉，等等。总之，长期以来，异邦人士对东亚大陆的那个大国命名纷乱，并不知上述名目同指中国。

在众多关于中国的称呼中，中世纪欧洲人多使用"契丹"这一名称。

契丹本指一个中国北方民族，曾建立辽朝（916—1125），与北宋对峙。金灭辽后，契丹人西迁中亚并建立国家，领地达400万平方千米，中国史书称之为西辽（1124—1218），西方史籍则称哈剌契丹，将其描述为一个财富遍地的庞大帝国，人民几乎都是基督徒，这是欧洲人以契丹指称北中国的原因。

---

① ［意］利玛窦、［比］金尼阁：《利玛窦中国札记》，第541~566页。

1271—1295年来元朝的意大利旅行家马可·波罗返欧后著《马可·波罗行纪》（1299年撰成），将所见富庶的东方之国称"契丹"（Cathay）。马可·波罗使用这一名称，除沿袭欧洲中世纪固有说法外，还与蒙古人统治的元朝依蒙古习惯，称中国北方为"契丹"有关。《马可·波罗行纪》又将元朝繁盛的都城大都（在今北京）称"汗八里"，是因为蒙古人称首领为"大汗"，入主中原后，习惯性地称皇帝为"大汗"；"八里"指其城范围广大，故元朝皇帝所在的都城便叫"汗八里"。《马可·波罗行纪》说："汗八里城自古以来就以雄伟庄严而驰名遐迩。"欧洲人虽仰慕马可·波罗介绍的契丹和汗八里，却不知究竟在东方何处，当然也不明白"契丹、汗八里"与"中国、北京"的关系。

大体言之，直至16世纪，欧洲人对东亚大陆的认识还十分混乱，从海路来华者，称中国为"秦"或"China"；从陆路来华的称中国为"契丹"。在欧洲人那里，这两种称呼相并列，互不搭界。1575年夏到过福建的西班牙地理学家、奥斯丁会传教士拉达，是第一位认识到契丹即中国的欧洲人，他在介绍中国地理的报告中说：

> 我们通常称之为中国的国家，曾被威尼斯人马可·波罗称为契丹王国。[1]

但拉达的报告影响很小，真正使欧洲人建立正确的东亚地理观并对中国给定统一专名的是继马可·波罗之后的又一位意大利人利玛窦。

耶稣会士利玛窦1582年从印度果阿乘船抵达澳门，次年进入广东，当然属于从海路来华者。他在华南生活十余年，1596年10月在致耶稣会罗马总会长阿桂委瓦的信中，根据自己亲见的南京城的特点（如桥梁甚多），发现与《马可·波罗行纪》对"契丹"城市的记述相类似，由此报告了自己的推测——南京城"应当就是马可·波罗所记载的'契丹'都市之一"[2]。利玛窦1601年从长江流域经陆路抵达北京，并在这座京城定居，

---

① 吴孟雪：《明清时期——欧洲人眼中的中国》，中华书局，2000，第72页。

② 利玛窦：《利玛窦书信集》（上），罗渔译，第233页，（台北）光启出版社、辅仁大学出版社，1986。

直至1610年去世。利玛窦通过对北京城市建筑及社会生活的观察，并作经纬度的实测，断定北京即汗八里，中国北方即契丹，契丹与China同指中国。他在1605年寄往意大利的函札中以断然的语气申述：

> 现在无疑地可以肯定中国就是马可·波罗的"契丹"。①

1608年又在函札中指出：

> 自从四年前我首次到北京，从回教人获知，中国就是契丹，汗八里就是北京，这是波斯人这样称呼的。再从这里的风俗习惯、地理位置、城市的数位以及其他种种迹象，我确切地可以肯定，并曾告诉过您——总会长神父与全体会友知晓，目前我所在的中国，就是（元代的）"契丹"。②

然而，中世纪以来关于"契丹"的传说在欧洲影响深巨，教会及其他欧洲人士均对利玛窦的这些新见持怀疑态度，耶稣会驻印度视察员特派遣懂波斯语的葡萄牙籍修士鄂本笃（Bento de Goes，1562—1607）从印度翻越帕米尔，经中亚东行，考察入华路线。鄂本笃病卒在肃州（今甘肃酒泉），却终于证实利玛窦"契丹即中国北方"的判断，从而驱散了西方人关于东亚大陆认识的疑团。

《利玛窦中国札记》第五卷的第十一章《契丹与中国—— 一位耶稣会兄弟的不平凡的远游》、第十二章《契丹与中国被证明是同一个国家》和第十三章《鄂本笃修士在中国逝世》，对此有详细记述，其中关键段落，讲到一支西域商队"按伪装成外国使节的惯例，到达了所谓契丹的首都"。而这里正是利玛窦等耶稣会士居留的北京，西域商人与耶稣会神父们共住同一个使节的馆舍中。胡商是陆路入华者，称中国北方为"契丹"；耶稣会士是海路入华者，称此地为"China"或"中国"。而现在胡商与耶稣会士相会合，自然得出"契丹即中国"的结论。商队西返，在中

---

①② 吴孟雪：《明清时期——欧洲人眼中的中国》，第81页。

亚的察理斯城（又译"焉耆"）遇到鄂本笃，并向其陈述以上经历，"鄂本笃才首次极为高兴地得知，中国真是他所要去的契丹"①。法国人费赖之著《在华耶稣会士列传及书目》有类似记载：商队首领向鄂本笃出示利玛窦所写葡萄牙文信札，"本笃及其同伴喜甚：契丹确为China，汗八里确为北京，无可疑也"。

鄂本笃1602年10月从印度亚格拉出发，经拉合尔、白沙瓦，翻越帕米尔高原，到达新疆莎车，沿丝绸之路南线东行，历时五年，进入嘉峪关，终点为肃州。这一条路线是三百年前马可·波罗一行入元时所走过的，也正是欧洲人形成以"契丹"指称北中国这一观念的旅行路线。而抵达肃州的鄂本笃从胡商那里获悉利玛窦在北京的消息，立即去信联络，利玛窦马上派中国修士钟鸣礼去肃州迎接鄂本笃。其时鄂本笃已病入膏肓，与钟鸣礼见面后不久即辞世。但这毕竟是从陆路入华者（鄂本笃）与从海路入华者（利玛窦）的一次交接，这一交接证明他们到达的是同一个国度，从而雄辩地证明了"契丹"即"China"。

鄂本笃为之献出生命的旅行证实了利玛窦的发现，而且，这一"证实"是通过利玛窦的著述《利玛窦中国札记》向西方世界公布的。因此，利玛窦在对中国地理专名的厘定，以及使西方形成正确的中国观方面，贡献是空前的。何兆武（1925—2021）称：

> 这一重大发现可以和亚美利哥·维斯普齐（Amerigo Vespucci，1451—1512）之证实哥伦布所发现的新大陆并不是印度相媲美，堪称为近代初期西方地理史上最有意义的两大贡献。②

这一类比是恰当的。哥伦布1492年驶抵中美洲群岛，但误以为到达了印度，其后，航海家亚美利哥·维斯普齐抵达，方证实这里并非印度，而是新大陆，故新大陆以亚美利哥命名，并未以哥伦布命名。马可·波罗等从陆路抵达元朝，但他不知这就是中国，而以"契丹"称之；利玛窦则证

---

① ［意］利玛窦、［比］金尼阁：《利玛窦中国札记》，第557页。
② ［意］利玛窦、［比］金尼阁：《利玛窦中国札记》，中译者序言第9页。

实了"契丹"即中国，"汗八里"即北京。这在西方地理史上的贡献，确乎可与亚美利哥的发现相提并论。"中国"自此在欧洲得以正名。

五、"中国"衍为国名

1. 古代国名无定说

我国古代国名无定说，若干称号交错使用，如赤县、神州、海内、华夏、中夏，还称九州、九牧、九区、九域等（"九"非实数，指多数），更常以朝代作国名（如汉代称"汉""大汉"，唐代称"唐国""大唐"，宋代称"大宋"，明代称"大明"，清代称"清国""大清"）。

以朝代作国名乃为通例，外邦也往往以我国历史上强盛的王朝（如秦、汉、唐）或当时的王朝相称。如日本长期称中国人为"秦人"，称中国为"汉土""唐土"；江户时期称中国人为"明人""清人"；明治时期称中国为"清国"，称中日甲午战争为"日清战争"。

此外，希腊、罗马称中国为"赛里斯"，意谓"丝国"；古印度称中国为"Chini"，约为"秦"的音译，又称"震旦""脂那"等。英、德、捷克等语写作China。清末外交家薛福成（1838—1894）在《出使四国日记》中说："欧洲各国，其称中国之名：英称'采依纳'，法曰'细纳'，意曰'期纳'，德曰'赫依纳'，拉丁之名则曰'西奈'。问其何义，则皆秦字之音译……"

2. "中国"以非正式国名出现

以"中国"为非正式国名，与异域外邦相对称，首见于《史记·大宛传》，该传载汉武帝派张骞（约前164—前114）出使西域：

> 天子既闻大宛及大夏、安息之属，皆大国，多奇物、土著，颇与中国同业……乃令骞因蜀犍为发间使，四道并出。

这种以"中国"为世界诸国中并列一员的用法，汉唐间还有例证，如

《后汉书》以"中国"与"天竺"（印度）并称；《唐会要》以"中国"与"波斯""大秦"（罗马）并称。但这种用例当时并不多见。

"中国"作为与外国对等的国家概念，萌发于宋代。宋不同于汉唐的是，汉唐时中原王朝与周边维持宗主对藩属的册封关系和贡赉关系，中原王朝并未以对等观念处理周边问题；赵宋则不然，当时北疆出现与之对峙的契丹及党项羌族建立的王朝——辽与西夏，这是两个典章制度完备、自创文字并且称帝的国家，又与赵宋长期处于战争状态，宋朝一再吃败仗，以致每岁纳币，只得放下天朝上国的架子，以对等的国与国关系处理与辽及西夏事务，故宋人所用"中国"一词，便具有较清晰的国家意味。"宋初三先生"之一的石介（1005—1045）首次以"中国"作专论：

> 居天地之中者曰中国，居天地之偏者曰四夷。四夷外也，中国内也。
> 四夷处四夷，中国处中国，各不相乱。[①]

石介虽仍持"内中外夷"观念，但已经有了国家疆界的分野，强调彼此独立，"各不相乱"。宋以后，"中国"便逐渐从文化主义词语向国家意义词语转变。

一个朝代自称"中国"，始于元朝。元世祖忽必烈（1215—1294）派往日本的使臣所持国书，称己国为"中国"，将日本、高丽、安南、缅甸等邻邦列名"外夷"[②]。明清沿袭此种"内中外夷"的华夷世界观，有时也在这一意义上使用"中国"一词，但仍未以之作为正式国名。

3. 民族国家意义上的"中国"

民族国家意义上的"中国"概念，是在与近代欧洲国家建立条约关系时正式出现的。

欧洲自17世纪开始形成"民族国家"（nation-state），并以其为单位

---

① ［北宋］石介：《中国论》，《徂徕集》。
② 《元史·外夷一》。

建立近代意义上的国际秩序。

清政府虽然对发生在西方的重大事变并无自觉认识，却因在客观上与这种全然不同于周边藩属的西方民族国家（如俄罗斯）打交道，须以一正式国名与之相对应，"中国"便为首选。这种国际关系最先发生在清—俄之间。沙皇俄国遣哥萨克铁骑东扩，在黑龙江上游与康熙皇帝（1654—1722）时的清朝军队遭遇，战后双方于1689年签订《尼布楚条约》，条约开首以满文书写清朝使臣职衔，译成汉文是"中国大皇帝钦差分界大臣领侍卫大臣议政大臣索额图"，与后文的"斡罗斯（即俄罗斯）御前大臣戈洛文"相对应。康熙朝敕修《平定罗刹方略界碑文》，言及边界，有"将流入黑龙江之额尔古纳河为界：河之南岸属于中国，河之北岸属于鄂罗斯"等语，"中国"是与"鄂罗斯"（即俄罗斯）对应的国名。

17世纪末叶清朝与俄罗斯建立条约关系还是个别事例，此后清政府仍在"华夷秩序"框架内处理外务。如乾隆皇帝（1711—1799）八十大寿时，与英王乔治三世（1738—1820）的往还信函中，英王国书恭称"向中国最高君主乾隆致意"，多次称清方为"中国"，而乾隆皇帝复乔治三世书从未称己国为"中国"，通篇自命"天朝"。此种情形一直延及嘉庆帝（1760—1820）与英王乔治三世的来往文件中。可见，直至第一次鸦片战争前，中国朝野只有内华外夷的"天下"观、"天朝"观，没有权利平等的国家观、国际观。

至19世纪中叶，西方殖民主义列强打开清朝封闭的国门，古典的"华夷秩序"被近代的"世界国家秩序"所取代，"中国"愈益普遍地作为与外国对等的国名使用，其"居四夷之中"的含义逐渐淡化。

第一次鸦片战争期间，中英两国来往照会公文，言及中方，有"大清""中华""中国"等多种提法，而"中国"用例较多，如林则徐（1785—1850）所拟致英吉利国王的檄文说：

> 中国所行于外国者，无一非利人之物。……中国曾有一物为害外国否？……中国若靳其利而不恤其害，则夷人何以为生？……外来之

物，皆不过以供好玩，可有可无，既非中国之需……①

林则徐的对外信函，一再用"中国"与"外国"对举，以"中国"称己国。

与英方谈判的清朝全权大臣伊里布（1772—1843）给英军统帅写信，称己国为"中国"，与"大英""贵国"对应，文中有"贵国所愿者通商，中国所愿者收税"②之类句式；英国钦奉全权公使璞鼎查（1789—1856）发布的告示中，将"极东之中国"与"自极西边来"的"英吉利国"相对应，文中多次出现"中国皇帝""中国官宪""中国大臣"等名目。③

汉文"中国"正式写进外交文书，首见于道光二十二年七月廿四日（1842年8月29日）签署的中英《江宁条约》（通称《南京条约》），该条约既有"大清"与"大英"的对称，又有"中国"与"英国"的对称，并多次出现"中国官方""中国商人"的提法。此后清朝多以"中国"的名义与外国签订条约，如中美《望厦条约》以"中国"对应"合众国"，以"中国民人"对应"合众国民人"。④

近代中国面临东西列强侵略的威胁，经济及社会生活又日益纳入世界统一市场，那种在封闭环境中形成的虚骄的"中国者，天下之中"观念已日显其弊，具有近代意义的"民族国家"意识应运而生，以争取平等的国家关系和公正的国际秩序。而一个国家要自立于世界民族之林，拥有一个恰当的国名至关重要。"中国"作为流传久远、妇孺尽知的简练称号，当然被朝野所袭用。梁启超、汪康年（1860—1911）等力主扬弃中国为"天下之中"的妄见，但认为"中国"这个自古相沿的名称可以继续使用，以遵从传统习惯，激发国民精神。汪康年指出，用约定俗成的专词作国名，是世界通则，西洋、东洋皆不乏其例，故"中国"之称不必革除。⑤

---

① ［清］林则徐：《拟谕英吉利国王檄》。
② ［清］伊里布：《致英帅书》。
③ 中国史学会编：《中国近代史资料丛刊·鸦片战争》，（上海）神州国光社，1954，第445、450页。
④ 参考王铁崖：《中外旧约章汇编》第1册，生活·读书·新知三联书店，1957，第30~33页。
⑤ ［清］汪康年：《汪穰卿先生遗文》。

近代兴起的反殖民主义、反帝国主义运动，更赋予"中国"以爱国主义内涵。1900年9月24日，《清议报》第58册刊登一篇署名"自强氏"撰写的《独立论》，称"中国者，吾中国人之中国，非他人所得而保全也；保全中国者，吾中国人自己之责任，非他人所得而代之也"。此后，此一句式广为使用，如1903年湖北留学生著文曰："中国者，中国人之中国，非外人所得而干涉也。"此语1905年还写入《同盟会方略》："中国者，中国人之中国；中国之政治，中国人任之。"这便是在近代民族国家意义上呼唤"中国"，渐成国民共识。梁启超更作《少年中国说》，高唱：

美哉，我少年中国，与天不老！壮哉，我中国少年，与国无疆！

"大清"和"中国"在清末曾并列国名，交替使用，新锐人士更多以"中国"作己国国名。

辛亥革命推翻了清王朝，成立中华民国，国际通称Republic of China，简称"中国"，英文为China。自此，"中国"成为现代国家概念的正式名称。1949年10月1日，中华人民共和国成立，亦以"中国"为其简称。"中国人民""中国政府"等短语亦随之通用于世界。

"革命"概念的迁衍建立

　　去今未远的20世纪被称为"革命世纪"，从世界范围而言，百年间发生过多次激烈的变革（多伴以暴力），如俄国1905年革命，1917年二月革命、十月革命；"一战"结束初期的德国革命、匈牙利革命；中国的辛亥革命、二次革命、国民革命、大革命（第一次国内革命战争）、土地革命战争（第二次国内革命战争）、第三次国内革命战争；东南亚的越南革命；拉丁美洲的古巴革命等。各个专业领域有突破性进展，亦称为革命，如科学革命、技术革命、教育革命、戏剧革命乃至厨房革命、厕所革命等。故很有必要对"革命"加以界定，明其来龙去脉，以便在各种语境中准确把握其意蕴。

　　在汉语系统内，包含急剧变革以至改朝换代意义的"革命"这一专语，已成词三千年左右，其前两千多年间一直保持古典义，近百年又吸纳近代义，外来概念与固有概念相互格义，使"革命"的内涵与外延愈益丰富、复杂。

一、"革命"初义

　　"革命"是由"革"与"命"组成的动宾结构名词，创制于先秦。

　　1. 释"革"

　　"革"，甲骨文作𩵋，金文作𩵋，象形字象一张头、身、尾俱全的兽皮。其要义，一为动物皮之总称，是为名词；二为变更、更改，是为动词。

作为动物皮总称的名词"革"，指去了毛并且加工鞣制过的兽皮。金文 𩵋 是象形字，象被剥下来的兽皮。"革"字常作部首，从"革"的二字词多与皮革有关，如革履（皮鞋）、革囊（皮袋）、三革（甲、胄、盾，多用皮革制成）、牛革（去毛加工过的牛皮）、猪革（去毛加工过的猪皮）、书革（书写在皮革上）等。

含"变更"义的动词"革"，同其他字组合成一系列动宾结构词，如"革心"（改其心术）、"革情"（改变心意）、"革制"（更改制度）、"革面"（改过）、"革弊"（除去弊害）、"革序"（变革次序）、"革逐"（革除、驱逐）、"匡革"（纠正、改正）、"革凡成圣"（更除凡习，转为圣哲）、"革故鼎新"（去旧建新）等。

2. 释"命"

"命"，甲骨文作 𠇍，西周中期金文作 𩵋，与"令"同字，上部象大屋顶，下部是席地而坐的人，在下达命令。西周早期金文作 𩵋，在"令"的左下部加"口"，表示用口发令，小篆由金文变来，作命。《说文解字》："命，使也，从口从令。"是形声兼会意字，作为动词，"从口从令"，本义为指派、发号，谓上级对下级的指令，组词如奉命、遵命、使命等；作为名词，指动植物的活动能力，组词如生命、性命、救命等，或迷信认为生来注定的贫富、寿数等，组词如命相、命运、宿命等。

"命"字初见于西周金文。西周晚期青铜器，《毛公鼎》曰："配我有周，膺受大命。""大命"指上天赐给人间的使命，故又称"天命"。古代天命论认为，不仅个人的生死祸福取决于天命，王朝及天子权力的获得，也来自上天的册命，臣属的官职俸禄又得自君主代表上天所作的赐命。明太祖朱元璋（1328—1398）正式规定"奉天承运"句式，后来相沿为帝王敕命中的套语。"命"也有作合乎自然的解释，如"天命之谓性，率性之谓道，修道之谓教"[①]。

---

① 《礼记·中庸》。

3. 释"革命"

在中国传统话语系统中，王朝及天子的权力受命于天，而天命并非恒久不变，如周公谓"惟命不于常"①；天又是无言的，其意向须通过"民心"得到体现，所谓"天视自我民视，天听自我民听"②，反映民心（或人心）的向背，可以决定一个王朝的兴衰存亡。故违背天意民心便会发生王朝易姓，革去该王朝的天命，建立新王朝，此谓"革命"，即变更天命的赐予对象。这种"革命"古典义（革除旧君，改朝换代，实施变革以应天命）的较早表述，见于《周易》革卦的传文：

> 天地革而四时成，汤武革命，顺乎天而应乎人。③

唐人孔颖达的《周易》疏，对"汤武革命"具体阐述道：

> 夏桀、殷纣凶狂无度，天既震怒，人亦叛主，殷汤、周武聪明睿智，上顺天命，下应人心，放桀鸣条，诛纣牧野，革其王命，改其恶俗，故曰"顺乎天而应乎人"。④

孔颖达的疏文不仅论证了商革夏命、周革殷（商都迁殷后称殷）命的正义性，还特别指出，"革命"有别于一般意义的变革，它是一种大动干戈的夺权行为：

> 计王者相承，改正易服，皆有变革，而独举汤、武者，盖舜、禹禅让，犹或因循，汤、武干戈，极其损益，故取相变甚者以明人革也。⑤

---

① 《尚书·康诰》。
② 《尚书·泰誓中》。
③ 《周易·革卦·彖传》。
④⑤ 《周易正义》（卷五）。

《孟子》中虽未出现"革命"一词，却从"民贵君轻"论出发，视虐民、害民的君王为独夫民贼，"可伐""可诛"。齐宣王（约前350—前301）问：商汤放逐夏桀，周武讨伐殷纣，算不算弑君犯上？孟子毫不含糊地答曰：

> 贼仁者谓之贼，贼义者谓之残，残贼之人谓之一夫。闻诛一夫纣矣，未闻弑君也。①

孟子将武王伐纣称为"诛杀独夫民贼"，全然不是"弑君"，并指出民众对武王的行为竭诚支持、衷心期盼，"民望之，若大旱之望云霓也"②。这可以说是关于革命"顺天应人"的注脚。

先秦儒家的另一代表荀子已较多地论及"尊君"，却也有"君为舟，民为水"之喻，留下"水则载舟，水则覆舟"③的名论。荀子认为，君主虽然尊贵，但道义高于君主，君主背道，臣民有理由"从道不从君"④。他还强调，君主应具备治理国家的能力，"能则天下归之，不能则天下去之"⑤。荀子批驳汤武"篡夺"论，肯定汤武革命的正义性：

> 世俗之为说者曰："桀、纣有天下，汤、武篡而夺之。"是不然。以桀、纣为常有天下之籍则然，亲有天下之籍则不然，天下谓在桀、纣则不然。……诛暴国之君若诛独夫，若是，则可谓能用天下矣。⑥

孟子、荀子学术路线歧异（如孟子主"性善"，荀子主"性恶"），但两者支持"汤武革命"则别无二致。

战国末期的《吕氏春秋》，更有"天下非一人之天下也，天下之天下

①② 《孟子·梁惠王下》。
③ 《荀子·王制》。
④ 《荀子·子道》。
⑤ 《荀子·儒效》。
⑥ 《荀子·正论》。

也"①的警句，也是对"汤武革命"合理性的一种呼应。

"革命"构成古代中国政治进程的必要环节：当一个王朝的腐败达于极点，全然背弃民心，已不能通过"内改革"得以调整时，"天命"的授予对象便发生转移，具体表现往往是异姓（或同姓另支）起而暴力夺权，改朝换代，相应发生制度更新，以顺应时势、人心，此即所谓"革命创制"②。孙中山曾引述一位英国人的论说，以揭示"革命"在中国政治机制中的特殊作用：

> 中国人数千年来惯受专制君主之治，其人民无参政权，无立法权，只有革命权。他国人民遇有不善之政，可由议院立法改良之；中国人民遇有不善之政，则必以革命更易之。③

需要指出的是，从《尚书》《周易》到《孟子》《荀子》所称道的"革命"，指贵族革命，是"贵戚之卿"的专利。《孟子·万章》曾对此作过论述。当然，中国历史的运行实际，还有底层民众起而"革命"的事例，如"崛起陇亩"的陈胜、吴广、张角、黄巢、朱元璋、李自成之类。

二、"革命"的褒贬遭际

中国古典义的"革命"既然是改朝换代的非常手段，通过"革命"夺取政权的新朝统治者，一方面要宣扬革命的合理性，以论证自己得位之"正"；另一方面又往往心怀畏惧，唯恐别人仿此继起，来"革"自己的"命"。商朝建立后，商汤与左相仲虺的一段对话，就颇能说明新朝统治者在"革命"问题上的矛盾心理：

> 成汤放桀于南巢，惟有惭德。曰："予恐来世以台为口实。"
> 仲虺乃作诰。曰："呜呼，惟天生民有欲，无主乃乱，惟天生聪明时

---

① 《吕氏春秋·贵公》。
② 《汉书·叙传下》。
③ 孙中山：《孙中山全集》（第1卷），中华书局，1981，第442页。

义。有夏昏德，民坠涂炭，天乃锡王勇智，表正万邦，缵禹旧服，兹率厥典，奉若天命。"①

这番"君臣对"，流露出商汤唯恐后世人仿效自己放逐夏桀的"革命"行动，援为叛商借口；仲虺则竭力申述商革夏命的正义性，为商汤提供精神支持，还特别吁请商王"钦崇天道，永保天命"②。

1. 汉代关于"革命"的廷争

这种关于"革命合法性"的讨论，贯穿于商周，秦汉以下仍时有议及。有代表性的一次发生在西汉，今文学者、《诗经》博士辕固生（前194—前104）与道家黄生在汉景帝（前188—前141）殿前争论：

> 黄生曰："汤武非受命，乃弑也。"辕固生曰："不然。夫桀纣虐乱，天下之心皆归汤武，汤武与天下之心而诛桀纣，桀纣之民不为之使而归汤武，汤武不得已而立，非受命为何？"黄生曰："冠虽敝，必加于首；履虽新，必关于足。何者，上下之分也。今桀纣虽失道，然君上也；汤武虽圣，臣下也。夫主有失行，臣下不能正言匡过以尊天子，反因过而诛之，代立践南面，非弑而何也？"③

辕固生为驳斥黄生，竭力论证革命的正义性，最后抬出汉朝开国皇帝刘邦的事迹，以之质问黄生：

> 必若所云，是高帝代秦即天子之位，非耶？④

旁听的景帝见论战直逼本朝高祖得位的正否，连忙叫停：

> 食肉不食马肝，不为不知味；言学者无言汤武受命，不为愚。⑤

---

① ② 《尚书·仲虺之诰》。
③ ④ ⑤ 《史记·儒林列传第六十一》。

由于景帝出面制止，这场论辩"遂罢"。并且，"是后学者莫敢明受命放杀者"①，"革命"成为禁忌话题。

2. 明太祖编的《孟子节文》取缔"革命"义

更有甚者，明太祖朱元璋建元洪武之后，命人删削《孟子》中肯认"革命"的言论85条，如："尊民抑君"之条目，"人民批评统治者"之条目，"与民偕乐"之条目，"人民要求生存"之条目，"人民批评政治"之条目，"人民反对苛敛"之条目，"反对内战"之条目，"谴责官僚政治"之条目，"标明仁政救民"之条目。

朱洪武勒成的《孟子节文》可谓一部杜绝"革命"的奇书。因直接篡改经典，难获士众赞同，终于在明中叶以后废用，恢复《孟子》原本。

由革除元朝天命坐上龙廷的朱元璋，立即变为坚决的反革命论者。他多次厉斥历代暴力夺权的"革命"，其上谕说："君则有罪，民复何辜。前代革命之际，肆行屠戮，违天虐民，朕实不忍。"②他的这番话，意在衬托自己"伐罪安民""灭元兴明"的平和性（其实朱氏建立明朝何尝不是大动干戈，杀人无数），表明对"革命"的极大保留。

可见，在古代中国，"革命"虽是一个正面词汇，获得褒扬，但因牵涉到王朝更迭，并伴随暴力夺权含义，容易使下民产生"彼可取而代之"的联想，故又是一个往往触及在位帝王忌讳的概念，以"革命"起家的汉代、明代皇帝登基之后，都厉禁革命。故在中国古代，"革命"乃士民慎用之词，在文字狱严酷的明清，人们更对此词三缄其口。

三、孙中山等中国近代革命者对"革命"的认同与改造

时至19、20世纪之交，也即戊戌变法、清末新政至辛亥革命的十余年间，随着社会危机加剧，政治观念出现错综复杂的更替与重组，有些关键词更发生千载以来未曾有过的大异动，"革命"便在其中。

---

① 《史记·儒林列传第六十一》。
② 《明史·本纪第二·太祖二》。

1. "革命"获近代义

19世纪中叶以降，由工业文明装备起来的西方殖民主义大举入侵东亚，中国面对"数千年来未有之强敌"，经历着"数千年来未有之变局"[①]。为挽救民族危亡、推动社会进步，中国的仁人志士做过种种努力。除太平天国试图以旧式"革命"方式推翻清朝、取而代之以外，洋务运动、戊戌变法、清末新政，都是在保存清朝帝制的前提下，进行"自强"变革。这些尝试虽然取得不同程度的实绩，为中国近代化奠定了某些基础，但中国体制性弊端并无改善，积贫积弱、落后挨打的格局愈益严峻，民族危亡日甚一日。在这种情势下，一批曾经寄望于清朝"内改革"的人物（如孙中山、章太炎等）终于认定，必须突破清朝框架，发起击碎旧体制的大举动。于是，他们高扬中国古典的"革命"旗帜，倡导暴力反清；并吸纳欧美革命思想，以"万民"为主体，取代"一君"为主体，使"革命"获得近代义，汇入世界义。

以孙中山为例，其少年时代即倾慕太平天国，一位常来塾中讲故事的太平天国老军以"洪秀全第二"激励孙中山，孙中山"得此徽号，视为无上光荣，亦慨然以洪秀全自居"[②]。而愈益紧迫的民族危亡形势，更促进孙中山反清意识的张大。孙中山撰于1923年的《中国革命史》，自述"革命源起"：

> 余自乙酉中法战后，始有志于革命。

这番话是孙中山晚年对生平的追述，所称早在1884—1885年中法战争以后便"有志于革命"，只可作泛义理解，还不能说19世纪80年代中期的孙中山已决定"革"清朝的"命"。历史学家吴相湘（1912—2007）在《孙逸仙先生传》中指出：

> 按"革命"一词，自1895年以后，孙先生才开始使用。1885年

---

① ［清］李鸿章：《筹议海防折》，《李文忠公全书》（奏稿卷二四）。
② 胡去非：《总理事略》，（上海）商务印书馆，1937，第5页。

时并没有提及这二字。《中国之革命》是民国成立以后撰写，故沿用1895年通行的名辞。①

吴相湘的这一论说是符合历史原貌的。实际情况是，青年时代的孙中山受到郑观应（1842—1922）、何启等人影响，曾试图在现存政体内部用和平方式救治中国。孙中山1890年的《致郑藻如书》、1894年6月的《上李鸿章书》都表明这种倾向。后来，受甲午战争中方惨败及朝廷下诏谴责议政者的刺激，而上书李鸿章（1823—1901）又遭冷遇，这一切使孙中山从"偏重于请愿上书"走向暴力反清之路。孙中山在撰于1897年的《伦敦被难记》中描述了自己组创兴中会的此一转变：

> 吾党于是怃然长叹，知和平之法无可复施。然望治之心愈坚，要求之念愈切，积渐而知和平之手段不得不稍易以强迫。②

与孙中山并称"革命巨擘"的章太炎也有类似的思想经历。他早年主张在清朝体制内变革政治，反对革命。1897年3月，他在《时务报》第19册发表文章，对"不逞之党，假称革命以图乘衅者，蔓延于泰西"深感忧虑，认为"今之亟务，曰：以革政挽革命"③。戊戌政变后章太炎东渡日本，仍与"尊清者游"。1900年义和团运动后，章太炎方从改良转向革命，并以椽巨笔，抨击康有为的反革命论，高倡"革命无罪"。其1903年发表的《驳康有为论革命书》力陈"排满革命"之旨，指革命"陈旧布新"功能，其文曰：

> 然则公理之未明，即以革命明之；旧俗之俱在，即以革命去之。革命非天雄、大黄之猛剂，而实补泻兼备之良药矣！④

---

① 吴相湘：《孙逸仙先生传》，（台北）远东图书公司，1982，第46页。
② 孙中山：《孙中山全集》（第1卷），第52页。
③ 章炳麟：《论学会有大益于黄人亟宜保护》，《时务报》第19册，（上海）时务报馆，1897年农历二月初一日，第6页。
④ 《章氏丛书》，《太炎文录初编》卷二。

章氏此篇成为传诵一时的革命檄文。

2. 孙中山自认"革命党"时间考

孙中山较之章太炎，更早确立革命理念。但孙中山及其追随者究竟何时以"革命党"自任？"革命"何时成为近代的中坚语汇？此须考辨，以去讹传。

近几十年中国大陆、台湾以及海外出版的各种辛亥革命史与孙中山传记、年谱，几乎一致认定，1895年11月孙中山正式以"革命"为自己领导的社会运动命名。其根据是孙中山最早的追随者之一陈少白（1869—1934）的回忆。1935年出版的陈少白口述的《兴中会革命史要》称，1895年10月下旬广州起事失败后，孙中山自广州走澳门、经香港，与陈少白、郑士良（1863—1901）乘日轮"广岛丸"，于11月9日（或10日）抵达神户。陈少白回忆说：

> 到了神户，就买份日报来看看，我们那时虽然不懂日文，看了几个中国字，也略知梗概，所以一看，就看到"中国革命党孙逸仙"等字样，赫然跃在眼前，我们从前的心理，以为要做皇帝才叫"革命"，我们的行动只算造反而已，自从见了这张报纸以后，就有"革命党"三个字影像印在脑中了。

1936年，冯自由（1882—1958）根据陈少白的上述追忆，撰《"革命"二字之由来》一文（后收入冯著《革命逸史》初集中）。冯自由在陈少白追忆的基础上，参考孙中山前前后后的思想言论，对孙中山、陈少白、郑士良等三人的神户见闻、议论又有所铺陈渲染：

> 及乙未九月兴中会有广州失败，孙中山、陈少白、郑弼臣三人自香港东渡日本，舟过神户时，三人登岸购得日本报纸，中有新闻一则，题曰"中国革命党首领孙逸仙抵日"。中山语少白："'革命'二字出于《易经》'汤武革命，顺乎天而应乎人'一语，日人称吾党为革命党，意义甚佳，吾党以后即称革命党可也。"

从史源学角度看，这两条材料不是并列的、源头各异的"兄弟证"，而是同一源头的"母子证"，即单源于陈少白多年后对1895年11月神户之行的回忆，可信度有限。

日本学者安井三吉等考证，1895年11月日本报纸只有关于广州起事的简短报道，并无"中国革命党首领孙逸仙抵日"的言辞。如《大阪朝日新闻》11月3、5、14日，《大阪每日新闻》11月5、9日，《神户又新日报》11月6、9、10、30日都只有广州起事未遂的消息。11月10日的《神户又新日报》还称广州起事为"颠覆清政府的阴谋"，系"暴徒巨魁"作乱，其他报纸则称其为会匪阴谋，为首者"黄"姓或"范某"。[①]足见此时日本关于广州起事的报道多是模糊之词，并且全然为贬斥性用语，对孙中山本人则无明确指认，"革命党"之说更未形诸报端。从历史实态考析，当时的孙文尚为无名之辈，清政府不知其名，日本更未闻其人，故广州起事后几天内，日本报刊绝不可能有"中国革命党首领孙逸仙抵日"的报道。

笔者2001年2月22日到位于日本神户市垂水区东舞子町（明石跨海大桥旁）的孙中山纪念馆（移情阁）参观，得见馆中展出的《神户又新日报》明治二十八年（1895）十一月十日报纸原件，其上果然只有关于广州起事的简要报道，标题为《广东暴徒巨魁的经历及计划》，内中没有"中国革命党首领孙逸仙抵日"之类文字。该博物馆还专门在这一展品旁撰文说明此点。笔者与爱知大学刘柏林君几年后再访神户海边的孙中山纪念馆，并与时任馆长的安井三吉就上述问题交换意见。安井君以坚定的口吻重述了神户报刊不可能有"革命党首孙逸仙抵日"的报道，安井笑道：那时中日两国，除陈少白、郑士良外，不会有人了解孙逸仙其人，更不会知道他领导了广州暴动。

安井三吉等人的考证、神户孙中山纪念馆展出的《神户又新日报》等原件，动摇了孙中山以"革命党"自任来源于1895年11月10日日本报刊启示的"定说"。但这一发现能否指证陈少白的回忆全然是子虚乌有的妄言呢？恐怕也不能这样说。通观孙中山及其追随者的言论，1895年以前从未自任"革命党"，正如冯自由在《"革命"二字之由来》所指出的，在清

---

① ［日］安井三吉：《"中国革命党首领孙逸仙"考》。

季乙未年（1895）兴中会失败以前，中国革命党人尚未以"革命"二字自称，党人均沿用"造反"或"起义""光复"等名目。冯自由的这一概述是确切的。虽然孙中山在19世纪80、90年代之交经与王韬（1828—1897）等人接触，已对欧洲近代革命理念有所领悟，但孙中山等人正式从自命"造反"变为自任"革命"，转折点则在乙未广州起事失败之后一段时间。一个值得注意的旁证是，直到1896年底，外界方将孙中山为首的兴中会称为"革命派"。如1896年12月3日香港《中国邮报》评论说：

> 至革命派之缘起，虽无由追溯，而其大致要由不嫌于满清之行事。近中日一战，而此派遂崭然露其头角。孙逸仙博士辈之初意，原欲以和平之手段要求立宪政体之创行而已，迨至和平无效，始不得不出于强力。①

这篇评论的可贵处在于，指出了孙中山与"中国历史中之崛起陇亩、谋覆旧朝者"的重大差别，看到孙中山兼通中西学理，可以调和中西冲突，使旧式"革命"得以飞跃。

1895年底至1898年间，陈少白与孙中山先后同住横滨、东京，与宫崎弥藏和宫崎寅藏（即宫崎滔天，1871—1922）兄弟先后相过从，在孙、陈与宫崎兄弟间多有关于"革命""革命党"的议论。时至1898年，宫崎滔天将孙中山1897年初在英国布里斯特耳出版发行的英文著作《伦敦被难记》译成日文，题目改为《清国革命党领袖孙逸仙——幽囚录》，正式将孙中山呼为"革命党领袖"。而"幽囚录"一说，显然借自日本，如日本幕末维新志士吉田松阴（1830—1859）曾撰《幽囚录》，记自己被幕府囚禁事。至于日本报刊称"清国革命党"，首见于1898年2月的《朝日新闻》关于长崎县官方与来日中国人笔谈的报道，而1895年11月的神户报刊绝无称孙逸仙"革命党"的可能。

陈少白多年后回忆1895年11月与孙中山的神户行，出现"革命党"记述，很可能是将1896年至1898年孙中山与宫崎兄弟交谈"革命"的情节混

---

① 孙中山：《孙中山全集》（第1卷），第81页。

入，以后期事实"渗入"前期记忆，是可以理解的误记。但今之研究者必须根据实证材料去修正此种记忆误植。这是史学家对待主观性颇强的"回忆录"之类二次文献理当把持的态度。

综观孙中山及其追随者的回忆，又考察19世纪最后几年日本的出版物，可以确认，孙中山以"革命党"自任，形成于1895年底至1898年两次逗留日本期间。参之以香港《中国邮报》1896年12月3日的评论称孙逸仙等人为"革命派"，孙氏以"革命党"自命，可能是在1895年底至1896年底的一年间，孙氏与宫崎兄弟交谈（陈少白等在场）中形成的，确切时日尚待史料的发掘与辨析。至于孙中山等人此时所使用"革命"一词的内涵，则不仅有中国古典的"汤武革命"义，还有来自西欧（英吉利、法兰西）的"革命"义，更有经由日本加工综合过的"革命"义。

四、日本人对"革命"（revolution）的矛盾认识

1. "革命"一词由中国传入日本后的遭际

日本作为汉字文化圈的一员，自古即输入大量汉字及汉字词汇，这些汉字词汇在日本，或者保持中土原义，或者发生转化。"革命"一词随《周易》在6世纪东传，始为日本所知晓。推古朝十六年（608），僧曼奉圣德太子（574—622）之命，赴隋唐留学，旅居中土二十四年，回国后为中臣镰足、苏我入鹿等权贵讲授《周易》，其"阴阳道"思想，连同"革命"观念自此在日本播散。至8世纪，《孟子》流行于日本，"放桀、伐纣正义说"随之传扬，"革命"进一步汇入日本话语系统。

日本思想界一方面崇仰中国经典，对"革命"一词怀有敬意；另一方面，日本自称天皇"万世一系"，与中国频繁易姓改朝大相径庭，故日本的主流思想一直对"汤武革命"抱着既从且拒的矛盾态度。江户初期儒学家林罗山（1583—1657）以"汤武放伐"说为德川氏征讨丰臣氏提供理论根据，德川家康（1543—1616）对此说深为嘉许；江户中期儒学家新井白石（1657—1725）亦推崇孟子的"有德者王"说；幕末阳明学者大盐平八郎（1793—1837）更信从"革命"说，他领导的市民暴动，即高举书

写"汤武革命"四字的旗帜。但总体来讲,江户时代多数儒学者都反对孟子的"放伐"说,主张臣下对将军(总领主)无条件效忠。山崎暗斋(1618—1682)曾撰《汤武革命论》,非议汤武从桀纣手中夺权的行径,其弟子更谴责汤武为"杀主之大罪人"。

2. 近代日本将"革命"泛解为改革

日本主流思想界并没有排斥"革命"一词,而是向这一中土颇具权威性的词语注入更宽泛的制度重建、社会改良义,淡化其暴力夺权、改朝换代义。至明治维新时,"革命"已转化为"尊王变革"之义,从而成为"维新"的同义语,与"改革"也别无二致。大隈重信(1838—1922)的《日本开国五十年史》称,"日本人将革命与改革同视",是颇为精要的诠说。梁启超戊戌政变后流亡日本即发现,日本人所说"革命"并非指易姓改朝,而是指革新旧制,明治维新便被呼为"明治革命"。梁启超说:

> 日本以皇统绵绵万世一系自夸耀,……曾亦知其所以有今日者,实食一度Revolution之赐乎?日人今语及庆应、明治之交,无不指为革命时代;语及尊王讨幕、废藩置县诸举动,无不指为革命事业;语及藤田东湖、吉田松阴、西乡南洲诸先辈,无不指为革命人物。[①]

3. 日人以"革命"对译英语revolution、法语révolution

正是在"革命"的这种泛化诠释的基础上,明治时代的日本人用"革命"翻译英文revolution一词及法语révolution一词。

日本借用中国古典旧词,将英语revolution、法语révolution译为"革命",兼有英吉利式的和平变革及法兰西式的暴力革命两层内蕴,即所谓"双轮革命"。法兰西暴力革命的传译,大约始于明治时期史学家冈本监辅成书于1878年的《万国史记》。该书称,"法美两国有革命变,诸国之民皆知主张自由,不肯屈鞭棰之下"。又将1830年巴黎市民攻入王宫的事

---

① 梁启超:《释革》,《新民丛报》第贰拾贰号,(日本横滨)新民丛报社,1902年12月14日,第6页。

件译为"三日革命"。王韬1890年面世的《重订法国志略》参考了《万国史记》，首次在中国引入"法国革命"概念。而《万国史记》于1895年在中国翻刻，被中国学界广为引述，"法国革命"一语在中国得以传播。而此时正值孙中山领导的革命运动发端之际。学术著作的教化之效，与革命党人实践活动（如乙未广州起事）的影响，共同促成现代义的"革命"概念在中国逐渐流行。

五、日译revolution的三个层面

"革命"首先在日本与西语达成对译，演为新名，这一点已成学界共识。至于它经历怎样的过程而得以最后确立，则尚未明辨。本文试从词汇的对译、历史的叙述、理论的阐释三个层面进行考察。

1. 词汇的"革命"

日本天保七年（1836）八月，日本兰学家宇田川榕庵（1798—1845）在其《舍密开宗》（序例）中叙述西洋化学史时，首用"革命"表述西方历史的某一环节：

> 凡学术，皆由粗入于精，由疵迁于醇。如我之舍密之学（即化学），西土中兴革命之后，自第三百年降至今日，大别之为四时限（即四阶段——引者）。[①]

所谓"西土中兴"，当指公元2世纪罗马帝国的"黄金时代"；而"革命"则指被称为欧洲"三世纪危机"（Crisis of the Third Century）的一系列历史大事件及其引发的历史变革。此处"革命"一词，是否与荷兰文"De revolutie"（英文revolution）相对译，虽不能确认，但若说它在"大变革"（great change）意义上与英文的"revolution"相当，则亦无不可。

---

① ［英］贤理（D.William Henry）原著、［日］宇田川榕庵重译增注：《舍密开宗》，（江户）青藜阁，1837，序例第1页。

无独有偶，1845年日本儒学者羽仓简堂（1790—1862）所撰汉文著作《通鉴评》云：

> 郡县天下，始于祖龙；匹夫僭称，始于陈胜。秦季二十余年，实为一大革命。①

当然，明确地作为译词的"革命"，最早见于日本元治元年（1864）出版的村上英俊（1811—1890）的《佛语明要》。其第四卷中，法文"révolution"一词的翻译方案被确定为"回ルコト、革命、替ルコト"（环绕、革命、改变）。这可以说是东亚"revolution"（法文"révolution"）翻译史上的一个事件——译词"革命"由此正式诞生。

《佛语明要》厘定的译词"革命"为1871年出版的《官许佛和辞典》所采用，并自1873年起开始进入英和辞书序列。

早期英和辞书中的"革命"

辞书名	编纂者	revolution的译词	出版地 出版者	出版年月 页码
《英和字汇》（附音插图）	柴田昌吉 子安峻	旋转、运行、循环、革命、动乱	横滨：日就社	1873年1月 第979页
《哲学字汇》	井上哲次郎	革命、颠覆	东京：东京大学三学部	1881年4月 第79页
《英和字汇》（增补改订2版）	柴田昌吉 子安峻	旋转、运行、循环、革命、动乱、颠覆、民变 The revolution of a state、国乱	东京：日就社	1882年8月 第861页
《英和和英字汇大全》	市川义夫	旋转、运行、循环、革命、动乱 The revolution of a state、国乱	横滨：如云阁	1885年4月 第534页

---

① ［日］羽仓简堂：《通鉴评》卷上，可也简堂，1845，第1页。

续表

辞书名	编纂者	revolution的译词	出版地 出版者	出版年月 页码
《英和对译辞典》	［美］Noah Webster著 早见纯一译	旋转、革命、循环	大阪： 大阪国文社	1885年5月 第502页
《英和对译大辞汇》	前田元敏	旋转、运行、循环、革命、动乱 The revolution of a state、国乱	大阪： 同志社活版部	1885年7月 第247页
《大全英和辞书》（订译增补）	箱田保显	革命、颠覆、回转、改革（政治ノ）	东京： 诚之堂等	1885年9月 第518页
《英和字汇》（附音插图）	柴田昌吉 子安峻	旋转、运行、循环、革命、动乱 The revolution of a state、国乱	东京： 文学社	1885年11月 第671页
《英和字汇》（附音插图）	柴田昌吉 子安峻	旋转、运行、循环、革命、动乱 The revolution of a state、国乱	东京： 与论社	1885年12月 第435页
《和译英字典大全》	［美］Noah Webster著 梅村守篆译	旋转、运行、循环、革命、动乱 The revolution of a state、国乱	东京： 字书出版社	1886年6月 第699页

　　需要说明的是：（1）在《英和字汇（附音插图）》（1873）中，不仅可见今日仍然通用的"revolution"的译词"革命"，而且可见作为"revolutioner"和"revolutionist"译词的"革命党"。此当是"革命"一词在英和辞书序列之初登场。

　　（2）1881年4月刊行的和田垣谦三（1860—1919）等人编纂的《哲学字汇》，是明治日本人文、社会领域中影响巨大的专门性辞书。其中，"revolution"获得了"革命、颠覆"两个译名，并附按语"兴国谓之革命、亡国谓之颠覆"。亦即说，该辞书是从正、负两面把握"revolution"

的语义，确定其译名的。

2. 历史的"革命"

近代"革命"概念的受容过程，主要是随着英国的"光荣革命"、美国独立战争、法国大革命等欧美"历史故事"的译介展开的。

日本庆应三年（1867）冬，福泽谕吉（1835—1901）纂辑的《西洋事情·外编》由尚古堂刊行。其卷二之"政府之种类"有云：

> 因兵乱而起政府之突变，称为革命。此世不可避之祸，抑或成国之幸。千六百八十八年，因英国王詹姆士二世破坏国法而生内乱，遂废其王位而一变其政府，至于今日，英国人无不喜谈此革命。昔时，法兰西人苦于暴政，千七百年代末，其国大乱，亦非可惊异。亚米利加之骚乱实致一国之繁荣，故至今其国人仍意气洋洋，自祝既往之乱。

福泽谕吉的《西洋事情·外编》乃当时日本名著，读者颇众。其"革命"用例，也乘势流播，在诸多译名中确立优势地位。1872年以后，采用"革命"一词的著作或译作次第问世：

（1）1872年，吉田贤辅（1838—1893）、须藤时一郎（1841—1903）著《近世史谈》初篇二刊行。在"革命乱之滥觞"题名之下，叙述了美国独立战争的缘由；在"初战之事"题名之下，叙述了战争的发端。在"初战之事"题名下以小字注释："此处始记革命之战，故谓初战。"此外，在本文中亦可见"革命之战争"之语。

（2）1872年8月，涉江保（1857—1930）编《米国史》卷之一（东京：万卷楼）。

其第十七章题名为"革命之缘由"；第十八章题名为"革命役之发端"；第四十一章题名中有"革命役之结末"之语。

（3）1873年10月，锦织精之进译《米国政治略论》卷之一（东京：文部省）。

依其例言所述，原书为1870年刊行的美国法学博士Joseph Alden

（1807—1885）所著初中教科书*The Science of Government*。其第二编题名被译作"英国管辖时代之政治及革命之政治"；而关于美国《独立宣言》则译曰：

> 1776年7月4日，殖民地始宣布脱英国之管辖，成独立不羁之国，从此与宇内万国同列。名谓革命布告。

（4）1874年1月，师范学校编《万国史略》（东京：文部省）。其中，大槻文彦1873年8月所作例言有云：

> 西洋纪元五百年顷，罗马国灭，而今之各国建国，于西史上为古今之大革命。

（5）1875年，西村茂树（1828—1902）编《校正万国史略》（东京：西村茂树）。其"近世之史四上"的第一章、第二章叙述了"法兰西革命之大乱"；以如下文字结束了其卷十上：

> 法兰西革命之大乱以来，欧罗巴之各国，皆为兵马战争之地二十余年。至此，炮弹之声全息，庶民始得睹太平矣。

（6）1876—1878年，河津祐之（1850—1894）译《佛国革命史》（全4册15卷），由东京的加纳久宣刊行。原书为法国人François Auguste Marie Alexis Mignet（1796—1884）所著*Histoire De La Révolution Francaise*。该书以1789年三等级会议开始，以1814年拿破仑让位结束。河津祐之的译著为最早将"革命"用于书名者，堪称译名"革命"定著之标志。

3. 理论的"革命"

明治前期，由西洋传到日本的关于"革命"的理论阐述，主要见下表所列译书。

明治前期"革命"理论译书

书名	著者	译者	出版地 出版者	出版时间
《百科全书》 交际篇	William Chambers （1800—1883）、 Robert Chambers （1802—1871）	高桥达郎	东京 文部省	1878年12月
《英国政治论说》	拉塞尔（John Russell, 1st Earl）	高桥达郎	东京 金松堂	1882年7月
《革命新论》	威曼（Yeaman, George Helm，1829—1908）等	栗原亮一	东京 松井忠兵卫	1883年5月
《政理泛论》	亚摩斯（Amos, Sheldon, 1835—1886）等	松岛刚	东京 报告堂	1883年12月
《政治泛论》 （第1卷）	Yeaman, George Helm （1829—1908）等	小林营智	东京 日本出版社	1884年
《英国政治谈》	拉塞尔等（Russell, John Russell, 1st Earl）	高桥达郎	东京 金松堂	1886年
《须多因氏讲义》	须多因（Stein, Lorenz Jacob von, 1815—1890）	曲木高配 等	东京 宫内厅	1889年7月

1878年12月，文部省翻刻《百科全书交·际编》。原书为*Chambers's Information for the People*中之"Constitution of Society–Government"。其中有"政府ノ革命"（Revolutions）一章。该章起笔即为"Revolution"下定义：

> 政府之革命，谓不依法律而行，扰乱起而颠覆政府，然后再设之。

依其论说，"革命"的本质在于"国法"（constitution或system of government）之"变易"；其原因在于"政治之不善"；"革命"既有

"不用暴举虐动而奏其成功者"，也有"以武威成之者"；而各种"革命"之根本，则皆在于"自主自由之理"。

而在1883年5月刊行的《革命新论》中，对"革命"有如下阐述：

> 革命，行于古今万邦革命者也。有王朝统系之更迭，有政体法度之革新。王朝统系之，治者相斗，不关政治之大体，非真正之革命。其所谓革命者，政体法度之革新，治者与被治者权限生一大变革者是也。若详解其义，则为人民自所进取之变革，非政府所赐予人民者也。若政府极力压抑之，则人民诉诸干戈而达成变革；即令不诉诸干戈，亦背离旧来之政法，用其所不可认可之方法而达成之也。……革命之为变革，其主眼在于改良政体，使人民保全权利，享受自由也。

依其所述，"王朝统系之更迭"等不是"真正之革命"，"政体法度之革新"才是"真正之革命"；"革命"的"主眼"在于"改良政体，使人民保全权利，享受自由"；而且，"革命之权，为人世间无上之大权"。

至于1889年7月刊行的《须多因氏讲义》，则认为"革命"乃"元首权力之转覆"，包括"政治上之革命"和"社会上之革命"两种。"政治上之革命"在于"退滥用权力之元首"，其"所关涉处，常止于元首之一身"；其结果有两种：一则"变更元首其人"，一则"设明文限制其所属之权力"。"社会上之革命"则事关"社会全体之编制"，其目的在于破除某阶级的特权；其结果也有两种：一则"变更社会原有之上下阶级之别"，一则"将参与政治之权付与一般人民"。而"社会上之革命"一经发生，则将抛弃旧政体，确立"元首、立法、行政三部始相分立"之新政体。

《须多因氏讲义》还论及"革命、改革之别"：

> 改革者，盖变更执行政务之作法之谓也。故政治大体之主义前后同一，政治之规矩体裁有变动，谓之改革。反之，政治大体之主义有

变动，即令政务运转之外形无异于前日，亦谓之革命。

1901年，留日学生译介美国人威曼的《革命新论》云：

> 革命之说，万国通行，或为王朝统系之更迭，或为政体制度之革新。王朝统系之更迭，则为执政者互相争权，无关政治大体，不得谓之革命。所谓革命者，政体制度之革新；治者、被治者之间，所有权限，皆破坏决裂，无复曩昔之制；一国人民，各竭其固有之力，奋为变革之事，而非假力于政府而后成者也。夫是之谓革命。革命之义，亦必如是而后全。[①]

以上强调的是"革命"的普世性政治革新意义，并非单指暴力革命。

六、近代义"革命"入华

中国译介"revolution"，早于日本。1822年初，revolution的汉字译名已出现在中国，此后半个多世纪中，它获得了诸多译名：从"周行""大变"到"国变""国乱"（参见下表）。至于译名"革命"，则由日本传来。

早期英汉辞书中revolution的翻译

辞书名	编纂者	revolution的译词	出版地	出版年页码
《华英字典》（全1册）	［英］马礼逊（Robert Morrison 1782—1834）	REVOLUTION, going round to the point of commencement，周行；Performing one revolution and beginning again，周而复始；Change in the state of a government，大变。	澳门	1822年，第366页

---

① 《革命新论前编》，《国民报》第三期，（东京）国民报社，1901年7月10日，译编第1页。

续表

辞书名	编纂者	revolution的译词	出版地	出版年页码
《英华字典》（卷二）	［美］麦都思（W.H.Medhurst 1796—1857）	revolution in a state，国变、大变	上海	1848年，第1091页
《英华字典》（卷四）	［德］罗存德（W.Lobscheid 1822—1893）	Rebellion，变、乱、反、叛、叛逆；to be in a state of revolution，乱，作乱；the revolution of state，国之乱，国之变，大变	香港	1869年，第1494页
《英华萃林韵府》（卷一）	［美］卢公明（Justus Doolittle 1824—1880）	Revolution in a state，变，国变	福州	1872年，第411页
《英华字典》（全1册）	Arnold Foster	Revolution（in a state），国变	上海	1893年，第110页

　　将revolution译为"革命"，约始于明治初的日本，并于明治中晚期传到中国。关于近代义"革命"一词在中国的用例，金观涛认为黄遵宪的《日本国志》（1887年）最早。而依笔者所阅，汉字译名"革命"入华，初见于19世纪70年代末上海印行的《申报》：

　　例1. 日本戊辰战争之"革命"〔将1868年（戊辰年）初日本政府军击败德川幕府军的战争称为"革命"〕

　　本邦自戊辰革命之后，其间才十年，前有江藤新平叛于佐贺，后有前原一诚叛于山口。如皆率党与数千人，上与官府相抗，然皇威所向，不数旬，巨魁就擒，余匪鸟散，无不瓦解冰消。

　　——1879年5月15日，《申报》（上海版）第2167号第1页《译日本人论亚细亚东部形势》

　　例2. 日本国会制度之"革命"

　　琴瑟不调甚者，必改而更张之；为政不治甚者，必改而更治之。

《周易》离下兑上之卦，其名曰"革"。象辞曰："天地革而四时成汤武革命，顺乎天而应乎人。革之时，大矣哉！"……吾闻日人之入会议事者，必由众人公举……如此则上无失政，下无遗贤。吾知日本必从此强矣。夫四洲诸大国，皆有尽善尽美之成法可守，故不必有所损益，而自无不国富民安。日本能善自变计，补前人之未及，为后世之楷模，与时迁移，不作胶柱之鼓。《易》曰："君子豹变。"占日本者，竟得此爻。余故乐得而书之。

——1885年12月3日，《申报》（上海版）第4541号第1页《书日本议畿国会后》（山阴述戡十稿）

例3. 法国之"革命"

法兰西巴黎京城，拟于一千八百八十九年开设大博览会。盖以革命以来，数及百年，故设此会，以伸国人庆祝之忱，以见政府谋国之效。

——1886年8月7日，《申报》（上海版）第4781号第12页《汇译东报》

值得注意的是，1896年，《时务报》第十册和第十四册先后刊载《欧洲党人倡变民主》《论阿尔兰革命党人》两篇报道。前者译自《国民报》（1896年10月14日），后者译自《东京日日报》（1896年11月19日）。两篇报道中均有"革命党人"之用例，受到日译"革命"的影响。《欧洲党人倡变民主》云：

阿尔兰革命党人，隶籍美国，恃有护符，共倡义举。

该文将爱尔兰革命党人的行动称为"义举"，这不独为其所译原文所限，抑或显示了当时的《时务报》对于爱尔兰民主革命所持的基本立场或态度。

七、近代中国关于"革命"的论战及概念定格

综上所述，"革命"一词，经历了"中国创制的古典词—传入日本并发生演变—近代日本借以意译revolution—日本译名'革命'从日本逆输入中国"这样一个跨国度、跨文化的迁衍过程。

1．"维新派"的革命观

近代义及世界义的"革命"一词在19—20世纪之交输入中国后，迅速播散开来，但并非平和展开，围绕其词义曾发生激烈论战。如主张体制内改良的黄遵宪（1848—1905）在《水苍雁江馆主人来简》中批评激进革命论："仆以为由蛮野而文明，世界之进步，必积渐而至，实不能躐等而进，一蹴而就也。"

批评激进革命论的主将，是维新派巨子梁启超。他出于对暴力革命的防范和对维新改良的执着，大力阐扬英吉利式的"革命"（revolution）义，即和平的、渐进的社会变革。他反对将"革命"局限于暴力夺权一义，在《夏威夷游记》（1899年撰）中提出"文界革命""诗界革命"说，把"革命"泛解为思想及社会改良，但该文中又有对准备武装起事的"革命军"（暗指唐才常等领导的自立军）的肯认。可见，梁氏所谓"革命"，兼含英式和平变革论和中国古典革命论的双重内蕴，与革命派所论"革命"虽有歧义，但并非全然对立。

随着维新派与革命派政见分歧的加剧，梁启超1902年12月14日发表于《新民丛报》的《释革》一文，全面阐述了他的革命观，正式展开与革命派的论战。梁启超说：

> 革也者，天演界中不可逃避之公例也。……夫淘汰也，变革也，岂惟政治上为然耳，凡群治中一切万事万物莫不有焉。以日人之译名言之，则宗教有宗教之革命，道德有道德之革命，学术有学术之革命，文学有文学之革命，风俗有风俗之革命，产业有产业之革命。

这是以"泛革命论"修正革命派主张的"暴力革命论"。梁启超又

指出，英国的revolution是"以仁易暴"，而中国之革命是"以暴易暴"。他认为，日本人以中国古典语"汤武革命"中之"革命"一词来翻译revolution，并不妥当，主张以"改革"或"变革"翻译该词。但梁启超也意识到，以"革命"译revolution已经"深入人人之脑中而不可拔"，他固然有一支善辩的生花妙笔，也无可奈何。后来，梁启超于1904年初著《中国历史上革命之研究》一文（载《新民丛报》第46—48合本），论述狭义革命与广义革命，持之有故。应当说，梁启超当年关于"革命"的意义诠释，区分中国古典义与近代世界义，兼论狭义、广义，在学理层面上是比较完备的，对于国人在中国古典义的基础上接受近代义、世界义的"革命"概念功不可没。问题在于，辛亥前夜的中国需要通过暴力革命推翻不堪救药的清王朝，为中国走向独立、富强清除障碍。诚如孙中山所说"今欲求避祸之道，惟有行此迅雷不及掩耳之革命之一法"[1]。而此时的梁启超站在一旁发表批评，难免不合时宜，为先进者所诟病。

类似梁启超这种在和平变革意义上使用"革命"一词的例子，近代中国甚多。仅以佛教界而言，就承袭"释教开革命之阶"的传统，屡用"革命"称佛教内部的改革。著名者如辛亥革命后不久，佛学大师太虚（1890—1947）于1913年在寄禅和尚［即敬安（1851—1912），太虚的老师］的追悼会上，针对当时佛教丛林的积弊，倡导"教理革命""教制革命""教产革命"的佛教三大革命。教理革命指革除愚弄世人的鬼神迷信，倡导大乘佛教自利、利他精神，去改善国家社会；教制革命指改革僧众生活、组织制度，建立适应时代需要的住持僧团；教产革命指变按法派继承寺庙遗产的旧规为十方僧众公有制，以供养有德长老、培养青年僧伽，举办佛教事业。这里的"革命"显然指和平改良，绝非暴力夺权。

2. 革命派高倡"革命"

在革命派方面，孙中山等自1896年前后即以"革命"为自己的标志。为求得民众对"革命"的认同，革命派充分利用革命的古典义，以之调动中国士人及民众对"革命"的亲和感。如孙中山在驳斥檀香山保皇报刊的

---

[1] 孙中山：《孙中山全集》（第1卷），第173页。

"民智未开，革命不可举行说"时，便以中华元典《周易》为据，展开滔滔雄辩：

> 彼曰："革命之说，原本大《易》。"又曰："中国固始终不能免于革命。"其言是矣，乃何以又曰"中国今民智为萌芽时代"？夫大《易》者，中国最古之书。孔子系辞，称汤武革命，顺乎天也。岂由汤武至于今，经二十余朝之革命，而犹得谓之萌芽时代耶？[①]

革命派在征引古典的同时，又用力于阐发"革命"的现代精神，他们指出，今之革命，其内容与目标已非昔时可比。当年报刊文章说：

> 昔之所谓革命，一时表面之更革而已，……旧世纪之革命，乃一时一事之革命，乃无进步之革命，乃图少数人权利之革命。若新世纪之革命则不然。凡不合于公理者皆革之，且革之不已，愈进愈归正当。[②]

孙中山则概括新旧"革命"的差异：

> 故前代为英雄革命，今日为国民革命。所谓国民革命者，一国之人皆有自由、平等、博爱之精神，即皆负革命之责任。[③]

这种革命观是对革命元典义的发挥，又吸纳来自欧西及日本的新思想，使中国固有的革命精义得以拓展。

3. 《革命军》刊发："革命"宣传进入高潮

阐扬"革命"的正义性与现代性，并发生巨大影响的莫过于邹容（1885—1905）的《革命军》。邹容通过日本人栗原亮一1883年节译美国

---

① 孙中山：《孙中山全集》（第1卷），第234页。
② 《新世纪之革命》，载于《新世纪》第壹号，（巴黎）新世纪，1907年6月22日，第1页。
③ 孙中山：《孙中山全集》（第1卷），第296页。

政治学家威曼的《革命新论》，了解近代西方革命论思想，其《革命军》的许多观念乃至语言，均源于《革命新论》节译本。邹容一连用七个排比句界说"革命"：

> 革命者，天演之公例也。革命者，世界之公理也。革命者，争存争亡过渡时代之要义也。革命者，顺乎天而应乎人者也。革命者，去腐败而存良善者也。革命者，由野蛮而进文明者也。革命者，除奴隶而为主人者也。

经过19世纪末20世纪初数年间的宣传，尤其是革命派革命实践的展开，革命观念渐入人心。一位保皇派在1903年著文称："革命之说，非自今日始。然从前持此议者，仅三数人而已，近则其数渐多，血气未定膂力方刚之少年，辄易为所惑。又从前持此议者，仅自与其徒党议之于私室而已，近乃明目张胆于稠人广众之中，公言不讳，并登诸报章，以期千人之共见。"①到辛亥革命前夕，"革命"更成为国人的口头禅。不过，多数汉人所理解的"革命"，或者限于"排满革命"，即推翻异族人做皇帝的清朝；或者承袭着古老的"彼可取而代之"之义。这不仅显示在章太炎等"有学问的革命家"那里，俗众层面也颇有表现。

鲁迅的《阿Q正传》专辟"革命"一节，生动描绘了辛亥年间下层民众的"革命观"：

> 阿Q的耳朵里，本来早听到过革命党这一句话，今年又亲眼见过杀掉革命党。但他有一种不知从哪里来的意见，以为革命党便是造反，造反便是与他为难，所以一向是"深恶而痛绝之"的。殊不料这却使百里闻名的举人老爷有这样怕，于是他未免也有些"神往"了，况且未庄的一群鸟男女的慌张的神情，也使阿Q更快意。
>
> "革命也好罢，"阿Q想，"革这伙妈妈的命，太可恶！太可恨！……便是我，也要投降革命党了。"

---

① 《革命驳议》，载于《中外日报》1903年3月8日。

"革命"一词普及到阿Q这样的贫民之中，可见其深入人心；而阿Q辈又把"革命"理解为从赵太爷、举人老爷那里抢些元宝、洋钱、洋纱衫和女人，"我要什么就是什么，我喜欢谁就是谁"①。这表明，那种"龙床轮换坐"的旧式革命论深植国人心灵，"革命"现代义为国人所认识与实践，还有一个长期而艰难的过程。

五四运动以后，中国人又吸纳苏俄的"革命"论，暴力夺权意义上的"革命"一词影响力更为广大。毛泽东（1893—1976）在《湖南农民运动考察报告》中说："革命不是请客吃饭，不是做文章，不是绘画绣花，不能那样雅致，那样从容不迫、文质彬彬，那样温良恭俭让。革命是暴动，是一个阶级推翻一个阶级的暴烈行动。"这段话曾被奉为经典革命论，覆盖了中国20世纪的半数时段。

就中国而言，20世纪堪称"革命世纪"，大的革命经历三次：辛亥革命—国民革命—共产革命。笔者赞同如下论说：

> 中国革命是一场连续的、复合的、递进的革命。前一次革命为后一次革命"预留"了空间，后一次革命在前一次革命的基础上推进。正是这三次革命的相互关联、递进，共同构建了"中国革命"这一历史事件。只有将三次革命作为一个整体综合考察，才能洞察20世纪中国革命的总体特征。②

20世纪80年代以来，随着改革开放的拓展，"革命"一词又获得宽泛化的使用，如邓小平（1904—1997）称"改革也是革命"，是"第二次革命"。显然，与之对应的"第一次革命"，是指武装夺取政权的暴力革命；而当下正在展开的"第二次革命"，则指经济、社会、观念领域发生的深刻变更。这种"革命"与"改革"大体同义，不过在语气上显得更强烈一些。

---

① 《鲁迅全集》（第1卷），人民文学出版社，1981年，第513页。
② 王奇生：《中国革命的连续性与中国当代史的"革命史"意义》，《社会科学》2015年第11期。

"科学"概念的古今转换与中外对接

　　"科学"是现代通用的、较具权威性的关键词。此一术语承袭汉字古典词的词形和词义基旨，又在与英文Science对译过程中，吸纳其现代义，得以新生并获通用。

　　英文science源于拉丁语词scientia。拉丁语词scientia（scire，学或知）包含学问或知识的意思。英语词science则是natural science（自然科学）的简称，不过，与之最接近的德语对应词wissenschaft，指一切有系统的学问，不但包括所谓的science（自然科学），而且包括历史学、语言学及哲学等人文社会科学。就science（自然科学）狭义言之，"科学是关于自然现象的有条理的知识，可以说是对于表达自然现象的各种概念之间的关系的理性研究"①。

　　广义的"科学"，乃自然科学、社会科学、人文学之总称。此一现代文明体系中的核心概念，经历了古今演绎、中外对接的复杂过程；其内涵与外延在中国、西洋、日本三个语境之间游徙、融会，20世纪初叶以来，方在汉字文化系统得以定格。

---

① 　[英] W.C. 丹皮尔：《科学史——及其与哲学和宗教的关系》上册，李珩译，商务印书馆，1997，第9页。

一、"科学"并非日源，唐宋之际已在"分科之学"含义上使用此词

近现代不少关于外来语的辞书和论著，往往把"科学"列为日源词，认为是从日本输入中国的外来语。此说似是而非，需要加以辨析。"科学"乃汉字古典词，是由"科"与"学"组合而成的偏正结构名词。

1. 释"学"

学（繁体"學"），甲骨文作𩇫，金文作𥤏，上边为两手之间有二"爻"，表示学算数、学写字；下边是一座尖顶的房屋，内为学习的士子；上下合起来，表示学习和学习的处所，是一个象形兼形声字。作为名词，初义为学校，以之组词，有学校、上学、大学、学会等。作为动词的"学"，有学习、仿效义。以之组词，有学好、苦学、自学等。

2. "科"之二义

"科"，金文作𥢖，左禾右斗，《说文解字》"科"条称："从禾从斗。斗者量也。"为会意字，有二义：

（1）"从禾从斗"，禾指谷物，斗指称量，故"科"有测量义。以科为学，是通过实际考查（如称量）求得知识的意思。可见，"科学"的一种本义是"测量之学问""实测之学问"，这提供了"科学"发展出现代义（实证、实验之学）的基础。

（2）"科"又有目、类之义，所谓科目、科类。孟子说，孔子教学是分科目的，"夫子之设科也，往者不追，来者不拒"①。儒学课程分类、分目，古有"孔门四科"之说——德行、言语、政事、文学；又谓"子有四教：文、行、忠、信"②，都讲学问不是笼统混一的，而是分科而教、分科而学的。这便包含着"分类而学"，这又为"科学"的另一现代义（分科之学）的形成提供了基础。

---

① 《孟子·尽心下》。
② 《论语·述而》。

3. "科学"——"分科举人之学"

在上述两层意义上，尤其是分科之学意义上的"科学"一词，约在科举制度兴起之际便已形成。"科举"意谓"分科举人""设科取士"。唐代科举设进士、明经、明法、明字、明算等多种科目，明经、进士是常科。与科举考试相关的分科学问，便是"科学"。

"科学"作为整词，以笔者所见，较早出现在唐昭宗光化年间诗人罗衮的文章中，其《仓部柏郎中墓志铭》开篇曰：

> 近代科学之家，有柏氏仓部府君讳宗回。

文中"科学之家"，意谓致力科举之学的家庭，故"科学"意即分科举人之学。

科举制以公平公正的考试方式选取官员，突破了以身份任官的世袭贵族政治的藩篱，是一大进步。欧阳修称："窃以国家取士之制（指科举制——引者）比之前世，最号至公。……祖宗以来不可易之制也。"[1]但此制也有弊端，如程式化、教条化、脱离社会实际等，且愈演愈烈，批评之声渐起。南宋经世派学者陈亮（1143—1194）是抨击科举制之健者。陈亮说：

> 自科学之兴，世之为士者往往困于一日之程文，甚至于老师而或不遇。[2]

这里的"科学"便是"分科举人之学"的简称。故"科学"本为中国固有的汉字古典词，谓分科之学、分科举人之学，但此词使用并不广泛。

---

[1]　《欧阳修文集》卷一一三。
[2]　［南宋］陈亮：《送叔祖主筠州高要簿序》。

二、"分科举人之学"在日本古已流传，明治年间以"科学"对译science

日本在奈良时代（710—794，相当于唐中期）及平安时代（794—1192，相当于唐后期至南宋），模仿隋唐的君主集权制度，强化天皇统治地位，限抑贵族权力，为此引进中国的律令制，包括科举制，大宝元年（701）颁布《大宝令》，内有贡举制之设，分为秀才、明经、进士、明法四科，又有医、针二科，其中秀才科最盛。至女天皇元正天皇的养老二年（718），颁《养老律令》，规定以科举考试选拔官员，定期分科考试，录用人才。贡举考试由式部省（平安时代八省之一，掌管文官人事和奖赏）直接主持，每年十月至十一月间进行。考生分贡人和举人两种，由诸国贡来参加科考者称贡人，由大学寮经寮试参加科考者称举人。考试内容基本类同唐朝科举考试，如明经科"试《周礼》《礼记》《毛诗》各四条，余经各三条，《孝经》《论语》共三条"。按照《选叙令》，在考试合格中选拔人才叙任官位。平安时代仍实行贡举制，尤重秀才、进士二科，直至平安末期。在这一过程中，"分科举人之学"（即"科学"）概念渐传日本。

由于日本中世及近世贵族政治盛炽，平民与贵族有同等权利参加考试并入官的科举制度，受到贵族的抵制和扭曲。10世纪以后科举为贵族把持，录人不以才学而重资历名望，科举制流于世袭化、权贵化。至近世末期的德川时期，实行"学问吟味制"，以朱子学为正学，作为考试内容，由幕府征夷大将军的旗本、御家人子弟通过科考选取官员，部分地恢复科举精神，"分科举人"再度实行。而在德川中后期，兰学家接触欧洲自然科学诸学科，很自然地以"分科之学"一类短语加以表述。1832年农历十一月，高野长英在其所译《西说医原枢要》题言中写道：

> 故二或八责メテ曰、人身窮理八医家ノ一科学ニシテ、人ノ解シ難ク、訳シ難シトスル所ナリ。
>
> （故或责曰：人身穷理，乃医家之一科学，人所难解难译也。）

在日本，Science较早的汉字译名是"学问"，见于日本人堀达之助（1823—1894）1862年刊行的《英和对译袖珍辞书》。高桥新吉（1843—1918）等人编的《和译英辞书》（第516页）、荒井郁之助（1835—1909）编《英和对译辞书》等，沿用此一译名。

"学问"为古典汉字词，原兼学习、问难两义。《孟子·滕文公上》："吾他日未尝学问，好驰马试剑。"《荀子·大略》："《诗》曰：'如切如磋，如琢如磨'，谓学问也。"后指系统的知识。《世说新语·文学》："褚季野语孙安国云：'北人学问渊综广博。'孙答曰：'南人学问清通简要。'"

1873年8月，堺县学校编述、刊行的《学问心得》中有"入中学、大学，就专门科学"之语。"学问"与"专门科学"对应。

日本人继以"文学"译science。福泽谕吉纂辑的《西洋事情》中设"文学技术"一章，文中所述乃"测量学""医学""理学""天文学""视学""化下学""器械学""経学、性理、詩歌、歴史ノ学""蒸気機関、蒸気船、蒸気車、電信機"等西方科学、技术概况，皆在"文学"总目之下。此处"文学"显然是science的汉译名。

西周（1829—1897）是最早系统接受并译介西方哲学的日本学者，他受法国实证主义哲学家奥古斯特·孔德（1798—1857）关于知识应当分门类的观点的影响，从古代、中世纪学问科目不明的混沌状态走出，强调近代知识的特点是"一科一学"。这已逼近今义"科学"。1874年，西周又在《明六杂志》第14、17、20、22、25号连载《知说》一文，介绍欧洲各门学科，其中第22号的《知说四》论及"科学"，指出其方法是"归纳"与"演绎"的统一，如化学便是"分解法"与"总和法"（化合）二者的"总合统一"。西周还在1870年开讲于东京的《百学连环》中，以"一科一学"意译英语science，强调的是"分科之学"之义。science源于拉丁文scientia，意为"学问""知识"。在古代和中世纪欧洲，科学没有独立地位，或寄居于哲学的母体之中，称为"自然哲学"；或作为宗教的附庸、神学的婢女。直至近代，科学逐渐获得独立的身份，学科分野也日趋细密。19世纪上半叶，孔德按各门科学的实证性水平进行分类，派生出天文学、物理学、化学、生物学和社会学，从而揭示science一词分门别类性的特征。

science的又一层要义是实证性。与西周一起于1863年赴荷兰莱顿大学留学、研习社会科学的津田真道（1829—1903）特别论述"科学"的实证性，他1874年在《明六杂志》第3号发表《论促进开化的方法》一文说："根据实象，专论实理，如近代西洋的天文、格物、化学、医学、经济、哲学等说的是实学。"

津田真道力倡"实证"义，与前述西周强调的"分科"义二者结合，大体完整地表述了西方近代"科学"的基本内涵。1881年出版的井上哲次郎等人编纂的《哲学字汇》，将science的译名厘定为"理学、科学"。自此，日本学界把"科学"一词固定下来，其字面义为"分科之学"，内涵则是关于自然、社会、思维等的客观规律的分科、实证知识体系。此后，冠以"科学"之名的文章及书籍在日本大量出现。

三、明末及清末，以"质测""格致"意译science；民国初年以"赛因斯"音译之

作为近代文化核心概念的science，在古汉语系统中找不到确切的对应词。略相接近者，有"质测"一词，此为明末清初学者方以智（1611—1671）所创用。方氏在《通雅·文章薪火》中，把知识分为"质测""通几""宰理"三大部类。"质测"指自然科学，"宰理"指政治教化一类的社会知识，"通几"指深究万物之理的学问，近于哲学。方以智在《〈物理小识〉自序》中说：

> 物有其故，实考究之，大而元会，小而草木蠢蠕，类其性情，徵其好恶，推其常变，是曰"质测"。

这个具有"实验科学"意蕴的"质测"之学，是明清之际学者自创的词语，昭示了科学的实证性内涵，但此词并未普及开来。

明末西洋科技知识传入中国，与science对应的汉字词是"格致"——由《礼记·大学》中"致知在格物，物格而后知至"简约而成的词语。明末学者徐光启（1562—1633）将欧洲耶稣会士带到中国来的几何学、

物理学、天文历法、地理学、机械技术等统称"格物穷理之学"，认为其特征是"实心、实行、实学"，"凡世间世外，万事万物之理，叩之无不河悬响答，丝分理解"。揭示了科学的实证性和理性特征。明天启六年（1626）出版的意大利入华耶稣会士高一志（1566—1640）编译的《空际格致》一书中，"空际"意谓自然，"空际格致"是"自然科学"的较早表述。

晚清以降，西语science的汉译名，初见于早期英汉词典（见下表）。

早期英汉词典中science的汉译

字典名	作者名	science译名	出版地（者）	出版年
《华英字典》（全1册）	［英］马礼逊 Robert Morrison（1782—1834）	SCIENCE of numbers is wholly included in lines, superficies, and solids，算数之学不外于线面体（p.378）	澳门：Printed at the Honorable East India Companys Press	1822
《英华韵府历阶》（全1册）*English and Chinese Vocabulary，In the Court Dialect*	［美］卫三畏 S. Well Williams（1812—1884）	无此条	澳门：香山书院	1844
《英华字典》（全2册）*English-Chinese Dictionary（in two volumes）*	［美］麦都思 W. H. Medhurst（1796—1856）	SCIENCE（acquaintance with things），智；perfection of knowledge，致知，学文，学；science of numbers，数学，算数之学；knowledge，知学（卷二，p.1128）	上海：墨海书馆	1848
《英华字典》（全4册）*English and Chinese Dictionary，with the Puntin and Mandarin Pronunciation*	［德］罗存德 W.Lobscheid（1822—1893）	Science 学，智，知，理，智慧，学文，知学；arts and sciences，知及艺者（卷四，p.1547）	香港：Printed an Published at the "Daily Press" Office，Wyndham Street	1869

续表

字典名	作者名	science译名	出版地（者）	出版年
《上海方言词典》 *A vocabulary of the Shanghai Dialect*	［英］艾约瑟 J.Edkins （1823—1905）	Science，格致之学，（of astronamy）天文，（of numbers）数学，（of light）光学（p.106）	上海： Presbyterian Mission Press	1869
《英华萃林韵府》（全2册） *Vocabulary and Handbook of the Chinese Language, Romanized in the Mandarin Dialect（in two volumes）*	［美］卢公明 Justus Doolittle （1824—1880）	Science or literature，学Scientific or literary，有学文的，明知的，学文过人的；knowledge，知学（卷一，p.426）	福州： Rozario, Marcal and Company	1872
《字语汇解》 *An Anglo-Chinese vocabulary of the Ningpo dialect*	［美］睦礼逊 W. T. Morrison （1837—1869）	Science，学问，学（p.413）	上海： American Pres-byterian Mission Press	1876
《英华字典》（全1册） *English Chinese dictionary*	I.M.Condit	Science 艺智，学问（p.102）	上海： 美华书馆	1882
《华英字典集成》（全1册） *An English and Chinese Dictionary*	邝其照 （生卒不详）	Science学，智，理Scientific智慧的，博学的，格物的（p.315）	香港： 循环日报承印（1899）	1887
《英华大辞典》（小字本）	颜惠庆 （1877—1950）	Science, n.1. Knowledge，学，智，知，理；2.Knowledge reduced to system，专门学，有条理之学，科学；3.Art, skill, or expertness, regarded as the result of knowledge of laws and principles，巧艺，学术，专门术（考求法律原理所得知技能）（p.874）	上海： 商务印书馆（1920）	1908

19世纪中期以后，西洋科技知识大规模涌入中国，"格物穷理"尤其是"格致学"成为清末对"科学技术"的表述语，相当普及。1857年闰五月初一，《六合丛谈》第6号刊载英国入华传教士韦廉臣（1829—1890）所撰《格物穷理论》一文。文章开宗明义：

> 国之强盛，由于民；民之强盛，由于心；心之强盛，由于格物穷理。

继而，文章通过列举天文学、气象学、力学、电学等各门学问带来的实际效用，解释何以"心之强盛，由于格物穷理"：

> 精天文，则能航海通商；察风理，则能避飓；明重学，则能造一切奇器；知电气，则万里之外，音信顷刻可通。故曰：心之强盛，由于格物穷理。

1872年8月，《教会新报》201卷"格致近闻"栏目刊载《格致论略》一文。英文栏目名为Science；文章及作者名则标为General View of Western Science—By a Chinese Scholar。很显然，"格致"在此被确立为science的译名。文章从中国古典《大学》"格物致知"起笔，但随即为"格致"注入了西方近代science之义：

> 《大学》言治平，而终以格致。格致之为义，大矣哉！盖人心之灵，莫不有知；而天下之物，莫不有理。惟于理有未穷，故其知有未尽也。西人学问，得力于格致为多。其大要，不外随事体验，即物以穷其理耳。由理而生法，因法而制器。理得法而理益明，法有器而法益备。即此悟彼，四通八达，遂能钩深致远……

在此，该文作者揭示science的哲学尤其是认识论基础（"盖人心之灵，莫不有知；而天下之物，莫不有理。惟于理有未穷，故其知有未尽也"）、science的本质内涵（"随事体验，即物以穷其理"）、science与生产技术的互生互动关系（"由理而生法，因法而制器。理得法而理益明，法有器而法益备"）等。

1886年，英国人赫胥黎（Thomas Henry Huxley，1825—1895）的著作 *Science Primers. Introductor*（《科学导论》）被译成汉文，而且有两个译本，一个是"英国罗亨利、宝山瞿昂来同译"、江南制造局刊行的《格致小引》，一个是英国人艾约瑟译撰、总税务司署印的《格致总学启蒙》。关于science的定义，英文曰：

> Science: the Knowledge of the Laws of Nature obtained by Observation, Experiment, and Reasoning.

《格致小引》译曰：

> 格致学　观看、试验，以求物理，谓之格致学。

《格致总学启蒙》译曰：

> 格致之学，即由各种测、试、辩论，得知绳束万物之条理。

洋务新政的主持人恭亲王弈訢（1833—1898）将西方的化、电、制造之学称为"格致之理"，认为"中国自强之道"即在研习"推算、格致之理，制器、尚象之法"。维新派思想先驱冯桂芬（1809—1874）则说："明末意大里亚及今英吉利两国书凡数十种……此外如算学、重学、视学、光学、化学等，皆得格物至理。"冯氏还有"格致之理"的提法。郑观应更罗列"格致"所属诸学科："格致科，凡声学、光学、电学、化学之类皆属焉。"

在清末，"声、光、电、化"诸科技知识统称"格致"。鲁迅讲到年轻时入洋务学堂，"我才知道世上还有所谓格致、算学、地理、历史、绘图和体操"[①]。这里的"格致"也是指的物理、化学、生物学、机械操作

---

① 《呐喊·自序》，载《鲁迅全集》第一卷，人民文学出版社，1981，第416页。

等科技知识。

民国初年，学界又将science音译作"赛因斯"，含义的重点在科学的理性精神，包括"黜伪存真"的求实精神、创造精神、自由精神等，这便是五四新文化运动呼唤的"德赛二先生"（民主与科学）中的"赛先生"。

四、清末民初从日本逆输入近代义"科学"一词

近代中国最早从日本引入并使用作为science意译词"科学"的，是康有为。1896年康有为编《日本书目志》，据梁启超在1897年11月15日的《时务报》介绍，该志"一册，卷二，理学门"列有："《科学入门》，普及舍译；《科学之原理》，木村骏吉著。"这大约是中国较早引入近代义"科学"一词。

康有为1898年6月进呈光绪皇帝请求试士改用策论的奏折中，也多次出现"科学"：

> 假以从事科学，讲求政艺。
> 从此内讲中国文学……外求共同科学。
> 宏开校舍，教以科学。[1]

严复将"科学"一词包蕴的内容从自然科学扩大到社会科学。他在论述"群学"（即社会学）时指出：

> 群学何？用科学之律令，察民群之变端，以明既往，测方来也。[2]

这里强调"科学之律令"，也即科学方法（实证的、理性的方法），将此方法运用于社会问题，便是社会科学。严复据此将群学（社会学）与

---

[1] 康有为：《请废八股试帖楷法试士改用策论折》，《康有为政论集》上册，中华书局，1981，第270～271页。

[2] 严复译：《群学肄言》，商务印书馆，1910年四版，译群学肄言序第1页。

农、兵、医、化等自然科学一起纳入科学界域，统称为"西学"。

"科学"一词在清末渐趋普及，不过"科学"与"格致"并用，"格致"的使用率更高。至20世纪初叶，随着日本科学书刊大举入华，中国一些宣传科学救国的团体纷纷标示"科学"，如"亚泉学馆"（1900）、"上海科学仪器馆"（1903）、（上海）"科学研究会"（1907）；宣传科学救国的刊物，如《亚泉杂志》（1900）、《科学世界》（1903）、《科学一斑》（1907）更高张"科学"旗帜。《科学一斑》的《发刊词》说："今日云锦灿烂之世界，夫孰不从百科学家之脑、之血、之舌所致造而来者哉？"并高唤："科学者，文明发动之原动力也。"①

1907年，青年鲁迅撰《科学史教篇》，称科学是"神圣之光"，在其照耀下，可振作民气、育人救国。这样一些关于科学的普及工作，使"科学"一词被人们所接受和使用，"格致"逐渐被"科学"所取代，成为20世纪初叶以来中国最具权威的概念之一。

---

① 卫石：《发刊辞》，《科学一斑》第一号，（上海）科学研究会，1907年农历六月，第2～3页。

"共和"内涵的衍生发展

　　"共和"是汉语很早就有的偏正式组合，乃复指名词，在不同语境中的意义指向不一，以后在与外来语对译时，内涵又有衍生发展。对于这样的关键词，尤须作历史的辨析。

一、"共和"古义二说

　　共和，原是西周的一个纪年，又是"共和行政"的简称。故"共和"有两种解释指向。

　　一为纪年说。《竹书纪年》称：周厉王（？—前828）任用荣夷公执政，实行"专利"政策，将山林湖泽改由天子直接控制，侵夺国人权益，又令卫巫监视国人，杀死议政者，激起国人暴动，厉王逃奔彘（今山西霍州）。厉王被逐后，共国（今河南辉县）君名和，伯爵，时称共伯和，受诸侯拥戴，摄行王政，号共和元年（公元前841年，此为中国历史正式纪年之始）。

　　二为"共和行政"说。司马迁称，周厉王被逐后，由大臣召公、周公共同行政，号为"共和行政"，至周宣王（？—前782）即位方止，共历十四年。《史记·周纪》载此事云："公、召公二相行政，号曰共和。"《史记正义》引韦昭之言，解释"共和"云："公卿相与和而修政事，号曰共和。"

以上二说，若谓共伯和摄行天子事，则"共和"仅是以人名（共国伯爵和）命名的纪年称号，并无更多内涵；但若谓召公、周公共同行政，"共和"则是一个由"共"与"和"组成的偏正结构名词，具有特别的政治内涵。

1. 释"共"

"共"，甲骨文作 $\symbol$，金文作 $\symbol$，象两人用两只手一起举着供奉之物，共享这份东西，引出共同、公共之义。古代"共"与"供"是同一字；同时，"共"也是"拱"的本字，有拱卫义。

2. 释"和"

"和"字同"龢"，甲骨文作 $\symbol$，金文作 $\symbol$，小篆作 $\symbol$，左边指编管而成的乐器，右边"禾"是声符。楷书作"和"，口旁换到右边。"和"本指笙类乐器，引申为相应、和谐之义，又由音乐之和、人际关系之和、政治之和意蕴，上升为概括事物之本、天地法则的一个范畴。西周末年的史伯云："和实生物，同则不继。"[①]意谓"和"确实能生成万物，"同"就不能增益，而只能止步不前。所谓"和"，是用一物匀适地融入另一物，使之得以丰富与发展，而用"同"类物补充，以同济同，便不会进步。"和"是二元乃至多元的对立统一，故"和也者，天下之达道也"[②]。

3. 释"共和"

"共和行政"意义上的"共和"，可解为"相与和而修政事"，也即"共同协和行政"，是贵族共享国家管理权（共）、贤人协同施政（和）两层意蕴的综合。这一意义上的"共和"，是中国古代君主大权独揽的政治体制的另类，只是在君幼、君弱、国危时偶尔出现。但"共和"虽未形成正式的政治制度，却每为非议君主专制的人们所援用，成为与君主独断

---

① 《国语·郑语》。
② 《礼记·中庸》。

相对立的一个专词。至近代，"共同协和行政"意义上的"共和"，引为对译西方共和政治的古典汉字词，是"古典翻新"的新名。

二、近代早期中国人对共和制的追慕

与世界各地的前文明时代一样，中华先民在传说中的唐尧、虞舜、夏禹之际，实行过原始民主（"禅让""众议"等），而自禹—启"世及"（世袭）以降，特别是有文字可考的殷商以下，即由天子行政，君权世袭（兄终弟及或父子相承）。秦汉以后，专制君主集权政治确立，并愈演愈烈。然而，人们对原始民主（所谓"三代之治"）的向往不绝如缕，这种复古式的诉求，正是对现行的专制君主制度的一种温婉的批判。在这种复古式诉求中，"共和"也是供人仰望的高悬古镜之一。

姑且不论前述《竹书纪年》与《史记》两种对"共和"的诠释中，哪一种更符合历史实际，但《史记》"相与和而修政事"意义上的"共和"，较之《竹书纪年》中作为纪年的"共和"，流传更广，影响更大，乃是因为"共同协和行政"意义上的"共和"表达了"乾纲独断"的君主专制时代人们的一种反拨式理想。

时至近代早期，第一批开眼看世界的人们对西方民主政治作介绍时，往往以"三代之治"与"共和行政"彼此作参照系。如林则徐主持编译的《四洲志》，论及美国的共和制度，便是从中国古代传说中的贤人政治角度，肯定其合理性：

> 故虽不立国王，仅设总领，而国政操之舆论，所言必施行，有害必上闻，事简政速，令行禁止，与贤辟所治无异。此又变封建、郡县官家之局，而自成世界者。

这里尚未出现"共和"一词，然而叙述间已大体包摄了"相与和而共政事"之类的共和理念。

魏源撰《海国图志》，对瑞士的自治政治颇为欣赏，称其"皆推择乡官理事，不立王侯，如是者五百余年"，赞曰：

> 瑞士，西土之桃花源也。惩硕鼠之贪残，而泥封告绝，主伯亚旅，自成卧治。王侯各拥强兵，熟视而无如何？

又评介美国政制：

> 都城内有一统领为主，一副领为佐，正、副统领亦由国人选择。每省择二人至都城合为议事阁，又选几人合为选议处。

魏源的文中也未出现"共和"一词，却接触到共和制的实质：国家领袖非世袭而由选举（"选择"）产生。

徐继畬（1795—1873）撰《瀛寰志略》，对西方近代共和制有较确切的介绍，尤其赞赏美国的民主政制：

> 米利坚合众以为国，幅员万里，不设王侯之号，不循世及之规，公器付之公论，创古今未有之局，一何奇也，泰西古今人物能不以华盛顿为称首哉！

文中仍未出现"共和"一词，但所论将共和制的主要特征（"不设王侯之号，不循世及之规，公器付之公论"）明白昭示出来。徐继畬称赞美国共和制创立者华盛顿：

> 华盛顿，异人也。起事勇于胜广，割据雄于曹刘，既已提三尺剑，开疆万里，乃不僭位号，而创为推举之法，几于天下为公，骎骎乎三代之遗意。

指出共和制的要旨——"不僭位号"，行"推举之法"。可见中国近贤高度评价西方的民主共和制，并与中国"天下为公"的大同理想相比拟。徐继畬此一名论后来被镌刻在石上，被万里迢迢请到美国，镶于首都华盛顿的独立纪念碑内。笔者访问美国首都，前往拜谒徐继畬前辈的弘文碑刻，心潮澎湃。

近代早期开眼看世界的一批中国人，不约而同地欣赏、倾慕近代共和民主制，称赞"其章程可垂奕世而无弊"①，以为"合众为国""视听自民"的制度"创一开辟未为之局"②，表明中国近贤与民主共和制度的契合。那种认为中国人全无民主意识，无资格实行"公—共—和"的共和制的言说，是贬抑国人、背弃先哲的谬论，是给专制独裁制编造合理性，其心可诛。当然，也不宜对近世哲人仰慕西政的思想作过度诠释；须知，林则徐、魏源、徐继畬及梁廷枏（1796—1861）等人，是戴着中国古代贤人政治和"仁政""宽政"的视镜看待西方共和政制的，故对其称赞不出"骎骎乎三代之遗意"之类的崇古妙语。但他们的谠论毕竟在古典汉语"共和"义（贤人"共同协和行政"）与西方近代共和政制之间设下可以交相会通的空间。而用汉字古典词"共和"对译英文republicanism的，并非林则徐、魏源、徐继畬辈，而是稍晚于他们、视他们为老师的幕末明初日本人。

三、日本以"共和"译republic

中国古典的"共同协和行政"义的"共和"一词，随着《史记》等典籍东传，也输往日本，日本古典中使用这一词语，其内涵与中国古典同。

江户幕府末期（1847）箕作省吾撰《坤舆图识》，以"共和"译republic。这是笔者所见此种对译的首例。

幕末启蒙思想家横井小楠（1809—1869）深受魏源《海国图志》、徐继畬《瀛寰志略》的影响，由原先的"锁国攘夷"转变为开国论者，并认为西洋近代政制接近"三代之治"。这种认识与魏源、徐继畬相似。横井小楠1860年著《国事三论》，称美国的民选总统之制，"权柄以让贤不传子，废君臣之义，专以公共和平为务"。这里虽未出现整词"共和"，但"专以公共和平为务"这一短语，从内涵到语文表述上，都逼近"共和"。

---

① ［清］魏源：《海国图志》卷六十。
② ［清］梁廷枏：《合省国说》卷三，《海国四说》1844年木刻本。

　　至明治前夕，日本学人正式用汉语词"共和"翻译英语republicanism，如福泽谕吉的《西洋事情》初编（1866年刊行）卷一，已出现"共和政治"。明治时期更普遍使用，如《米欧回览实记》第七十卷（明治六年五月一日），记美国政治制度，多次出现"共和政体"字样；冈本监辅1891年所撰《墨西哥记》，有"共和政治"一词，均指西方近代民主制度。

　　日本明治维新建立君主立宪政体，并未实行共和制，为什么法、美的共和主义却在日本得到一定程度的流行，并成为中国革命派接受民主共和理念的二传手？简言之，日本明治间虽学习英德的君主立宪制度，尤其是仿效德国的君主威权政治，大倡"天皇主权论"，但法国的共和制思想在日本并未遭到禁绝。法政大学是日本讲授法国共和主义的大本营。该校前身为1880年成立的东京法学社，日本政府聘请法国巴黎大学教授索波纳德（Boissonade，1825—1910）及门生主事，讲授民法契约篇。1903年"日本民法之父"梅谦次郎就任校长，校名为法（系）法律学校法政大学，1920年称法政大学。该校一直是法国系法律思想的传播中心，共和主义当然是题中之义。以后，日本民主思想家美浓部达吉（1873—1948）在行政法上继续坚持立宪、共和。日本存在这样一支共和主义的异军，又通过法政大学清国留学生，将共和精神传播于中国。

四、近代中国的"共和"观

　　随着新教传教士入华，西语republic于晚清传入中国，其汉字译名之演变，由早期英汉词典可悉大貌（参见下表）。

早期英汉词典中republic之汉译

字典名	作者名	republic译名	出版地（者）	出版年
《华英字典》（全1册）	［英］马礼逊 Robert Morrison（1782—1834）	无此条	澳门：Printed at the Honorable East India Companys Press	1822

续表

字典名	作者名	republic译名	出版地（者）	出版年
《英华韵府历阶》（全1册）*English and Chinese Vocabulary，In the Court Dialect*	［美］卫三畏 S.Well Williams（1812—1884）	republic，合省国（p.236）	澳门：香山书院	1844
《英华字典》（全2册）*English-Chinese Dictionary（in two volumes）*	［美］麦都思 W.H. Medhurst（1796—1857）	republic，公共之政治，举众政治之国（卷二，p.1078）	上海：墨海书馆	1848
《英华字典》（全4册）*English and Chinese Dictionary，with the Puntin and Mandarin Pronunciation*	［德］罗存德 W. Lobscheid（1822—1893）	republic，a，众政之邦，众政之国，公共之政（卷四，p.1474）	香港：Printed an Published at the "Daily Press" Office，Wyndham Street	1869
《上海方言词典》*A Vocabulary of the Shanghai Dialect*	［英］艾约瑟 J.Edkins（1823—1905）	无此条	上海：Presbyterian Mission Press	1869
《英华萃林韵府》（全2册）*Vocabulary and Handbook of the Chinese Language，Romanized in the Mandarin Dialect（in two volumes）*	［美］卢公明 Justus Doolittle（1824—1880）	Republic，or common-wealth，a合省国，公共之政治，举众政治之国，自主之民，百姓作主（卷一，p.406）	福州：Rozario，Marcal and Company	1872
《字语汇解》*An Anglo-Chinese Vocabulary of the Ningpo dialect*	［美］睦礼逊 W. T. Morrison（1837—1869）	republic，民主之国（p.393）	上海：American Presbyterian Mission Press	1876
《英华字典》（全一册）*English Chinese dictionary*	I.M.Condit	republic 合众政治之国（p.97）	上海：美华书馆	1882

续表

字典名	作者名	republic译名	出版地（者）	出版年
《华英字典集成》（全1册）*An English and Chinese Dictionary*	邝其照（生卒不详）	republic 合众出治之国，公同之政 republican 众政，公共的政，美国百姓北党（p.293）	香港：循环日报承印（1899）	1887
《英华大辞典》（小字本）	颜惠庆（1877—1950）	republic, n. A state in which the sovereign power resides in the whole body of the people, and is exercised by the representative elected by them, 民主政体；a commonwealth, 共和政府，公共国政，民主国（p.828）	上海：商务印书馆（1920）	1908

近代义的"共和"一词于19、20世纪之交传入中国。此际还同出"公和"一词。曾留学早稻田大学的汪荣宝（1878—1933）与另一留日学生叶澜编《新尔雅》（1903年出版），称"共和"为"公和"，文曰：

> 立宪政体又别之为民主立宪、君主立宪。由人民之愿望，建立公和国家，举大统领以为代表，而主权全属人民者，谓之民主立宪政体。

这大约反映了清末立宪派对共和制的认识：将君主立宪和民主立宪归入"公和国家"。

共和制在法、美两国得到较完整的实行。由法、美两国实践的共和主义观念经由日本传入清末中国，成为与君主立宪相并列的供国人选择的政体模式。而共和主义为力主君主立宪的改良派所拒绝，却被孙中山为首的革命派接受。

孙中山1894年11月在《檀香山兴中会盟书》中即明示"创立合众政府"，并称兴中会会长为"伯理玺天德"，即英语president（总统）的汉语音译，显示了建立共和政体的明确意向，不过此时孙中山还没有使用"共和"一词。京都大学狭间直树教授的论文《对中国近代"民主"与"共和"观念的考察》引述，据《原敬关系文书》第二卷载，1895年3月4日、4月17日日本驻香港领事报告，其间孙中山与日本领事交谈，孙文谈到总统制和起义成功后，"使两广独立为共和国"。这是孙中山共和思想的早期证据。

1897年8月，孙中山在《与宫崎寅藏平山周的谈话》中，指出自己的政治精神是"执共和主义"，他还批驳那种认为"共和政体不适中国之野蛮国"的论调。孙中山说：

> 共和者，我国治世之神髓，先哲之遗业也。我国民之论古者，莫不倾慕三代之治，不知三代之治实能得共和之神髓而行之者也。勿谓我国民无理想之资，勿谓我国民无进取之气，即此所以慕古之意，正富有理想之证据，亦大有进步之机兆也。[1]

按照孙中山的说法，既然中国古来即有共和传统，中国人民便可称为"共和之民"。将中国的"三代之治"释为共和精神，是孙中山对古代贤人政治的一种理想化诠释，也是孙中山在书面文献中使用"共和"一词的较早例子。

至20世纪初，邹容的《革命军》更呼出"中华共和国万岁"的口号。章太炎认定"合众共和"乃不可抗拒的时代潮流。此后，现代义及世界义的"共和"与"革命"一起成为革命派的中坚词汇。总之，"共和"一词经历了跨国度、跨文化的横向传播过程和古义向今义转变的纵向发展过程。

共和主义在清末民初得以播扬，与前述日本法政大学颇有干系。这个以宣介法国共和主义著称的学校，1904—1908年开设"清国留学生法

---

[1] 孙中山：《孙中山全集》（第1卷），第172～173页。

政速成科"，前后五期收中国留学生二千人，一千二百人结业，宋教仁（1882—1913）、陈天华（1875—1905）、居正（1876—1951）、张知本（1881—1976）、沈钧儒（1875—1963）等皆在"速成科"受到共和思想洗礼〔汤化龙（1874—1918）在法政大学专门部学习法律〕。这批人在法政大学吸纳了共和思想，多成为革命派健将，为创建民国不惜抛头颅、洒热血。辛亥武昌首义爆发，宋教仁匆匆从上海赶至炮声隆隆的武昌城，约同张知本、汤化龙等昔日法政大学同学，拟订《鄂州约法》。据共进会会员王保民回忆，汤化龙对"约法"的第一条设计便是"共和国体"。《鄂州约法》共七章六十条，要旨有二，一为主权在民，二为三权分立。这是中国第一部正式公布的共和制大法。

至辛亥革命以后，"五族共和"已不绝于书报、口谈，中国人耳熟能详。以"共和"命名的社团联翩出现，如共和国民会、共和建设会、商界共和团、共和统一会等。共和制度带来若干新气象，包括词语的新旧更迭。民国元年的报刊文字说：

> 共和政体成，专制政体灭；中华民国成，清朝灭；总统成，皇帝灭；新内阁成，旧内阁灭；新官制成，旧官制灭；新教育兴，旧教育灭；枪炮兴，弓矢灭；新礼服兴，翎顶补服灭；剪发兴，辫子灭；盘云髻兴，堕马髻灭；爱国帽兴，瓜皮帽灭；爱华兜兴，女兜灭；天足兴，纤足灭；放足鞋兴，菱鞋灭；阳历兴，阴历灭；鞠躬礼兴，拜跪礼灭；卡片兴，大名刺灭；马路兴，城垣卷栅灭；律师兴，讼师灭；枪毙兴，斩绞灭；舞台名词兴，茶园名词灭；旅馆名词兴，客栈名词灭。[①]

辛亥革命后，共和国成为新的法统象征，执掌军政大权的袁世凯在谀臣、子弟的拥戴下，"帝制自为"，立即成为"天下共击之"的独夫民贼。时为民国副总统的黎元洪（1864—1928）拒绝袁世凯册封的"武义亲王"的头衔，坚守民国的共和正朔。蔡锷（1882—1916）更潜离北京，赴云南高举"护国"义帜，捍卫共和体制，天下景从。袁世凯的"洪宪皇

---

① 吴冰心：《新陈代谢》，《时报》3770号，（上海）时报馆，1912年3月5日，第10版。

帝"梦，83天即告破灭。这与"共和"的古典义（"相与和而共政事"）在中国早有传承相关，更与"共和"的近代义经辛亥革命前后十余年的传播大有干系。这当然是袁世凯及力主恢复帝制的"筹安会"诸公万万没有料到的。

然而，这仅仅是问题的一个方面。另一方面，中国人推翻清朝后，虽不再希望帝制复辟，但"共和国"为何物，却也鲜为人知。"共和"的"公"（共和政体是公平、公正政体）、"共"（国权是公民共有事业）、"和"（以和平方式参与政事）三义真正为中国人所认识并付诸实施，尚需经历一个漫长而痛苦的过程。

共和政治在中国难以实行，与中国缺乏真实意义的共和传统有关。民国初年，主张复辟帝制的劳乃宣（1843—1921）曾于《民立报》刊发《共和正解》，赞扬君主政体，攻击共和政体，其立论的根据，便是中国古典义的"共和"本来是君主制内部的一种修正案，而并非独立的政体。文称：

> 宣王即位，共和罢。《索隐》云："二相还政宣王，称元年也。"此共和一语所自出也。其本义为君幼不能行政，公卿相与和而修政事，故曰共和。乃君主政体，非民主政体也。故宣王长，共和即罢。伊尹之于太甲，霍光之于汉昭，皆是此类。今日东西各国所谓君主立宪绝相似。而不学之流，乃用之为民主之名词，谬矣。夫君主立宪，有君者也；民主立宪，无君者也。古之共和，明明有君，恶得引为无君之解哉？

劳乃宣的论调代表了复辟逆流，理当被时人所弃，但其所言"古之共和，明明有君"，"共和"不过是在"君幼不能行政"之际，由公卿"相与和而修政事"的暂时性措施，这一说法符合中国古代政治的实情，揭示了中国古来并无民主共和传统的事实。

近人用古典词"共和"翻译英语republicanism，使"共和"的内涵发生根本性改变——从古典义的贵族分权、诸公卿"相与和而共政事"，变为近代义的国家权力机关和国家元首由民众公选、受议会制衡的一种国家制度。数千年间在专制帝王治理下的中国人难以理解这种意义的变化，更不用说实行这种制度改革。而这正埋下中国近代共和历程艰难曲折的伏笔。民国初建，政权随即落入军阀政客之手，连力倡建立共和主义政党政治的宋教仁也惨遭暗杀，议会则被军队包围，勒令议员按军头旨意投票。"民国""共和"沦为空名和笑柄。辛亥武昌首义的重要参加者蔡济民（1886—1919）作诗《书愤》，表达了对民初"共和"的极度失望：

> 无量金钱无量血，可怜购得假共和。

此后，军阀专制愈演愈烈，曹锟（1862—1938）1923年以贿选出任民国第五任总统，此类丑剧频繁上演。共和制热烈倡导者陈独秀（1879—1942）沉重指出：

> 吾人于共和国体下，备受专制政治之痛苦。[1]

历史事实表明，"共和"作为一种新时代的中坚理念深植民族文化心理内层，不可能一蹴而就。

然而，近代中国那些先进的人们并未丧失信心，挫折激励他们继续为"共和"而奋斗。陈独秀于民国初年说：

> 自经此次之实验，国中贤者，宝爱共和之心，因以勃发；厌弃专制之心，因以明确。

近代义的"共和"，是超越沿袭两千余年君主专制的新型政体，当然须废除世袭君主统治的合法名义，1905年中国同盟会誓言"敢有帝制自为者，天下共击之"，此壮语说到了，似乎也做到了，辛亥革命推翻清朝帝制，后来袁世凯复辟帝制，果然"天下共击之"，袁氏83天即从帝位跌落

---

[1] 陈独秀：《吾人最后之觉悟》，《青年杂志》第1卷第6号，（上海）群益书社，1916年2月15日，第2页。

下来。但这并不意味着共和已在中国真正实现。"共和" 的精义在于，杜绝君主专制的基本弊端——公权力私家占有，及由此导致的权力滥用，从制度上确保国家政治的公共性、公平性和法治性，而这一要旨的真正实行，殊非易事，绝不是有了"共和"的名目便大功告成。诚如孙中山1912年6月24日为《新国民》杂志所作序中所说：

> 顾共和虽成，而共和之实能举与否，则当视国民政治能力与公共道德之充足，以为比率。①

近代百余年来，中国在走向共和的征途中，历经坎坷，而共和精神的深入人心，共和制度的切实践履，尚待从深度与广度上继续拓展。

---

① 《孙中山先生序文》，《新国民》第1卷第1期，（上海）新国民报社，1912年7月11日，第1页。

叁

中华文化生态

文化生态说

一、文化生态学：文化学与生态学结合的产物

就文化史学而言，"生态环境"是一个借用概念，它本是"生态学"的基本范畴。"生态"源于希腊文oikos（居住），引义为一切生物的生存状态，以及生物之间、生物与环境之间的关系。以生态问题为对象的学问称为"生态学"。

生命的特征在于与周围环境进行新陈代谢，生物的居住环境是一个复杂的、不断进行交换的系统。生物及人类同环境的关系问题，很早就引起人们的注意，中国古人便有"居楚而楚，居越而越，居夏而夏"①一类环境决定人性的观点；《周易》还提出"仰以观于天文，俯以察于地理"②的全面审视生存环境的主张；中国古代许多朝代都设置过虞、衡等环境保护机构，如《周礼》载，先秦即有山虞、泽虞、川衡、林衡等职官，负责制定保护山林、川泽的政令，并巡视林麓和川泽。可见，人类同其生存环境的关系协调问题，为中国从事生产劳动的庶众、从事精神生产的文化人、从事社会管理的朝廷所共同关心。当然，这种关心还是零星的、无计划的；与之相伴，中国人也做过不少破坏生态平衡、逆天而行的蠢事。

---

① 《荀子·儒效》。
② 《周易·系辞上》。

在其他民族和国度，注意人类生存环境的思想也产生很早，著名的中东伊斯兰学者、《历史绪论》的作者伊本·赫勒敦（1332—1406）于1377年已提出文化生态概念，强调人类文化与周围环境的联系。

直到近世，对生态问题的研究才成为真正科学。19世纪60年代，德国动物学家、进化论者恩斯特·海克尔（1834—1919）首创生态学。他在《有机体普遍形态学》一书中说："生态学是动物对于无机及有机环境所具有的关系。"从而把生态学确定为一门探讨有机体与其外围环境相互适应状态的科学。20世纪30年代，英国生物学家阿瑟·乔治·坦斯利把生物群落及环境因素放在"生态环境"中加以研究。他在《植物概念术语的使用问题》一文中指出："有机体不能与它们的环境分开，而必须与它们的环境形成一个自然生态系统。"20世纪70年代以来，生态学的研究重点逐步从以生物界为主体发展到以人类社会为主体，从主要考察自然生态系统过渡到主要考察人类生态系统。这种研究与经济学结合，产生了生态经济学；与文化学结合，产生了文化生态学。

美国文化人类学家斯图尔德（1902—1972）在1955年出版的《文化变迁理论》一书中阐述文化生态学的基本概念："生态学主要的意义是'对环境之适应'。"对大多数动物而言，适应是以它们的身体特征来达成，而人类的适应主要是靠文化的方式来达成。"人类进到生态的场景中……不仅只是以他的身体特征与其他有机体发生关系的另一个有机体而已。他引入了文化的超机体因素。"[1]

文化生态学是以人类在创造文化的过程中与天然环境及人造环境的相互关系为对象的一门学科，其使命是把握文化生成与文化环境的调适及内在联系。作为文化生态学的一个基本概念，"文化生态"（或称"文化背景"），主要指相互交往的文化群体凭以从事文化创造、文化传播及其他文化活动的背景和条件，文化生态本身又构成一种文化成分。人类与其文化生态是双向同构关系，人创造环境，环境也创造人。这便是我们从事文化研究要从生态研究入手的缘故。

---

[1]　转引自《人与文化的理论》，黑龙江教育出版社，1988，第114页。

二、自然场与社会场·文化生态三层次

人作为自然—社会的双重存在物，是在自然场①与社会场相交织的环境中创造文化的。

"自然场"指人的生存与发展所赖以依托的自然界；"社会场"指人在生存与发展过程中结成的全部社会关系的总和，可大略分为经济和社会组织两方面。人类各民族的生态环境，是自然场和社会场的整合，可以从自然环境、经济环境、社会组织环境三个层次进行解剖分析。

第一，自然环境，又称地理环境，指被人类改造、利用，为人类提供文化生活的物质资源和活动场所的自然系统。地球表面的岩石圈、水圈、大气圈、生物圈，今日人类开始触及的外层空间，以及对人类生活发生久远作用的宇宙因素，共同组成这个自然系统，而这个自然系统又与人类相互作用，构建了文化的地理环境，提供人类生存的物质基石、创造文化的自然前提。它既是人类生活的外在客体，又日渐渗入人类的主观因素，故可称之"人化的自然"。

第二，社会经济环境，指人类加工、改造自然以创造物质财富所形成的一套生产条件，包括工具、技术、生产方式等。它们是人与自然发生直接关系的产物，人类一旦失掉经济组织及其工具，就无以生存，更谈不上创制文化，而经济环境本身既是广义文化的一个基本组成部分，又是狭义文化（即观念形态文化）植根的土壤和赖以生发的物质前提，古人云，"仓廪实则知礼节，衣食足则知荣辱"②，"来牟（小麦）率育而大文发焉"③，正是对观念形态文化与经济生活相互关系的素朴表述。

第三，社会制度环境，指人类创造出来为其文化活动提供协作、秩序、目标的组织条件，包括各种社会组织、机构、制度等结合而成的体系。社会制度环境作为人际关系所形成的现实社会的基本态势，既是广义文化的组成部分，又是狭义文化（观念形态文化）赖以生长发育的社会组

---

① "场"是一个从物理学借用来的概念。其原意是在粒子相互作用中起媒介作用的实体，它分布在整个空间或部分空间，如重力场、声场等。
② 《管子·牧民》。
③ ［明末清初］王夫之：《诗广传》卷五。

织前提。人类区别于动物，并大大优胜于动物，正因为他们结成了社会性的群体，诚如荀子所说，人"力不若牛，走不若马，而牛马为用，何也？曰：'人能群，彼不能群也。'"①。

　　人类是生态系统的一个成员，又是生态系统的干预者和调节者。随着文明程度的提高，具有愈益精密的技术系统和观念系统的人类，愈有能力突破自然环境的某些限制，享有日益广泛的自由度，社会场（经济的及社会结构的）更加强有力地影响文化生成。当然，这并不意味着自然场的影响力可以被忽视，它实际上更加深刻、更加广泛地渗透进人类生活，与社会场有机地组合成"文化的生态环境"，提供人类栖息生养、创制文化的条件。因此，要把握一个民族文化的真髓及其发展历程，必须首先了解这个民族得以繁衍的自然环境和社会条件，并对其进行综合的、动态的考察，也即将文化生态三层次作为一个统一整体，进行分析与综合的双向研究，并与诸文化现象有机联系起来加以整体认识。

　　在我国古典文化遗产中，十分可贵的一点是，我们的先哲们很早就能全面观照自然场和社会场，把探索民族文化差异性的目光全面投向文化生态三层次。大约成书于战国的《礼记·王制》有一段关于民族材性划分问题的议论：

　　　　凡居民材，必因天地寒暖燥湿，广谷大川异制，民生其间者异俗，刚柔轻重，迟速异齐，五味异和，器械异制，衣服异宜，修其教不易其俗，齐其政不易其宜。

《礼记·王制》的作者在进行民族划分时，综合考察自然环境、生活方式、生产方式、风俗习惯等诸种因素，并认为统治者可以实行政、教变革，而不能随意变革民众的风俗习惯。《礼记·王制》指出："中国、夷、蛮、戎、狄，皆有安居、和味、宜服、利用、备器。五方之民，言语不通，嗜欲不同。"这种从文化生态的差异来区分民族的方法是理性的，而非种族主义的。正是从这种观念出发，当"戎夷"接受了农耕文明，便

---

①　《荀子·王制》。

被认作文明人，不再被视为野蛮人，也即所谓"由夷变夏"。

三、中华民族在古代和近代面对的两组文化生态类型

中华民族跨入文明门槛后，截至西方殖民者大规模侵入前，长期以来主要面对的是这样一组文化生态类型——在温暖湿润、江河纵横的自然环境中滋生的农业经济、宗法—专制社会与在干燥寒冷的草原—荒漠中发育起来的游牧经济、部落社会之间的对比。

自先秦以来，中国人反复讨论的"华夷之辨"，就是研究这样一组两相对照的文化生态及其导致的文化冲突与整合。春秋时期有"裔不谋夏，夷不乱华"[1]之说，把"四裔""夷狄"与华夏作为两种不同的文化类型，从地理环境、经济生活、政治制度、社会心理诸方面加以比较。孔子所谓"夷狄之有君，不如诸夏之亡（无）也"[2]，是在对比"诸夏"（中原诸族）的农业文明与"夷狄"（周边诸族）的游牧文明之后，对农业文明先进性的肯定。由于中原地区的农耕文明总体水平高于四夷，华夏族及后来的汉族称夷狄为"陋"[3]，并居高临下地认为，只有华夏文明施影响于夷狄，而少有逆方向影响，即孟子所谓"吾闻用夏变夷者，未闻变于夷者也"[4]，以致当赵武灵王打算学习胡人的骑射和服装时，遭到公子成等许多"华夏文明本位论者"的强烈反对。

《礼记·王制》曾对"天下"作两级划分，一级是"中国"与"戎夷"之分，"中国"（即中原）是农耕经济的文明之邦，"戎夷"（即周边少数民族）是采集经济、游牧经济的野蛮之邦，所谓"不火食者""不粒食者"；二级又将"戎夷"划分为东夷、北狄、南蛮、西戎，与"中国"相对应。后世学者继承这种民族划分法，并有引申。如明清之际的王夫之关于"夷夏之辨"便有不少富于理性精神的分析，他具体展开二者的

[1] 《左传·定公十年》。
[2] 《论语·八佾》。
[3] 《论语·子罕》："子欲居九夷，或曰陋如之何？"
[4] 《孟子·滕文公上》。

文化差异："夷狄"处于"射生饮血"①阶段，其生活方式是"彼自安其逐水草、习射猎、忘君臣、略昏宦、驰突无恒之素"②，这是对游牧文明的概括；至于中原地区的华夏族则"有城郭之可守，墟市之可利，田土之可耕，赋税之可纳，昏姻仕进之可荣"③，这是对农业文明的概括。

如果说，古代中国人是在农业文明与游牧文明的比较中，把握汉民族与周边民族各自文化特质的，那么，近代中国人则通过对比东方农业文明与西方工业文明，从这两种文化生态的差异中，对自己文化的特质重新加以认识。

西方在近几个世纪产生的工业文明，从其物质生产、科学技术，到政治制度、观念形态，都与东方传统的农业文明形成鲜明的对比。而19世纪中叶以来，东方的农业文明又连连在西方的工业文明面前吃败仗，这使得一向以"礼仪之邦""声明文物之邦"自诩的中国人大为震惊，其先觉者逐渐意识到，中国人并非一线单传的天之骄子，而不过是多元世界的普通一员；曾经领先于周边的中国人现在面对一个旷古未逢的强劲对手——被工业文明武装起来的西方人。获得一个全新文化参照系的先进中国人开始思考：东西文化的差异何在？造成这些差异的原因何在？中华民族怎样才能使自己的文化焕发新的生命活力从而迎头赶上？

19世纪中叶以来，中国人从器物文化、制度文化、行为文化到心态文化诸层面逐渐深入地把握东西文化的类型区别；20世纪初叶，进而探究造成这种区别的缘故，于是着手考察东西文化各自的生成机制，这就不可避免地要把研究的触角伸向"文化生态"领域。

五四运动时期，进行这类努力的颇不乏人。影响较大者如杜亚泉（笔名伧父，1873—1933），1916年在《东方杂志》发表文章，把中西文化的区别视作"性质之异，而非程度之差"，而造成这种差异的原因是民族斗争的有无和地理环境的区别。杜氏认为，第一，"西洋社会，由多数异民族混合而成"，常常"叠起战斗"；中国民族虽非纯一，但各族"发肤状貌，大都相类"，彼此争夺，"仍为一姓一家兴亡之战，不能视为民族之

---

① 《诗广传》卷五。
②③ 《读通鉴论》卷二十八。

争"。第二，西洋文明发源于地中海沿岸，这里"交通便利，宜于商业，贸迁远服，操奇计赢，竞争自烈"。而中国文明发达于黄河沿岸，这里"土地沃衍，宜于农业，人各自给，安于里井，竞争较少"。这两方面的差别，导致东西方社会现象"全然殊异"，进而造成文化的大相分歧：西洋"以自然为恶"，"注意人为"，中国"以自然为善，一切皆以体天意遵天命循天理为主"。由此派生出西洋的"主动文明"，中国的"主静文明"。"两种文明，各现特殊之景趣与色彩。即动的文明，具都市的景趣，带繁复的色彩，而静的文明，具田野的景趣，带恬淡的色彩"①。

杜亚泉认为，东西文化只有类型之别，而无先进落后之差；李大钊（1889—1927）则明确指出，西方工业文明高于东方农业文明整整一个历史时代。可见，杜、李二氏分别强调文化的民族性和时代性。然而，在剖析东西文化之别的原因时，李氏却与杜氏的说法难分轩轾。1918年李大钊撰文曰："东洋文明主静，西洋文明主动。"继而他又将人类文明区分为"南道文明"（中国本部、日本、印度、埃及、波斯等）和"北道文明"（欧洲各国及蒙古、满洲），"南道文明者，东洋文明也；北道文明者，西洋文明也。南道得太阳之恩惠多，受自然之赐予厚，故其文明为与自然和解、与同类和解之文明。北道得太阳之恩惠少，受自然之赐予啬，故其文明为与自然奋斗、与同类奋斗之文明"②。这显然是从纬度差导致的气候差出发，解释东西文化的特性。早年主张向西方文明学习，晚年力倡以东方文明拯救西方的梁启超，在分析东西文明类型差别的缘故时，与杜氏、李氏的观点和方法也大同小异，他主要从濒海性来区分大陆与海洋文化的差异，从地形地势来把握欧亚两种文明类型的生成机制。③

五四运动时期对文化类型的生成机制有较深入观察的是初步掌握唯物史观的陈独秀等人。陈氏在肯定地理环境对历史文化具有影响的同时，还注意从社会制度的不同来剖析东西文化的特色。他认为，在古代专制政体下，中西文化并无大异，到了近代，西方发生资产阶级革命，"群起而抗其君主，仆其贵族，列国宪章，赖以成之"，而东方社会仍迟滞不前，

---

① 伧父：《静的文明与动的文明》，《东方杂志》第十三卷第十号。
② 《东西文明根本之异点》，《言治》季刊第三册。
③ 见梁启超：《地理与文明的关系》，载《饮冰室合集》文集之十，中华书局，1989。

"自游牧社会，进而为宗法社会，至今无以异焉；自酋长政治，进而为封建政治，至今亦无以异焉"，这样，东西文化便产生了鲜明差异——西方已是近代社会之"近代文明"，而东方仍然是"宗法社会""封建政治"之下的旧式文明，未能脱出"古代文明之窠"[1]。陈独秀虽然对"封建制"的把握发生错谬（笔者有专文论及），但他注意到文化的时代性问题应予肯定，他不是像杜亚泉那样一味强调文化的地域性、民族性。陈氏还提出，以"家族为本位"的宗法制度，是中国文化类型形成的重要因素。他说：

> 忠、孝者，宗法社会封建时代之道德，半开化东洋民族一贯之精神也。[2]

陈氏企图从社会内部寻找造就中华文化特征的原因，他对文化生态的考察已不限于地理环境，而开始进入经济生活和社会制度层次，并由此揭示中华文化的宗法伦理型特质。

如果说五四运动前李大钊考察中华文化生成机制，主要视角是地理唯物论，那么，五四运动后，他更多地转向经济和社会的分析。李氏在1920年撰写的一篇文章中指出：

> 东洋文明是静的文明，西洋文明是动的文明。
>
> 中国以农业立国，在东洋诸农业本位国中占很重要的位置，所以大家族制度在中国特别发达。原来家族团体一面是血统的结合，一面又是经济的结合。……中国的大家族制度，就是中国的农业经济组织，就是中国两千年来社会的基础构造。一切政治、法度、伦理、道德、学术、思想、风俗、习惯，都建筑在大家族制度上作他的表层构造。看那两千余年来支配中国人精神的孔门伦理，所谓纲常，所谓名教，所谓道德，所谓礼义，那一样不是损卑下以奉尊长？那一样不是

---

① 陈独秀：《法兰西人与近世文明》，载《独秀文存》卷一，外文出版社，2013。
② 陈独秀：《东西民族根本思想之差异》，载《独秀文存》卷一，外文出版社，2013。

牺牲被治者的个性以事治者？[①]

这种对中华文化特质的认识，不单从地理环境着眼，而是较具体地剖析人文因素（经济的、社会的、心理的），这就步入文化研究的较深层次。李大钊在这一阶段还明确地表示对于超越传统的东方文明（所谓"灵的文明"）和当代西方文明（所谓"肉的文明"）的"第三新文明"的向往，这种"第三新文明"是"灵肉一致之文明"[②]，展示着对物质文明和精神文明均获健全发展的新文明的企望。

在20世纪三四十年代，冯友兰创立他的文化类型说时，以生产方式作为划分文化类别的尺度，并且注意到社会结构特征。他指出，近代西方是"以社会为本位的社会"，中国则是"以家为本位的社会"[③]，中西文化差异性的基因蕴藏于此。这类分析，较之梁漱溟在五四运动时期以"意欲"之别区分中、西、印文化[④]，更为深切踏实，显示了唯物史观的影响，却又有简单化倾向。

总之，由于思想武器的薄弱和方法的简单，又由于面临"救亡图存"的迫切使命，五四运动前后关于中西文化讨论的参加者没有余裕从学术的深度和广度上展拓，也就未能对中华文化的生成机制做出多层面的综合考察，即使较卓异的陈独秀，关于中华文化的特征的成因，也"语焉未详"，缺乏周到、深刻的分析。而深入考察文化生态恰恰是今日文化学者所应着力之所在。

四、中华文化生态综述

一个民族文化的特质，或曰"民族精神的标记"，既非造物主的赋予，也不是绝对理念的先验产物，而是该民族在长期的社会实践中创造、积淀而成的，这种创造与积淀又不是随意制作，而是植根于民族生活的土

---

① 李大钊：《由经济上解释中国近代思想变动的原因》，《新青年》第7卷第2号。
② 《李大钊文集》上卷，人民出版社，1984，第184页。
③ 见冯友兰：《新事论》，商务印书馆，1940。
④ 梁漱溟在《东西文化及其哲学》中称，西洋文化"以意欲向前要求为其根本精神"，中国文化"以意欲自为调和、持中为其根本精神"，印度文化"以意欲反身向后要求为其根本精神"。

壤之中，也即成长于特定的文化生态之间的。

19世纪末叶，丹纳（1828—1893）、勃兰兑斯（1842—1927）等文化历史派认定，种族、环境和时代是决定民族文化的三要素，其中又特别突出种族因素，断言种族因素中的天赋、情欲、本能、直观是决定民族文化特征的"永恒冲动"[①]（鲁迅早年的文化观受到丹纳、勃兰兑斯的影响）。文化历史派的观点含有可借鉴的成分，但片面强调种族因素，并未能真正追溯文化特质的终极原因。事实上，民族文化的差异性，与那些民族的文化生态的差异性有着深刻联系，而文化生态又可大体区分为该民族所处的地理环境、所从事的物质生产方式、所建立的社会组织这样三个层次。文化生态三层次彼此之间不断通过人类的社会实践（首先是生产劳动）进行物质的及能量的交换，构成一个浑然的整体，同时，它们又分别通过复杂的渠道，经由种种介质对观念世界施加影响。只有把握无比绚丽多彩的人类观念世界与自然—社会环境间的复杂网络关系，将观念形态的文化与其赖以发生发展的生态基础深刻地联系起来加以考察，并进而具体剖析精神文化自身的运行规律，才有可能真切把握中华文化的精髓。

中华民族是在十分复杂的"生态环境"中创造并发展自己的文化的。如果以最简练的语言概括中华文化的"生态环境"，似乎可以这样讲：

> 养育中华传统文化的是一种区别于开放性的海洋环境的半封闭的大陆—海岸型地理环境；是一种不同于工商业经济的家庭手工业与小农业相结合的自然经济并辅之以周边的游牧经济；是一种与古代希腊罗马的城邦共和制、元首共和制、军事独裁制，中世纪欧洲和日本的领主封建制以及印度种姓制均相出入的家国同构的宗法—专制社会。

地理环境的、物质生产方式的、社会组织的综合格局，决定了中华民族社会心理诸特征，而中国人，包括中国的文化匠师们便以这种初级思想材料做原料进行加工，创制了富于东方色彩的、仪态万方的中华文化。

---

① ［法］丹纳：《英国文学史·序言》，见伍蠡甫主编《西方文论选》下卷，上海译文出版社，1979，第236～237页。

农耕文明思维探略

　　人们通常把以自给自足的农业经济为主体的文明形态称作"农业文明"，以区别于产业革命之后的"工业文明"。

　　"农业文明"，也并不意味着构成这种文明的成分中没有工业，而是指整个文明基础的主导面和支配力量是在自然经济轨道中运行的农业。

　　中华传统文化的主体，无论是诸子百家学说，文人雅士的笔墨生涯，还是民间信仰和风俗，大多可以归结到这种生产过程周而复始的农业文明的范畴之内。中华传统文化的一系列生态理念，都深植于这样一种经济生活的事实之中。

一、经验理性

　　民族心理的务实精神，是"一分耕耘一分收获"的农耕生活导致的一种群体趋向。

　　华人的主体——农民在农业劳作过程中领悟到一条朴实的真理：利无空至，力不虚掷，说空话无补于事，实心做事必有所获。这种农人的务实之风也感染了文化专门家，"大人不华，君子务实"[①]，是中国贤哲们一向倡导的精神。"国民常性，所察在政事日用，所务在工商耕稼，志尽于

---

① 《潜夫论·叙录》。

有生，语绝于无验。"①章太炎的这一描述，刻画了以农民为主体的中国人"重实际而黜玄想"的民族性格。正是这种民族性格使中国人发展了实用—经验理性，而不太注重纯科学性的玄思，亚里士多德式的不以实用为目的，而由探求自然奥秘的好奇心所驱使的文化人，较少在中国产生。

"重实际而黜玄想"的民族性格的另一表现，是中国人在宗教问题上的状态。自周秦以后的两千余年间虽有种种土生的或外来的宗教流传，但基本上没有陷入全民族的宗教迷狂，世俗的、入世的思想始终压倒神异的、出世的思想。就主体而言，中国人的"终极关怀"，即对生命终极意义的追求，并未导向去彼岸世界求解脱，而是在此岸世界学做圣贤，以求得人生的"三不朽"（立德、立功、立言）②。这正是中国传统文化的主要精神，也是儒学不成其为宗教的根本原因。

作为农耕民族的华夏—汉人从小农业的简单再生产过程中形成的思维定势和运思方法是注意切实领会，并不追求精密谨严的思辨体系，却较早完成贯穿自然、社会、人生的世界观的构筑。华人还被西方人称赞为东方民族中"最善于处理实际事务的"。这都是农业民族务实性格的表现。

一般而言，中世纪是文化的黑暗时代，但华人却创造了辉煌的中古文化，在15世纪以前的一千余年间，长期处于世界前列，被神学所笼罩的中世纪欧洲各国不能望其项背。13世纪来华的马可·波罗在其口述的《马可·波罗行纪》中，便充满对中华文化的赞叹，表达了欧洲人"自愧不如"的情绪。中华农耕文明所取得的成就，早已蜚声世界，被认为是人类文明的第二个高峰（第一个高峰：奴隶制文化，其代表为希腊、罗马；第二个高峰：宗法专制文化，其代表为中国；第三个高峰：资本主义文化，其代表为意大利、尼德兰、英国、法兰西），这不能不归因于农业社会的成熟，归因于中华农民和士人的务实精神，以及由此生发的实用理性。当然，华人的非宗教倾向，并不是以科学理性为基础的，而是以农业社会所特有的经验理性为基石。先秦时期的两大"显学"——儒学和墨学，以及贯穿整个宗法专制时代的三大学派——儒家、道家和法家，都从不同侧面

---

① 章太炎：《驳建立孔教议》，《章太炎政论选集》（下），中华书局，1977，第689页。
② 《左传·襄公二十四年》："太上有立德，其次有立功，其次有立言，虽久不废，此之谓不朽。"

发扬经验理性，未能建立以形式逻辑和实验方法为基础的科学体系。

二、恒久意识·变易观

农业社会中的人们满足于维持简单再生产，缺乏扩大社会再生产的动力，因而社会运行缓慢迟滞，几近静态，在这样的生活环境中，容易滋生永恒意识，认为世界是悠久静定的。中国人由于某些原因的策动，可能在某一阶段做出暴烈行为，急于在一个早上改变现状，然而，在更多的时候则表现出习故蹈常的惯性，好常恶变。反映在精英文化中，则是求"久"观念的应运而兴，《易传》所谓"可久可大"，《中庸》所谓"悠久成物"，《老子》所谓"天长地久""长生久视"，董仲舒所谓"道之大原出于天，天不变，道亦不变"；反映在民间心态中，便是对用具追求"经久耐用"，对统治方式希望稳定守常，对家族祈求延绵永远，都是求"久"意识的表现。

当然，农业生产也向人们反复昭示着事物的变化和生生不已，因此，与恒久观念相反相成，变易观念在中国也源远流长，影响深远，如《易传》所谓"富有之谓大业，日新之谓盛德，生生之谓易"[①]，"刚柔相推而生变化"[②]。再如老子论道，称："有物混成，先天地生，寂兮寥兮，独立而不改，周行而不殆，可以为天地母，吾不知其名，强字之曰'道'，强为之名曰'大'。大曰'逝'，逝曰'远'，远曰'反'。"[③]这个"可以为天地母"的"道"是一个整体，而道的主要含义是"逝"，这就把最高本体的道与变化流逝，亦即整体与过程联系起来。庄周也将"天地之大全"视为一个整体，而天地之间的万物都在变化转移之中，"物之生也，若骤若驰，无动而不变，无时而不移"[④]。

这种矛盾的恒久观与变易观，在中华文化内部统一的主要形态是寓大化流行于保守之中，如汉武帝的"复古更化"说，"复古"是承继尧舜禹三代道统，"更化"是以儒学哲理改变秦代遗留的恶俗；又如王安石变

---

① ② 《周易·系辞上》。
③ 《老子》第二十五章。
④ 《庄子·秋水》。

法、张居正改革、康有为变法，当代"新儒家"呼唤的"返本开新"，都是某种程度的"托古改制"。这种复古以变今的思路，正是农业经济养育的文化在古与今、常与变问题上矛盾统一的表现。

三、中庸之道·天然节奏

"中庸"是华人的基本生态意识。而中庸之"中"，为适应之谓；中庸之"庸"，为经久不渝之谓。可见，中庸与上述产生自农业社会的恒久意识是相通的，它又进而演为不偏不倚、允当适度之意。

华人崇尚中庸，少走极端，是安居一处，企求稳定平和的农业型自然经济造成的人群心态趋势，集中到政治家和思想家那里，中庸之道就成为一种调节社会矛盾使之达到中和状态的高级哲理，所谓"极高明而道中庸""执其两端，用其中于民"[1]。这种中庸之道施之于政治，是裁抑豪强，均平田产、权力；施之于文化，则是在多种文化相汇时，异中求同，求同存异，万流共包；施之于风俗，便是不偏颇、不怨尤、入情尽理、内外兼顾。而这种中庸精神既发端于农业社会，又效力于农业社会，替这个社会赢得稳定与祥和。

与中庸之道密切相关，农业社会的理想人格，不是强烈的自我表现，而是执两用中、温顺谦和的君子风，这甚至发展到对于"辩才"的猜忌。农业型自然经济对商品交易的排拒，对社会公共关系的疏远，导致人们普遍推崇诚信，鄙弃口辩，所谓"君子讷于言而敏于行"[2]，所谓"敏于事而慎于言"[3]，都是这类意向的表述。人们往往把能言善辩视作"巧舌如簧"，认为是狡猾的别名，张仪、苏秦一类"辩士"素来被列为狡诈之徒，是"巧言利辞，行奸轨以幸偷世者"[4]。这同工商业发达的古希腊社会人们竞相学习演说术，并崇拜雄辩家的风尚大相径庭。

尚调和、主平衡的中庸精神也导致一种顺从自然常规节律的生态观。这同农业社会的运行机制有直接联系。农业生产必须顺应并尊重自然规

---

①②　《礼记·中庸》。
③　《论语·学而》。
④　《韩非子·诡使》。

律，起码要按季节行事，这使国人在潜意识里就注意与自然节奏合拍，并形成一种类似于候鸟、蛰虫那样的对自然节奏的敏锐感受。一个有经验的农夫可以从一朵云彩推测天气，从一棵嫩芽估算年成。这种"农夫式"的智慧，对文化人也有所熏染，不少文学家在观察和描述自然景象时，常常自觉不自觉地与农业生产周期联系起来。南宋诗人陆游（1125—1210）写鸟啼就与农业节气相贯通：

> 野人无历日，鸟啼知四时：二月闻子规，春耕不可迟；三月闻黄鹏，幼妇闵蚕饥；四月鸣布谷，家家蚕上簇；五月鸣鸦舅，苗稚忧草茂。①

另一南宋诗人翁卷也善于将动植物的季节性活动与农事节奏联系起来，构成一幅生机盎然、勤奋劳作的农业社会图景：

> 绿遍山原白满川，子规声里雨如烟。
> 乡村四月闲人少，才了蚕桑又插田。②

类似诗作还有方岳（1199—1262）的《农谣》：

> 春雨初晴水拍堤，村南村北鹁鸪啼。
> 舍风宿麦青相接，刺水柔秧绿未齐。③

陆游、翁卷、方岳都深谙大自然语言，又通晓农事节奏，这正是农耕社会文人的特征，在游牧生活与工商业经济环境中成长的人不大可能有这样的观察和感受。由于自幼形成的钟爱自然的情趣，也由于中国古代城市尚未与大自然隔离，所以即使在描写城市生活时，陆游这样的农耕文明之子，其诗作也跃动着自然节律：

---

① 《鸟啼》，《剑南诗稿》，《陆放翁全集》。
② 《乡村四月》，《苇碧轩集》。
③ 《农谣》（五首之一），《秋崖集》。

世味年来薄似纱，谁令骑马客京华。

小楼一夜听春雨，深巷明朝卖杏花。

矮纸斜行闲作草，晴窗细乳戏分茶。

素衣莫起风尘叹，犹及清明可到家。[①]

小楼听春雨、深巷卖杏花，活现出大自然生命的节奏，其间正透露出农耕文明的特有韵律，正所谓"悠然自得，天趣盎然"。

在以农业为生存根基的中国，农业生产的节奏早已与国民生活的节奏相通。华人的传统节日，包括最隆重的春节、端午、中秋，皆来源于农事，是由农业节气演化而来，并不像其他民族那样，节日多源于宗教。

四、尚农重本

农耕经济养育了尚农观。中国人很早就认识到农耕是财富的来源。《周易》有言："《象》曰：不耕获，未富也。"[②]一些古圣先贤留下许多关于农业生产是国家命脉的名言。中国"礼"文化的创始者周公说：

呜呼，君子所其无逸，先知稼穑之艰难，乃逸。[③]

认为统治者要求得社会安定，首先必须懂得农耕的重要和农人的艰辛。

战国中期的商鞅（约前390—前338）更把"尚农"作为富国强兵的基础，力倡"农不败而有余日"[④]，以便专力耕作。为此，他免三晋客民军役三世，使其安心事于农业生产；又让农人固定居住，不得迁徙，以防脱离生产；还采取种种措施，令各类非农业人口转入农事，以制止"不作而

---

① 《临安春雨初霁》，《陆放翁全集》。

② 《周易·无妄卦·象传》。

③ 《尚书·周书·无逸》。

④ 《商君书·垦令》。

食"①，由此形成的"重农抑商"政策，对后世影响深远。"王者以民为天，而民以食为天"②，食仰赖农业供应，重农是国之要政。

成书于战国末年的《吕氏春秋》则从理论上发挥重农思想：

> 霸王有不先耕而成霸王者，古今无有，此贤者不肖之所以殊也。③

确认发展农业是成就霸业的基础。《吕氏春秋》重视农业，不单着眼于获得农产品，还因为农人朴实，便于驱使，可赖以守战：

> 古先圣王之所以导其民者，先务于农，民农非徒为地利也，贵其志也。民农则朴，朴则易用。④

大约成书于西汉初年的《管子》认定"孝弟力田者"⑤，也即农人，是社会中坚，高倡以农为"本"，以工商为"末"，反复劝诫统治者"务本"以"安邦"，"重本"而"抑末"：

> 明王之务，在于强本事，去无用，然后民可使富。⑥
> 民事农则田垦，田垦则粟多，粟多则国富，国富者兵强，兵强者战胜，战胜者地广。是以先王知众民、强兵、广地、富国之必生于粟也。故禁末作，止奇巧，而利农事。⑦

帝王们也深知农业繁荣是国固邦宁的根柢所在。以汉代为例，帝王颁布重农诏书无数。文帝刘恒（前202—前157）诏曰：

---

① 《商君书·画策》。
② 《汉书·郦食其传》。
③ 《吕氏春秋·贵当》。
④ 《吕氏春秋·上农》。
⑤ 《管子·山权数》。
⑥ 《管子·五辅》。
⑦ 《管子·治国》。

农，天下之大本也，民所恃以生也。而民或不务本而事末，故生不遂。①

力田，为生之本也。②

昭帝刘弗陵（前94—前74）诏曰：

天下以农桑为本。③

以后历朝帝王也多有同类诏书宣示天下。

思想家中阐扬重农思想的更是不胜枚举，东汉王符（约85—163）认为"民为国基，谷为民命"④，进而指出"夫富民者，以农桑为本，以游业为末"⑤，力主"困辱游业""宽假本农"，如此"则民富而国平矣"⑥。

王符还把"农本商末"的观念推而广之，连类比附：

教训者，以道义为本，以巧辩为末；辞语者，以信顺为本，以诡丽为末；列士者，以孝悌为本，以交游为末……⑦

这就清楚地道明了儒家"正其谊不谋其利，明其道不计其功"之类的伦常观念正是中国的农业社会"农本商末"经济结构的衍生物。

五、安土乐天·耕读传家

"安土乐天"的生态情趣，直接从农业文明中生发出来。华夏—汉人作为农业民族，主要采用的是农业劳动力与土地这种自然力相结合的生

---

① 《汉书》文帝纪二年。
② 《汉书》文帝纪十二年。
③ 《汉书》昭帝纪元年。
④ 《潜夫论·叙录》。
⑤⑥⑦ 《潜夫论·务本》。

产方式，建立以自然经济为基础的一个个区域性小社会，与外部世界处于隔绝状态，所谓"鸡犬之声相闻，民至老死不相往来"①。农民固守在土地上，起居有定，耕作有时，既是农民自身的需要，也是统治者的要求。《周易》称："安土敦乎仁，故能爱。"②《礼记》称："不能安土，不能乐天；不能乐天，不能成其身。"③

古来华人所追求的是在自己的故土从事周而复始的自产自销的农业经济所必需的安宁和稳定，以熟读崇尚农本的经典为精神滋养，遂以"耕读传家"自豪，以穷兵黩武为戒。所谓"若使天下兼相爱，国与国不相攻，家与家不相乱，盗贼无有，君臣父子皆能孝慈，若此则天下治"④。这是农业社会古圣先贤和庶民百姓的共同理想。士大夫虽有平治天下的雄心，同时又深藏归隐自然的情志，显然也属此类。有人集屈原《渔父》"沧浪濯足"，唐人王湾《次北固山下》"行舟绿水前"，王维《山居秋暝》"空山新雨后"，白居易《雨中招张司业宿》"听雨对床眠"，宋人苏东坡"小阁藤床寄病容"等文句，晚明文士将其编组成书画系列，题名《集古名公画式》，其中有"东坡赏心十六事"，文谓：

> 清溪浅水行舟，凉雨竹窗夜话，暑至临流濯足，雨后登楼看山，柳阴堤畔闲行，花坞樽前微笑，隔江山寺闻钟，月下东邻吹箫，晨兴半炷茗香，午倦一方藤枕，开瓮忽逢陶谢，接客不着衣冠，乞得名花盛开，飞来家禽自语，客至汲泉烹茶，抚琴听者知音。⑤

这是农耕生活陶冶的士大夫旨趣的写照。

虽然中国自古以来，由于种种内外原因，战争频仍，多次出现人们"执其兵刃毒药水火，以交相亏贼"的"天下大乱"时期，但作为农业民族的华夏—汉人所心向往之的是社会安定，是"饥则得食，寒则得衣，乱

---

① 《老子》第八十章。
② 《周易·系辞上》。
③ 《礼记·哀公问》。
④ 《墨子·兼爱上》。
⑤ ［清］陈捷书法：《东坡赏心十六事》（《冯氏藏墨》）。

则得治，此安生生"①。

为了求得社会安定，中原地区的汉人政权曾多次对周边游牧民族采取"和亲"政策，其中汉元帝时的王昭君（约前54—前19）出嫁匈奴呼韩邪单于（？—前31），便是一个最著名的故事。

农耕人追求安土乐天，不仅要防范或平息游牧人的骚扰，更多的则是抗拒或逃避暴政的肆虐。晋代陶渊明的《桃花源记》所描绘的那个质朴宁静，几近"无差别境界"的乌托邦世界，正表达了处于乱世流离间的农耕人对和平安宁的执着渴求。唐代王维作《桃源行》则以桃源为仙源，"初因避地去人间，及至成仙遂不还"；刘禹锡的《游桃源诗一百韵》和韩愈的《桃源图》，都极尽仙家之乐，曲折表述了安土乐天的意趣。宋代王安石（1021—1086）的《桃源行》点明桃源人来此"避秦"也即逃避暴政的意图，并抒发了"重华一去宁复得"（虞舜之后不再有安宁太平了）的感慨。②这类一往情深地企望和平宁静的思想情感，在农耕人中千古不衰。这种国民精神的利与弊、得与失，在中国历史上表现得淋漓尽致。

兼顾"亲亲"与"尊尊"的儒家学说，又广为采纳道家、法家、墨家、阴阳家，并进而援佛入儒，形成一个自洽的伦理—政治体系，在汉以后构成中华精神文化的主体，乃是因为它同小农业与家庭手工业相结合的自然经济最相契合。这种精神文化直至现代仍然有深广影响（该影响有时以变态形式出现），除因为精神文化具有相对独立性，当经济土壤发生变异后仍然要长期发挥作用外，还因为直至近代，手工生产的小农业仍然是中国的一个基本社会存在。19世纪中叶以降，中国的社会经济发生重大变化，小农业与家庭手工业相结合的自然经济渐次解体，但这个解体过程缓慢且不彻底。

经济层面这种升进式转化给文化发展带来的影响，是复杂的，不能一言以蔽之。文化激进主义与文化保守主义等种种流别正是这种复杂的文化生态的派生物，各有生存根基，各有社会价值，并行不悖，相得益彰，共构多元的文化生态。

---

① 《墨子·尚贤下》。
② 见吴熊和：《唐宋诗词探胜》，浙江人民出版社，1981。

六、和平主义与世界主义

甲、祈求和平

农耕经济是一种和平自守的经济，由此派生的民族心理也是防御型的。中国的传统礼教，其精义便在于"防"字，"君子之道，辟则坊欤？坊民之所不足者也。大为之坊，民犹逾之。故君子礼以坊德，刑以坊淫，命以坊欲"①。这种"防患于未然"的心态表现在军事上便是以防御战略为主。中华农耕区虽然不乏卫青（？—前106）、霍去病（前140—前117）这样"勤远略"的军事家，产生过汉武、唐宗、永乐、康熙这样开疆拓土的英武勃发的帝王，有过张骞、班超通西域，郑和下西洋之类的探险壮举，士子曾洋溢"宁为百夫长，胜作一书生"②的尚武精神，但国家和民族所孜孜以求的基本战略目标是"四夷宾服"式的"协和万邦"③。杜甫诗云："杀人亦有限，列国自有疆。苟能制侵陵，岂在多杀伤。"④反映了讲究"好生之德"⑤的华人既有抗御外敌入侵的决心，又不热衷于无限扩张疆域、滥杀生灵。作为华人国防观念鲜明象征的万里长城，无论可以赋予多少含义，但它毕竟是毫不含糊的防御性军事建筑，是作为农耕民族的华夏—汉人历来求统一、爱和平、固土自守的心理的物质表征。

明代万历年间来华的意大利耶稣会士利玛窦（他来华前曾遍游南欧列国以及印度）指出，明朝军队是他所见到过的世界上数量最庞大、装备最精良的军队，但他发现，这支军队完全是防御性的，中国人没有想到过要用这支军队侵略别国。华夏—汉人所追求的是从事周而复始的自产自销的农业经济所必需的安定，这与中亚、西亚多次崛起的游牧民族以军事征服、战争掠夺为荣耀的心理大相径庭；与以商品交换和海外殖民为致富手段的海上民族对外展拓的意向也判然有别。一些游牧民族如成吉思汗时期的蒙古，一些海上民族，如古代的罗马人，近代的英国人、日本人，

① 《礼记·坊记》。
② ［唐］杨炯：《从军行》，《盈川集》。
③ 《尚书·尧典》。
④ ［唐］杜甫：《前出塞九首·其六》。
⑤ 《尚书·大禹谟》。

多次制订过征服全世界的计划，而在华夏—汉人汗牛充栋的经、史、子、集各类典籍中，可以发现先民有过"礼运大同""兼爱、非攻""庄生梦蝶""归墟五神山"之类美好的理想或奇妙的玄想，唯独难以找到海外扩张、征服世界的狂想。这大概只能用建立在自然经济基础上的农业民族平实、求安定的文化心理加以解释。

乙、"一天下""平四海"

一种惯常说法是，西方文化是富于扩张性的外向型文化，这与西方人信奉的基督教的"普世主义"有关；而中国文化似乎是收敛性的内向型文化。此说仅见其一，未见其二。

作为农耕人的华夏—汉族主张和平自守，然而他们的想象力又并非禁锢于狭小天地。华人自古便有相当发达的"一天下""平四海"之类的理想。华夏古帝王即把"皇天眷命，奄有四海，为天下君""无怠无荒，四夷来王"[1]作为"治道"的高妙境界。在《大学》等经典制订的修、齐、治、平的人生目标中，"平天下"是最高层次。虽然，在中国完成平天下大业的是那些武功盛大的强者，然而，如前所述，在华夏—汉族文化系统中极少有以武力征服世界的设想，至于"远人不服，则修文德以来之"[2]，以仁政"陶冶万物，化正天下"[3]的说法则多见。梁启超正是在这一意义上，把"世界主义之光大"作为中华文化的一大特色。他在论及古希腊人对此"未有留意"之后指出：

> 中国则于修身、齐家、治国之外，又以平天下为一大问题。如孔学之大同太平，墨学之禁攻寝兵，老学之抱一为式，邹衍之终始五德，大抵向此问题而试研究也。虽其所谓天下者非真天下，而其理想固以全世界为鹄也。[4]

---

[1] 《尚书·大禹谟》。
[2] 《论语·季氏》。
[3] 《汉书·贡禹传》。
[4] 梁启超：《论中国学术思想变迁之大势》，载《饮冰室合集》文集之七，中华书局，1989。

这种非强权的，建立在和平主义、伦理主义基础上的世界主义，是东亚渊源深厚的农耕文明的产物。在欧洲，世界主义迟至中世纪晚期才正式出现。在东亚哲人孔、老、墨之后一千多年，欧洲文艺复兴前驱、意大利诗人但丁（1265—1321）针对欧洲中世纪诸侯割据局面，发挥"普世主义"，在《论世界帝国》一书中提出，为了世界的福利，有必要建立一统天下的世界帝国。因为全人类文明普遍一致的目的是全面地、不断地发展人的智力，这就需要世界和平，而要实现世界和平，就必须建立一个统一的君主国家。[1]东西方哲人的这两种世界主义有异曲同工之妙，然而东方孔、老、墨的世界主义较之西方哲人的世界主义要古老久远得多。

中华民族的世界主义不仅是一种学说和理想，同时也有相当丰富的实践。华人的主体虽聚族而居于东亚大陆，但也有不少成员移往海外，尤以中印半岛、南洋群岛为多，对于这些地区的开发其功甚伟。这也可以说是中华文化的"化被万方"吧。近世以来，华人足迹更遍及五大洲，他们在当地经济、文化领域中所起的作用，为列国所公认。身处异邦的华人在融入当地社会的同时，又保持着中华文化传统，长期结成华人社会。因此，一部完备的中华文化生态史，是应当包括华侨史在内的。遗憾的是笔者对此缺乏研究，只能寄厚望于时贤。

---

[1] 见［意］但丁：《论世界帝国》，朱虹译，商务印书馆，1985。

循环论与循环经济

　　华夏先民受到农业生产由播种、生长到收获这一循环状况以及四时、四季周而复始现象的启示，产生一种循环思维。《易传》云："寒往则暑来，暑往则寒来。"政治生活中朝代的周期性盛衰更迭、治乱分合的往复交替，所谓"天下大势，分久必合，合久必分"，以及人世间"白云苍狗"式的变幻离合，更强化了人们的循环观念，而金、木、土、水、火"五行相生、相克"的公式，便是循环论自然观和社会观的哲学表征。董仲舒说"天有五行，木、火、土、金、水是也。木生火，火生土，土生金，金生水"①，这是"五行相生"；五行还是相克的（或曰"相胜"）：金胜木、木胜土、土胜水、水胜火、火胜金。②这就推导为封闭式的，统一有序、环环相扣的循环系统，可用图1表示。

　　五行相生、相克的思想类似希腊哲人赫拉克利特（约前544—前483）的观念。赫拉克利特认为："火生于土之死，气生于火

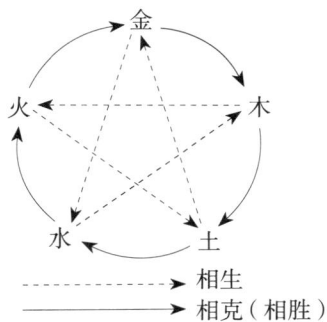

金

火　　木

水　　土

- - - - - - →　相生
————————→　相克（相胜）

图1

---

① 《春秋繁露·五行对》。
② 《春秋繁露·五行相胜》。

之死，水生于气之死，土生于水之死。"①后来，柏内特将其概括为"四元素循环说"，见图2。

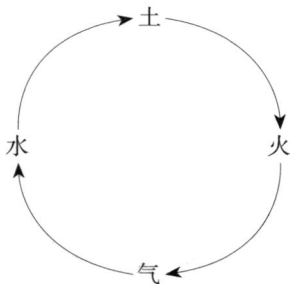

图 2

所不同的是，古希腊的元素循环说是自然哲学的产物，而古代中国的循环模式则与农业生产以及建立在农业社会基础上的政治伦理学说关系密切，是为农业社会的政治伦理学说作论证的。如董仲舒在论述了五行相生之后，引申到父子伦常关系，并强调："父授之，子受之，乃天之道也。故曰夫孝者，天之经也。"②他还从五行相胜推衍出五种官职（司农、司马、司营、司徒、司寇）的彼此相生、相克关系：司农为五行之木，使谷类丰收，木生火；司马为五行之火，诛伐得当，天下安宁，火生土；司营为五行之土，以忠信事君治民，保四境安定，土生金；司徒为五行之金，使民以仁义行事，金生水；司寇为五行之水，使君臣长幼各以礼节行事，水生木。如果五官违背仁、智、信、义、礼，就发生相克（相胜）的连锁反应：司农为奸，被司徒所诛，这是金胜木；司马为谗，被司寇所诛，这是水胜火；司徒为贼，被司马所诛，这是火胜金；司寇为乱，被司营所诛，这是土胜水；司营为患，人民叛离，这是木胜土。五官之间的相生相克关系，接近于一个循环系统，只是缺木克土这一个环节。然而，司农的职守是使五谷丰登，而五谷丰登方能人民康泰。因此，司营为患，人民叛乱，可以解释为司农（通过人民）对司营的惩罚，也即木克土，这样，"五官相克"就构成一个完整的循环系统，见图3。

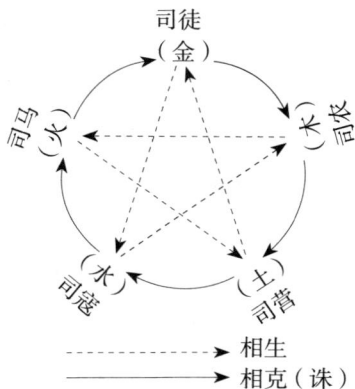

-------→ 相生

———→ 相克（诛）

图 3

董仲舒构筑循环论系统，是替大一

① ［古希腊］赫拉克利特：《赫拉克利特著作残篇》，载《西方哲学原著选读》上卷，商务印书馆，1984，第21页。
② 《春秋繁露·五行对》。

统的农业社会作理论论证的一种努力。当然，在董仲舒以前，先秦儒学中已有由伦理中心主义派生出来的循环论思想的雏形，如《大学》说："知止而后有定，定而后能静，静而后能安，安而后能虑，虑而后能得。"从外观看，这是一种直链状推导：知止→有定→能静→能安→能虑→能得。宋代理学家从这段话中挖掘出循环论的内质。朱熹在《四书集注》中对这段话作了如下注释："止者，所当止之地，即至善之所在也，知之，则志有定向。'静'谓心不妄动，'安'谓所处而安，'虑'谓虑事精详，'得'谓得其所止。"这样，就把这个链状推导的结尾——"得"，与开端——"止"（止于至善）衔接起来，从而构成一个首尾相连的修养循环：由定而静，由静而安，由安而虑，自虑而得，达到"得其所止"的佳境，也即回到"止于至善"的起点，见图4。

图 4

　　这种以伦理观念为出发点，最后又归结到伦理观念的循环模式，是盛行于农业社会的一种"推原思维"。这种思维的特点是出发点与归宿点合一或曰"重合"。这恰恰是农业生产周期和植物从种子到种子周而复始衍化所暗示的。这类循环模式长期制约着中国人的思想方法。汉、晋后流行于中国的佛教，其因果报应、修行解脱说，也是一种循环论。而将儒、佛、道三教汇合的宋明理学，其史观也是循环论，邵雍（1011—1077）的"元、会、运、世"周而复始的模式即是典型。在中国古代，突破循环论，提出进化史观的是明清之际的王夫之。他从"气化日新"的自然观引申出由禽兽到人类，由夷狄之"野"到华人之"文"的文明演进论[1]，这就打破了中国古来盛行的盛衰循环论，开创"日进无疆"的进化史观。然而，王夫之的著作当时大都没有出版，谈不上社会影响，鸦片战争以前，从士大夫到老百姓，流行的仍然是循环史观。直至近代工业文明大规模进入中国，否定之否定的"圆圈"式思维型制揭示出事物发展是螺旋状上升

---

[1]　见《思问录·外篇》，《读通鉴论》卷二十八。

的这一客观规律，方突破平面循环的思维模式；而当代兴起的网状（或称树状）思维型制，则展现了事物间错综复杂的、彼此制约的多元关系，如生态平衡问题以及种种社会现象，只有运用网状思维方能解释，从而使平面循环观相形见绌。

进入工业文明时代，传统的农耕文明新生转进，当下一大契机，便是城镇化展开。20世纪末叶，中国城镇人口仅占总人口的二三成，2012年已超过一半，城镇化率达到世界平均水平。再过二三十年，城镇率可望达到七八成，接近发达国家水平。故21世纪上半叶是中国城镇化的关键时段，必须把握机遇，以消弭已历两千年的城乡二元结构，开辟知识经济引领的城乡融合的现代文明之路。

城镇化是农耕文明现代转型的一大出路，但在转型过程中切不可抛弃农耕经济的文明积淀。

农耕经济讲究"人—地—天"协调，所谓"夫稼，为之者人也，生之者地也，着之者天也"①，人的经济行为必须与天地时令配合。"天生四时，地生万财，以养万物，而无取焉……教民以时，天地之配也。"②"顺时宣气，蕃阜庶物。"③

农耕经济把人的生产活动置于自然再生产的基础之上，强调"不违农时"④，"生之有道，用之有节"⑤，将生活、生产中的废弃物（粪便、垃圾、作物秸秆）转化为资源，"化恶为美"，"余气相培"；把土壤视作有生命的活的机体，使土地"其力常新壮"。

中国传统农业的精神价值在于：物资循环，低能消耗；多种经营，综合发展；以种植业为主，重视植物蛋白利用；用养结合，使地力常新；集约耕作，提高土地利用率。在培育作物、家畜良种以及制作精巧农具，利用自然力，特别是水利工程方面，中国也有不少举世瞩目的创造。

这些农业生产经验，蕴含着宝贵的生态智慧，与现代循环经济理念古

① 《吕氏春秋·审时》。
② 《管子·形势解》。
③ 《汉书·货殖传》。
④ 《孟子·梁惠王上》。
⑤ 《资治通鉴》卷二三四。

今辉映。

20世纪60年代，美国生态学家肯尼思·波尔丁提出"循环经济"概念，中国环境保护学者曲格平等阐发该说。现在"循环经济三原则"已成共识：

（一）资源化原则（各类物资转化为生产资源）

（二）再利用原则（物资再利用，化废为宝）

（三）减量化原则（减少能源和物资消耗）

传统农耕经济把农业废弃物资源化，通过农业产业链有机组合，产品互动，"相继以生成，相资以利用"[1]，将"天养"（自然再生产）与"人养"（人力再生产）有机结合起来。这都暗合循环经济三原则，形成"资源—产品—再生资源"周而复始的循环过程。传统农业的生产力水平低下，需要在现代经济运行过程中接受洗礼，大加改进，然而，农耕文明积累的生态智慧及经验理性，具有不可磨灭的价值，应为今人继承、发扬。

---

[1]　《陈旉农书》。

试析"李约瑟悖论"

　　中国创造了辉煌的中古文明，其物质生产和精神生产在公元1世纪至15世纪间曾领先全球。然而，自16世纪开始却渐次落后于西方，自外于17世纪的科学革命和18世纪的工业革命，19世纪中叶以降更沦为工业化西方侵凌、掠夺的对象。这样一种诡异现象，当然会激发人们的思索，中国率先发问的是科学家任鸿隽（1886—1961），他于1915年在中国最早的科学杂志《科学》第1卷第1期刊《说中国无科学之原因》一文，提出中国为何没有产生近代科学的问题。而著名的设问者是几位研究中国文明史的西方人——韦伯、魏特夫、贝尔纳与李约瑟。

一、"韦伯置疑"与"魏特夫设问"

　　马克斯·韦伯，德国政治经济学家、社会学家，他对基督教及其新教、儒教、道教、印度教等宗教与文明进程的关系作过视野开阔的考析，所著《儒教中国政治与中国资本主义萌芽：城市和行会》①，就中国文明的现代进路提出发人深省的问题：

　　　　18世纪英国工业革命的条件，在14世纪的明初中国全部具备，一

———————————

① 　［德］马克斯·韦伯：《文明的历史脚步》，黄宪起、张晓译，三联书店，1997。

些对资本主义经济发展有利的因素在中国存在（长期的和平、运河的改善、人口增长、取得土地的自由、迁徙至异地的自由以及选择执业的自由），但工业革命却未在中国产生。原因安在？

这便是所谓"韦伯疑问"。

韦伯对自己的设问给出的答案是：

那些有利因素都无法抵消其他因素的负面影响，这种影响大多数来自宗教（指儒教）。

韦伯认为，儒教和新教代表两种不同的理性化路径。两者都试着依据某种终极的宗教信仰设计人类生活，都鼓励节制和自我控制，也都能与财富的累积相并存。然而，儒教的目标是取得并保存"一种文化的地位"，并且以之作为手段来适应这个世界，强调教育、自我完善、礼貌，以及家庭伦理。而新教则以那些手段来创造一个"上帝的工具"，积累并增殖财富，以服侍上帝。这种精神追求的差异便是导致资本主义在西方文明发展繁荣，却迟迟没有在中国出现的原因。

略晚于韦伯，以《东方专制主义》一书著称的德裔美国汉学家魏特夫（K.A.Wittfogel，1896—1988）于1931年发表《为何中国没有产生自然科学？》一文，发挥韦伯置疑。正是魏特夫的设问，激发了李约瑟研究中国文明的兴趣。不过，魏特夫从欧洲中心主义出发，秉持的是"中国无自然科学"论，而李约瑟经过长时期研究后，充分肯定中国古代科技成就，并就中国未能诞生近代文明提出较为系统、深刻的问题。

二、"李约瑟悖论"

1. 贝尔纳设问及简答

在韦伯、魏特夫提出疑问后，英国物理学家、科学史家贝尔纳（John Desmond Bernal，1901—1971）于1939年指出："有史以来，在大部分期间，中国一直是世界三四个伟大的文明中心之一，而且在这一期间的大部分时间中，它还是一个政治和技术都最为发达的中心。"而中国古代曾如此先进，"为什么后来的现代科学和技术革命不发生在中国而发生在西方"？贝尔纳对此一"饶有趣味"的问题试作回答：

> 也许是由于在农业生活与受过经典教育的统治阶级之间，在必需品和奢侈品的充沛供应与生产这些物品所需要的劳动力之间保持着十分令人满意的平衡，中国才没有必要把技术改进工作发展到某一限度之外。[①]

贝尔纳试图从经济结构和社会需求上解答何以"现代科学和技术革命不发生在中国而发生在西方"的问题，虽语焉未详，却颇富深度。

2. 李约瑟的矛盾性设问

详尽阐述以上论题的外国学者，莫过于长期研究中国科技史的英国科学家李约瑟，他于1964年发表《东西方的科学与社会》一文说：

> 大约在1938年，我开始酝酿写一部系统的、客观的、权威性的专著，以论述中国文化的科学史、科学思想史、技术史及医学史。当时我注意到的重要问题是：为什么近代科学只在欧洲文明中发展，而未在中国（或印度）文明中成长？

经过1938年以降长期在中国重庆、英国剑桥的研究（得到鲁桂珍、王静宁等多位中国学者的帮助），李约瑟发现，中国古代有极为丰富的科技发现与发明，但在近代陷入顿滞。1969年他在所著《中国的科学与文明》（广为人知的译名是《中国科学技术史》）的序言里，提出三组连贯却又彼此抵牾的问题：

> （1）为什么在公元前3世纪到公元15世纪之间，中国文明在把人类自然知识运用于人的实际需要方面比西方文明有效得多？
> （2）为什么现代科学，亦即经得起全世界的考验并得到合理的

---

① ［英］贝尔纳：《科学的社会功能》，陈体芳译，商务印书馆，1982，第297页。

普遍赞扬的伽利略、哈维、凡萨里马斯、格斯纳、牛顿的传统——这一传统肯定会成为统一的世界大家庭的理论基础，是在地中海和大西洋沿岸发展起来的，而不是在中国或亚洲其他任何地方得到发展呢？

（3）中国科学为什么会长期大致停留在经验阶段，并且只有原始型和中古型的理论？如果事情确实是这样，那么中国人又怎么能够在许多重要方面有一些科学技术发明，走在那些创造出著名的希腊奇迹的传奇式人物的前面，和拥有古代西方世界全部文化财富的阿拉伯人并驾齐驱，并在公元3世纪到13世纪之间保持一个西方所望尘莫及的科学知识水平？中国在理论和几何方法体系方面所存在的弱点，又为什么并没有妨碍各种科学发现与技术发明的涌现？中国的这些发明和发现往往远远超过同时代的欧洲，特别是在15世纪之前更如此（关于这一点可以毫不费力地加以证明）。欧洲在16世纪以后就诞生出现代科学，这种科学已被证明是形成近代世界秩序的基本因素之一，而中国却没有能够在亚洲产生出与此相似的现代科学，其阻碍因素又是什么？从另一方面说，又是什么因素使得科学在中国早期社会中比在希腊或欧洲中古社会中更容易得到应用？最后，为什么中国在科学理论方面虽然比较落后，却能产生出有机的自然观？

1976年，美国经济学家肯尼思·博尔丁（Kenneth Ewart Boulding，1910—1993）将李约瑟的设问称为"李约瑟难题"。

李约瑟及其前驱和后继者的一系列设疑，可以归纳为两个问题：

其一，中国何以能创造超过西方的中古文明？

其二，拥有如此丰厚的中古文明积淀的中国何以未能实现科学革命和工业革命，让西方在创建现代文明上着了先鞭？

这是两个反义疑问，故"李约瑟难题"又称"李约瑟悖论"。

上述悖论是李约瑟数十年研究中国科技史的核心论题，它们在某种程度上逼近中国文化生成史的关键题旨。

3. 李约瑟设问的历史依据

李约瑟提出的前后连贯的问题，立足于真切的历史实际。

第一，中国的确创造了超乎西方的中古文明。本书第七章已陈列中古时代中国技术成就领先欧洲乃至全球的具体情况。另据德国人维尔纳·施泰因（Werner Stein）编《人类文明编年纪事》（科学和技术分册）统计，16世纪前世界重大科学发现共152项，其中古希腊54项，中国24项。表明科学发现在古典至中古时代，希腊、中国并为前驱。美国科技史家罗伯特·坦普尔（Robert Temple，1945—）指出：

> 我们所生活的"近代世界"原来是中国和西方成分的极好结合。"近代世界"赖以建立的种种基本发明和发现，可能有一半以上源于中国，然而却鲜为人知。①

又据上海人民出版社1975年出版的《自然科学大事年表》统计，16世纪前全世界270项重大科学发现中，中国占136项，约达总量的一半，与坦普尔的估计相当。

第二，中国未能参与17世纪的科学革命（以牛顿力学为标志）和18世纪的工业革命（以蒸汽机发明与使用为标志），16世纪以后文明创发源地从东方转移到西方，这一结论也有大量的历史事实可资佐证。而且，直至时下，中国的现代化建设虽然取得显著进展，但落后于西方的基本情状尚未扭转，在整个20世纪以及21世纪初，中国很少进入科技发明发现的前沿，20世纪对人类生活影响较大的20项发明，全属西方。

有着历史依据的李约瑟问题引起中外人士的广泛注目与思考，但也有人认为，李约瑟没有区分科学与技术，而古代中国有技术无科学，因此，求问中国何以在中古创造了最先进的科技，这是一个"伪问题"，既然此一前提性问题不存在，中国近代科技何以落后，便没有研讨的必要。②

---

① ［美］罗伯特·K.G. 坦普尔：《中国：发明与发现的国度》，陈养正等译，21世纪出版社，1995，第11页。

② 有香港学者概括西方对李约瑟问题的批评：第一，李约瑟在技术上做了很多论证，可是他混淆了科学与技术，中国的科学理论实际上是完全没有发展的。第二，轻视科学理论的重要性。第三，割裂了西方近代科学与古希腊科学之间的关系。第四，过分强调社会经济因素对科学的发展，忽略科学传统与科学家内在的科学发展力量。（见陈方正：《三问中国科学为何落后》，载《南方都市报》2009年7月5日）

李约瑟问题固然概念欠精确，未能厘清"科学"与"技术"的界限，但李约瑟揭示中西文明史的路径差异，洞见中国在中古时代文明的整体水平领先于欧洲，却又在近代落伍，将科学革命、工业革命的创发权拱手交给西方，从而提出颇具深度的、植根于历史实际的问题，理当引发人们从理论与实践两个层面去寻求解答。从某种意义上可以说，考析李约瑟悖论，直逼中国文化生成史的核心，是从古—今、中—西两大坐标系探求中国历史进路的较佳窥视口。

三、悖论前因：拥有创建发达农耕文明的制度前提

李约瑟设问的前半段是：中国何以能创造领先欧洲的中古文明（即农耕文明），宋元至明中叶（10—15世纪）的经济水平和技术水平何以能雄踞世界前茅？

本书前面诸章节已埋伏着对此一问题的解析，这里再作简约归纳——

中古中国实行地主经济、官僚政治，优于中世纪欧洲日本的领主经济、贵族政治，从而拥有创建较发达的高级农耕文明的制度前提。

其一，秦汉以下，尤其是中唐废均田制，宋代实行"不抑兼并"的土地开放政策，中古及近古中国确立地主—自耕农土地所有制，这种经济体制比西欧、日本中世纪领主制经济给予农业劳动者以较多自由。地主经济下的劳动者同生产资料结合成男耕女织的生产单位——农户，这些独立农户可以支配自己一家的劳动时间，有较大的经营自主权，因而生产积极性较高，比领主制经济下的劳动者主体——缺乏人身自由的农奴较具活力。

其二，自秦汉以下，尤其是中唐之后，中国确立中央集权的官僚政治，实行文官考选制度，朝廷与庶民对接，扩大了统治基础，优胜于欧洲、日本中古时代的世袭贵族政治。

其三，秦汉以下的皇权体制较彻底地实现政治大一统（政令通行全国，达成国家稳定）、文化大一统（统一度量衡、统一文字、统一伦常规范等），较之欧洲、日本中古时代的诸侯林立、领主纷争，更有利于经济、文化的发展。

其四，中古时代的中国没有陷入宗教迷狂，儒释道等多元信仰并行不

悖、相得益彰，也是中国人赢得经济文化创造力的缘故。

其五，中国人的经验理性，如空间上的整体观、时间上的发展观、由表入里的本质观，皆维系着文明的延传；勤勉的个体劳作习惯，亦有益于农耕经济的发展和技艺的应用及承袭。

概言之，相对自主的农户与农民、集权而开放的官僚政治、经验理性支撑的技术、较为宽容的儒释道三教共弘的精神世界，构成中古及近古时代中华文化元素的结构性优长，中国创造领先中古世界的经济及技术成就，基本原因正深蕴其间。

四、悖论后因：形成稳定板块，难以实现近代转型

前述古代中国的制度性优势，又演化为障碍近代转型的劣势。

其一，小农业与家庭手工业相结合的自然经济的自足性，形成封闭性和惰性。产品与消费间的距离甚近，生产及营运成本低廉，使小农业与家庭手工业结合的经济形态拥有较坚韧的抵御商品经济的能力。

其二，建立在这种经济结构之上的宗法皇权政治强固有力，典章制度完备严密，成为压制资本主义萌芽的巨石。

其三，轻忽科技的儒学占据精神世界的统治地位，"德成而上，艺成而下"[1]的观念因袭已久，教育与生产技艺相脱节，科举制度笼罩下的教育内容和考试内容都排斥科技知识。某些学者关注科技，如北宋沈括对自然论题的精深研究，南宋朱熹注意吸取自然科学成就，明末徐光启以内阁大学士之尊考察并总结农业生产技术，但此类个别成就并未引入教育系统。从总体而言，前近代中国文教蔑视科技、疏远社会经济。

其四，思维方式的限制。传统中国擅长经验理性和辨证方法，有助于经验技术，却不利于近代科学的创生。近代科学借助两种思维方式，一是形式逻辑体系，二是系统的实验方法，而二者正是中国文化的短板。一则，居于主流的儒学不讲形式逻辑，墨辩又被打入冷宫，故未能发展出一

---

① 《礼记·乐记》。

套构造科学理论体系的形式逻辑方法。二则，与定量分析相结合的系统实验方法未能获得广泛运用。由于这两者的欠缺，中国难以产生近代科学。1993年，华裔物理学家杨振宁在香港大学作题为"近代科学进入中国的回顾与前瞻"的讲演，谈到阻碍中国萌生近代科学的原因，他列举五条，其中与科学文化有关的占三条：

> 中国传统学问偏重于人文哲学，
> 教育制度缺乏自然哲学内容，
> 缺少准确的逻辑推理的传统。

居中国传统文化主导地位的儒学逻辑方法比较单一，如孔子无限制地运用"无类比附"（"闻一知十""闻一知百"之类），而类比法固然有一定功效，但其逻辑根据是不充分的。"类比"是以对象之间的某些相似属性为依据，推出它们在其他方面也可能相似的一种逻辑方法。但是，两个事物之间存在某些相似属性，并不意味着两事物的其他属性也必然相似。因此，由类比法推导出来的结论可能接近真实，也可能是错误的。特别是把不同范畴的对象（如自然界与人类社会），无条件地加以类比，其结论往往失之虚妄。孔儒惯用的这种逻辑方法是诗化的而非科学的、感悟的而非实证，不能把人们引导到自然和社会内部进行深入的剖析。

近代科学革命的思维武器，一是数学语言的使用，二是实验方法的普及。中古及近古中国文化略涉这两方面，却未能展开，朝野间占主导的是"无类比附"那样的思维习惯。由于思辨能力有所亏欠的儒学被推尊为文化正宗，中华民族理论思维的发展受到限制，偏于经验理性，阻碍了逻辑的、分析的、实证的思维的发展。弥补传统思维缺憾，促成思维方式现代转换，是中国现代化进程的题中应有之义。

总之，解求"李约瑟难题"，不仅需要探究经济、社会、政治层面的因素，还应当考析古典学术主潮的利弊，洞悉文化生成的机制性优长与缺失，这正是我们在开辟现代文明进路时必须展开的文化反思。

"中国世纪"说当缓议

当下中国正逐步接近百余年来孜孜以求的"富强"目标。

当代中国的崛起引起某些外人的惊诧乃至惶恐，以为中国即将称雄全球，"中国威胁论"应声而起；与此同时，又有论者基于中国存在的经济及社会问题，奏起唱衰之音，"中国崩溃论"不绝于耳。

若置之大历史流程考析，这两类危言耸听之论皆为过度估量，失之短视。以平常心论之，当代中国的成就不过是中国文化全球地位复归"正常"状态。既然是走向常态，不必大惊小怪，或作高估、或加低评。安格斯·麦迪森《中国经济的长期表现：公元960—2030年》指出——

时下中国经济地位的迅猛提升，与其说是中国的"崛起"，不如说是它自公元960年以来长期经济表现中的一次伟大"复兴"，是它与史俱来的强大和繁荣的又一次体现。

笔者欣赏以"复兴"代"崛起"的提法，但需要对麦迪森说加以修正的是，历史上中国领袖群伦，并非自公元960年（北宋）开始，在此前千年之久的汉代以及随后的唐代，中国已是当时全球繁荣的文化体之一。

中国复兴是一个宏伟的历史过程，尚处在进行时，远非完成时。这是我们在前行之际必须记取的一个事实。

中国复兴的显著进展，赢来好评如潮，疑惧、非议乃至谴责也接踵而至。时下西方对复兴的中国有多种评议：除"中国威胁论""中国崩溃论"之外，还有中国机遇论、中国责任论等，而国人尤其需要辨析时兴的"21世纪是中国世纪"说。

一、"中国世纪"说的提出

1973年，英国历史学家阿诺德·约瑟夫·汤因比（Arnold Joseph Toynbee，1889—1975）与日本宗教和文化界人士池田大作（1928—）展开关于人类社会和当代世界问题的对话，其间汤因比说：

> 按我的设想，全人类发展到形成单一社会之时，可能就是实现世界统一之日。在原子能时代的今天，这种统一靠武力征服——过去把地球上的广大部分统一起来的传统方法——已经难以做到。同时，我所预见的和平统一，一定是以地理和文化主轴为中心，不断结晶扩大起来的。我预感到这个主轴不在美国、欧洲和苏联，而是在东亚。①

在西方中心主义占据主导之际，而且当时中国尚未摆脱低迷状态，汤因比把未来文明的希望寄托在东亚，寄托在中国，诚为卓识远见。汤因比进而阐发道：

> 由中国、日本、朝鲜、越南组成的东亚，拥有众多的人口。这些民族的活力、勤奋、勇气、聪明，比世界上任何民族都毫不逊色。无论从地理上看，从具有中国文化和佛教这一共同遗产来看，他们都是联结在一条纽带上的。并且就中国人来说，几千年来，比世界任何民族都成功地把几亿民众，从政治文化上团结起来。他们显示出这种在政治、文化上统一的本领，具有无与伦比的成功经验。这样的统一正是今天世界的绝对要求。中国人和东亚各民族合作，在被人们认为是

---

① ［英］阿·汤因比、［日］池田大作：《展望21世纪——汤因比与池田大作对话录》，荀春生、朱继征、陈国梁译，国际文化出版公司，1999。

不可缺少和不可避免的人类统一的过程中，可能要发挥主导作用，其理由就在这里。①

汤因比基于中国文化的天下一体说、整体观与和平主义，认为中国有可能引领世界统一。这大约是较早系统提出中国将在未来世界"发挥主导作用"的议论。此后，多有欧、美、日学者阐扬汤因比之说。②汤因比在晚年所作《人类与大地母亲》中再次强调，弘扬中华文化有益于全人类在未来走出困境。③

汤因比—池田大作对话后20年，美国《时代》周刊总编辑法利德·扎克里亚（Fareed Zakaria）于20世纪90年代中期指出，当人们将目光流连科索沃战争、伊拉克战争的时候，忽略了20世纪90年代最具象征意义的一件大事——中国的崛起。再过10年以后，这位印度裔美国人执掌的《新闻周刊》2005年9月就中国发展的各个层面进行专题报道，总题《中国的世纪》，扎克里亚撰写主文《未来属于中国吗？》，内称：

> 中国的崛起不再是一个预言。它已是一个事实。
>
> 中国是一个在规模上使美国自惭形秽的国家，13亿人，4倍于美国人口。一百多年来，这个巨大的规模对于美国的传教士和商人而言，始终是一个令人神往的梦……中国非常大，但是非常贫穷。但所有这些正在发生变化。过去看来十分迷人的庞大的规模，现在看来变得令人恐惧不安。而且美国人也不知道所谓的"中国威胁"会否噩梦成真。每个商人这些天都得到一些有关中国的令人炫目的统计数据，令闻者顿时陷入缄默且印象深刻。最令人惊异的发展例子当然是上海。在15年以前，浦东，在上海东部，是未开发的乡村。今天它是上海的金融区。它比伦敦的新金融区金丝雀码头大8倍。工业革命巅峰

---

① ［英］阿·汤因比、［日］池田大作：《展望21世纪——汤因比与池田大作对话录》。
② ［日］山本新、秀村欣二：《未来，属于中国：汤因比论中国传统文化》，杨栋梁、赵德宇译，陕西人民出版社，1989。
③ ［英］阿诺德·汤因比：《人类与大地母亲——一部叙事体世界历史》，徐波等译，上海人民出版社，2001。

时期，英国被称为"世界工厂"。这称号今天当然属于中国。它生产了世界上2/3的复印机、微波炉、DVD播放器和鞋子。

时至世纪之交，随着中国现代化建设的长足进展，"未来将是'中国时代'"（美国知名投资家吉姆·罗杰斯语）、"'中国时代'将提前到来"（韩国李泰勋语）等议论纷至沓来。

提出近现代世界政治大循环论的美国学者乔治·莫德尔斯基（Geroge Modelski）认为：

> 16世纪是葡萄牙世纪
> 17世纪是荷兰世纪
> 18和19世纪是英国世纪
> 20世纪是美国世纪

莫德尔斯基发问："21世纪是谁的世纪？"

美国《时代》周刊对此问作答，2007年1月11日刊登封面文章指出——

> 中国的和平崛起已成既定事实，21世纪注定是中国的世纪。

美国俄亥俄州立大学教授、中国问题专家奥戴德·申卡尔（Oded Shenkar）说，中国崛起不同于日本及"亚洲四小龙"20世纪70—80年代以来的勃兴，而"更类似于一个世纪以前美国的崛起"。[①]这一评析是基于：唯有中国与美国在国家规模上相当，具有全球性影响力，中国兴起的世界意义绝非日本及"四小龙"兴起所可比拟。

季羡林（1911—2009）是中国学人里最热烈的"中国世纪"说倡导者，他更多地从文化层面论析——

---

① ［美］奥戴德·申卡尔：《中国的世纪》，金永红，奚玉芹译，中国人民大学出版社，2005，第3页。

21世纪将是东方文化占主导地位的世纪。

季氏辞世前两年阐发道：

西方形而上学的分析已快走到尽头，而东方的寻求整体的综合必将取而代之。以分析为基础的西方文化也将随之衰微，代之而起的必然是以综合为基础的东方文化。"取代"不是"消灭"，而是在过去几百年来西方文化所达到的水平的基础上，用东方的整体着眼和普遍联系的综合思维方式，以东方文化为主导，吸收西方文化中的精华，把人类文化的发展推向一个更高的阶段。这种取代，在21世纪中就可见分晓。21世纪，东方文化的时代，这是不以人们的主观愿望为转移的客观规律。[1]

奥戴德·申卡尔更多地从经济实力为基础的国力角度论说：

目前我们正看到一个未来世界强国经济的持续和快速的增长，它具有无比丰富的资源、远大的志向、强有力的谈判地位，以及一个确定的、具有商业头脑的多民族国家所必需的资金和技术。崛起中的中国对于世界上其他国家——无论是发达国家还是发展中国家——的影响将是巨大的，所以，这些国家需要制定战略，对这种挑战作出反应。[2]

上述中外人士的判断，归纳起来，基于三个事实：

一者，中国的人口和国土面积决定了这是一个超大体量国家，又具有渊深宏博的文化传统，一旦崛起，必将震撼世界；

二者，近30年的发展势头迅猛，21世纪前10年，GDP渐次超过法、

---

① 季羡林：《三十年河东，三十年河西》，华艺出版社，2008。
② ［美］奥戴德·申卡尔：《中国的世纪》，第3页。

英、德、日，时下已经"坐二望一"，循此惯性，GDP达到全球之冠似在指日之间；

三者，世界历史进入一个拐点：工业文明的西方主宰全球的500年行将结束，以整体、联系、综合理念为基旨的东方（尤其是东亚）必将重回世界中心舞台。

笔者以为，"未来是中国世纪"说，作为一个文化史命题颇具深意——以整体、联系、中道、和谐为主旨的中国文化传统，对于修正起于西方的以分析、征服、社会达尔文主义支配的工业文明的弊端，是大有裨益的，在这一意义上，可以预期中国文化将在后现代世界发挥重大作用。同时，中国经济也有争占鳌头之势。然而，从现实社会层面审度，"中国世纪"说又多存可疑之处。

19世纪中叶中国GDP总量高于英国，19世纪末叶中国GDP总量高于日本，却在鸦片战争中惨败于英、甲午战争中惨败于日，说明经济总量并非国家强弱的决定性要素。以广土众民、经济总量名列前茅而论，时下中国已然是世界大国，却并非世界强国。世界强国必须科学技术领先，占据国际产业链上游；世界强国必须有成熟的民主与法治体系，政制严明高效；国民素质较高，文化具有全球感召力。中国与这些目标皆有较大距离。

建设世界强国是中国复兴的愿景，却远非指日可达的目标。中国还有许多艰巨的功课要做。"中国世纪"说应当缓议。

二、"中国世纪"说的反论

一向肯定中国现代化建设成就的美国前国务卿亨利·基辛格（Henry Alfred Kissinger，1923— ）等人，不赞成"21世纪是中国世纪"说，也不认为中国已经成为美国的威胁。

2012年哈佛大学历史学教授尼尔·弗格森（Niall Ferguson）与基辛格、《时代》周刊总编法利德·扎克里亚（Fareed Zakaria）以及中国经济学者李稻葵，就"21世纪是属于中国的吗"一题举行辩论，基辛格和扎克里亚反对这个命题，弗格森则赞成，而李稻葵作为一名中国学者，虽然站在正方，却否认中国将会称霸世界的可能。基辛格指出，中国不会成为21世纪主导力量，原因在于：

> 从经济方面言之，各大经济体（如美国、西欧、日本等）在快速增长后都会进入减速时期，中国不可能例外；同时，中国经济增长数量与质量不成正比。
>
> 从政治方面言之，中国尚欠缺领导力与执行能力；在地缘政治方面，中国与亚洲的对手必然有激烈的竞争。①

基辛格具体阐发道：

> 我的同事们已经谈到了中国的重要性。我尊重它的巨大成就。谁都不会否认，事实上我也承认中国在过去40年间已经取得了很大成就，我也曾经直接见证过这些成就。但是摆在我们面前的问题是21世纪是否属于中国。我要说的是在21世纪，中国将会受制于国内丛生的经济问题以及十分迫切的环境问题。有鉴于此，我很难想象中国会主导世界。②

基辛格从多个侧面论述"中国世纪"说的非现实性：

> 就经济角度而言，中国已经取得了巨大的成就，但是作为一个国家而言，它还必须每年创造出2400万个就业岗位，每年必须吸纳迁徙到城市的600万人，必须处理1.5亿~2亿流动人口带来的问题。中国的沿海地区处于发达国家的水平，而广大的内陆地区则尚未充分发展，这时中国社会必须作出调整。③

在政治方面——

---

①②③ 转引自《2011全球出版视野中的中国》，《中国社会科学报》2012年1月6日。

它的政治体制必须同时包括经济变革与政治调整，这是辉煌的经济成就引发的必然结果。

从地缘政治角度而言——

中国周边有着14个与其接壤的国家，有些是小国，但是能够将自己国家的影响扩展到中国，有些邻国较大，而且历史上还占据重要的位置，因此，中国任何一个主导世界的企图都会激起周边国家的过度反应，这将为世界和平带来灾难性的后果。[①]

基辛格机智地将"中国世纪"这一并不恰当的论题，转移为中国如何适应外部世界、外部世界如何对待中国的问题：

中国面临的一个挑战就是适应世界。在这样--个世界中，中国在过去的20个世纪里都没有谋求过霸权。

因此，如果我有权擅自改变辩论题目的话，世界面临的问题就不是21世纪是否属于中国了。中国在21世纪无疑会变得更加强大，因此我们面临的问题应该是我们西方人能否在21世纪与中国开展合作。而且，我们还面临另外一个问题，即中国能否与我们一道努力，共同创造一个新的国际结构，在这个结构中，一个正在崛起的国家有史以来第一次融入国际体系，巩固和平与进步。我在我的书中说过，根据我的经验，这种前景不太乐观。但是，从另一个方面来讲，我们从来没有遇到过一系列只有在共同努力的基础上才能解决的问题，比如武器扩散问题、环境问题、网络空间问题以及一系列其他问题。

因此，作为我的结论，我认为，问题不在于21世纪是否属于中国，而在于我们能否让中国在21世纪接受一个更加普遍的观念。[②]

---

① 转引自《2011全球出版视野中的中国》，《中国社会科学报》2012年1月6日。
② 转引自《2011全球出版视野中的中国》，《中国社会科学报》2012年1月6日。

这里提出一个有价值的观点：过去两千年间中国没有谋求世界霸权，而"21世纪是中国世纪"说与中国的这种"不称霸"传统正相悖反，理当加以扬弃。世界也应该善待并不谋求世界霸权的中国，虽然做到这一点并不容易。

提出"软实力"概念的约瑟夫·奈（1937—）在新著《权力的未来》中也发表类似意见：

> 所谓的"中国世纪"尚未到来。未来几十年，中国无论在经济、军事还是软实力方面，皆无法与美国比肩。

以上评说，不同于国际上流行的"中国威胁论"和"中国崩溃论"，是平实、理性、善意的预估，值得我们深思。

笔者以为，将当下及今后的世纪称为某国的世纪，既不符合实际，在效果上也是有害无益的。如果有人一定要以此法命名世纪，笔者郑重建议——"中国世纪说"当缓议。

肆

明清文化五百年

"集古"与"萌新"

　　史者，非徒识废兴、观成败之往迹也，又将以明古今之变易、稽
发展之程序。

——蒙文通《中国史学史》

　　史学的功能，要者在展开历史发展过程，明其变易，方能识破兴废成
败之底里。孟子曰："观水有术，必观其澜。"[①]观史亦然，须从历史流
程（尤其是转折处）着眼。讨论明清文化，需要将其置于中国乃至世界历
史波澜壮阔的进程中加以考究。

（一）

　　明清是秦汉以下帝制系列的末端，但这个末端并非细枝微节，而是相
当庞大繁复的，与帝制雄阔的开端——秦汉遥相照应。

　　周秦之际发生了中国制度史上的一次大变革。秦代（前221—前206）
是宗法封建分权的"周制"向宗法君主集权的"秦制"变异的节点，这种
由"多"而"一"的转折，在春秋战国数百年间已然萌动，故王夫之《读
通鉴论》称战国为"古今一大变革之会"。经由这种变革，至"秦王扫六
合"，一统天下，方正式确立"郡县代封建"的君主集权政制，自此形成

---

① 《孟子·尽心上》。

的定势，笼罩中国史程达两千多年之久，人言"历代皆行秦政制"，即此之谓也。然而，这精要的概括只讲出史迹之半，秦以下两千多年并非单行"秦制"，或如某些昭示"仁政"的帝王及谋士宣称的纯以"周政"治天下，真实情形是：主法的"秦制"与儒家概括的"周制"互为表里、相与交织，帝王无一不左手持儒家经典、右手挥法家利剑，如汉宣帝所称："汉家自有制度，本以霸王道杂之，奈何纯任德教，用周政乎！"[①]对此，拙著《中国文化生成史》下册第九章作了详论，这里不再赘述。

明（1368—1644）、清（1644—1911）是两千多年宗法君主集权社会的晚期，周秦两制交集的制度一如秦汉以来之惯常，不过"秦制"尤其昭彰，其弊端被时之有识者批评，谋求变革的呼声此起彼伏，清初顾炎武称自己所处时代"已居于不得不变之势"[②]。秦以下，有过汉晋更革、唐宋更革，但那都是在农耕文明—君主集权政治大格局内部的调整。中国历史上突破上述格局、以工业文明—民主政治为目标的大更革，在清末民初方得以展开，而明代及清代前中期恰值这一大转折的前夜，其国内表征是资本主义萌芽和早期启蒙文化出现，国际条件是西方近代文化初入中国。然"萌芽"幼弱、"启蒙"声希，明清文化主流延续着秦汉以降的常态，而扬弃性的文化变革在潜滋暗长，所谓"常"中寓"变"，"变"中有"常"，故明清文化宜以"袭常与新变"概括。

（二）

明清处于历史发展的特别节点，略言之——

第一，自秦汉以降，历经多个王朝兴替（不算地方割据政权，列入正史的朝代有：秦、西汉、东汉、魏、西晋、东晋、宋、齐、梁、陈、东魏、西魏、北周、北齐、隋、唐、后梁、后唐、后晋、后汉、后周、北宋、南宋、西夏、辽、金、元、明、清），而明清是与当下最为切近的两个王朝。此点似乎无须言说，却因其为研讨明清史不可轻忽的基点，故仍当阐明。

---

① 《汉书·元帝本纪》。
② ［明末清初］顾炎武：《军制论》。

　　去古未远的明清可称为"近古"，其制度与文化，综汇前代，无论从积极意义还是从消极意义言之，都为近现代中国提供了最直接的遗产。这里且不议制度文化与形而上的观念文化，即从可触摸的形而下的器物文化论，唯明清保有较丰富的可供今人观摩的实存体。以建筑为例，中国历朝宫殿无算，但秦之咸阳宫、阿房宫，汉之长乐宫、未央宫，唐之太极宫、大明宫、兴庆宫，宋之艮岳，多毁于"改朝换代"的战火，消弭于历史尘埃，只可通过司马相如《上林赋》、曹植《铜雀台赋》、杜牧《阿房宫赋》一类美文，遥想当年宫阙的壮丽，留下远望凭吊的惆怅。今人能实在见到的完整皇殿，只有明清紫禁城，那太和殿、中和殿、保和殿的伟岸，彰显帝制的威严；那藏品之渊富，昭示中华声明文物的精深博大。先秦以下，京师、州县城垣更难以数计，当下仍然屹立的南京城、西安城、荆州城、平遥城等硕果仅存者，皆明清所建。战国以降，累代筑长城数万里，而完整保存至今的砖筑长墙只有明长城，吸引中外游客的渤海边山海关、金山长城、八达岭长城、慕田峪长城、甘肃嘉峪关，亦如是。若以典籍为例，巨型类书《永乐大典》、最大辞书《康熙字典》、超级丛书《四库全书》无不集成于明清……

　　在一定意义上，经由"近古"明清，方能辨识"中古"汉唐、"上古"先秦；透过"近古"明清，方能了然近现代的由来有自。

　　第二，两朝五百余年是中国史上连续统一时间较长的阶段（只有两汉集合的四百余年统一时段略可与之比肩）。

　　明代从政制、军制、财制、文教制诸方面使掌控一统帝国的秦制得以强化，亦注意发挥周制的调适功能；清承明制，但张大了民族压迫要素（清前期尤甚），又较充分地融汇周制与秦制，集皇权制度之大成。明清的重要历史作用是，使秦汉以来一统国家的建构得以完备与强化，再无分权势力尾大不掉。如果说，汉代封国、郡县并列，唐代节度使掌握军政，导致藩镇割据，国家分裂不时发生（西汉吴楚七国之乱、西晋八王之乱、东晋后的五胡十六国、唐后的五代十国为剧烈演绎），而明清制度则杜绝分裂的可能，各种外力与内力皆不足以真正撼动统一大局。然而，明清使秦制极端化，专制罗网严密以至苛酷，阻碍社会近代转型，束缚人的自由发展。明清制度的双重功能，为明清以后时代提出维护"一统"与突破

"专制"这颇相扞格的两大使命,容易顾此失彼,中国近代化进程因此崎岖错综。

第三,明朝是最后一个汉人王朝,清朝是继元朝后第二个少数民族入主中原的大一统王朝。

传统中国有几个重大分野,为士众念念于兹,其中与"君子小人之辨"相提并论的便是"华夏夷狄之辨"。明清易代不仅是一般意义上的改朝换代,还有"华夷换位"含义,这是非同小可的一大变故,黄宗羲称之"天崩地解"①,王夫之称之"地坼天乖"②"天崩地裂"③,不仅震撼中国,在朝鲜、日本等汉字文化圈诸国也引起强烈反响。因此,清末的社会变革,不仅要实现时代性递进(农业文明向工业文明转化,皇权专制向宪政民主转化),还要解决作为人口主体的汉族的民族性存续问题(太平天国与辛亥革命都曾以"反清复明"作号召,"排满"具有最广泛的民众动员作用)。更重要的是,时至清中叶以降,国人在抗御西力东侵之际达成中华民族共识,这是尤具深远意义的新的民族主义命题。古老的"华夷之辨"又迭加近代民族理念的形成,构造了近古数百年,尤其是晚清数十年朝野竞相求解的绝大题目,多少事变、多少人杰都围绕此题运转。这是明清史的复杂性超迈前朝的所在。

中国建立近代民族国家、形成文化认同,是在明清五百余年的错综进程中得以实现的。一个众族共生、多族互动的古老大国铸造近代民族国家共同体,较之单一民族国家(如日本、德意志)的近代立国远为困难。而明清两代为此提供了丰富的经验教训。值得详辨的是,清朝既有民族压迫深重的一面(以满人入主中原初期为甚,清末推出满洲亲贵主导的"皇族内阁"为其回光返照),又有满汉成功交融的一面(汉人士子在清朝发挥重要作用,康雍乾诸帝对汉文化的精深修养为其表征),还有实现诸民族亲和的一面(朝廷特设承德避暑山庄接待北方及西北诸族首领,展示了谋求民族团结的智慧),识者当全面观照,不可偏执一端。

第四,两朝皇权制度完备,汉、唐、宋抑制皇权的要素(如贵族权、

---

① [明末清初]黄宗羲:《留别海昌同学序》。
② [明末清初]王夫之:《五十自定稿·长相思》。
③ [明末清初]王夫之:《忆得·放杜少陵文文山作七歌》。

相权等）被大为裁抑，明清攀援至君主集权制的顶峰。

明代削夺封建贵族权力（永乐以后诸封王"授土而不临民"，王侯未获诏旨不得进京、不得相互联络，禁止干预地方政务），废除秦汉以来沿袭千余载的丞相制度，皇帝直辖六部和行省三司，内阁成为皇帝处理政务的秘书，还受司礼监制衡，又有厂卫严密监控，皇权几近极致。清承明制，明代中央集权体制基本照单全收，但保留满蒙贵族特权，又增设军机处，皇帝在几名近臣辅弼下独揽朝政。明清的皇权政治多有"不衷古制"的弊政（如明代频繁更迭以至杀戮首辅、廷杖处罚朝官，清代以文字狱恐吓士人，令其就范文化专制），其流弊之一是败坏官风、挫伤民气。现代哲人反思的"官腐民懦""精神胜利""看客心理"等"国民劣根性"，其近源正在明清专制政治对官民的精神戕害。

明清皇权专制达于极端，而声讨皇权专制的思潮也潜滋暗长，但皇权制度根深蒂固、皇权思想影响力劲拔，久久控扼朝野，即使清末革命洪涛掀翻帝制，而民主政治仍遭遇难产，这与明清皇权专制的强势遗传颇有干系。

第五，进入地主—自耕农经济成熟期，达到农业文明的最高水平。

明清的生产力规模，早期工业国尚不能望其项背。综合各种统计，18世纪前后的中国GDP约占全球二至三成①，其经济体量世界第一（但大而不强），并对早期工业国的产品有相当排拒力，而丝绸、瓷器、茶叶深受海外欢迎，因此外贸一直巨额出超。史载：18世纪中叶，中国每年出口欧洲的生丝约1万担，价值约140万两白银。英国人斯当东著《英使谒见乾隆纪实》记述：乾隆间，每年由外国商船运到欧洲的华茶约2000万磅，价值近400万两白银。当时正值西班牙等殖民主义国家在美洲墨西哥等地开采、冶炼白银，西方以之换取中国产品。从明万历开始，西班牙银元（时称"本洋"）流入中国，清中叶达到高峰，中国成为白银库存量最多的国度。德国人贡德·弗兰克著《白银资本》载：1545年到1800年，从海外流入中国的白银大约6万吨。1/3到1/2的美洲白银，最终输向中国，西方因以

---

① ［英］安格斯·麦迪森：《中国经济的长期表现：公元960—2030年》，伍晓鹰、马德斌译，上海人民出版社，2011。

发生"银荒"。直至19世纪初中期，"世界工厂"英国的商品也难以打入"农业—手工业紧密结合"的中国市场，于是通过鸦片贸易使白银从中国大量外流，又令中国人体质精神双双孱弱，成"东亚病夫"，以便驱使。此祸延绵百年。

明代中后期，既有资本（白银），又有国际市场，长江三角洲、晋东南等地商品经济繁荣，"机户出资，机工出力"的工场手工业发展，区域商品市场形成，晋商、徽商、浙商名满天下，在经济、文化、社会诸领域颇有建树。然而，"农业—手工业紧密结合"的生产方式对商品经济的抑限，专制皇权（通过皇庄、皇店、矿监、税使）对民间工商业的超经济剥夺，使资本主义萌芽如大石镇压下的植物，难以健康发展，一度享誉天下的工商品牌大多成"断尾蜻蜓"（晋商、徽商乃至广东十三行中的著名商号皆未延传下来），绝少如日本的住友（1590年开端）、三井（1673年开端）、三菱（1870年开端）、安田（1863年开端）那样持续发展数百年的工商企业。此种情形延至当代，调查显示，今之日本有150年以上历史的企业高达21666家，而中国仅有"六必居"、"张小泉"剪刀、"陈李济"、"同仁堂"药业等为数极少的"百年老字号"（多为餐饮业、中药店及小手工业）。

明清鼎革之际大规模战乱的摧折，使商品经济遭受重挫（"嘉定三屠""扬州十日"正发生在工商业经济、市民文化最发达地区）。清初减免明代"三饷"、实行"摊丁入亩"，此皆善政，对复兴农业经济功不可没，"康雍乾盛世"由此奠定物质基石，然这类"轻徭薄赋"举措皆不逾古典范域，并无近代新机制可言，故清中"盛世"不过是旧道踱步。明史专家李洵说，明清"只有资本主义萌芽时期，而没有资本主义确立时期"。诚哉斯言！

第六，国际环境异于往昔。

如果说汉、唐、宋面临经济落后、武功强劲的游牧民族来袭，"御胡"是基本的军事任务，明代依然如此（抵御北元和满洲），然晚期又有携西方早期近代文明的传教士来访，在中国文化池塘吹起涟漪。这是继晋唐间南亚佛学入华之后，中国文化线与外来文化线的第二次交会。清中叶以降更有经济先进、船坚炮利的西洋殖民者入侵，国防重心从西北"塞防"转为东南"海防",中国遭逢数千年未遇之强敌。晚清面临"三千年未有之大变局",已无法沿固有轨迹运行,被动卷入世界近代化滚滚洪涛之中。

明初有郑和七下西洋（1405—1433）的绝世壮举（航海技术之高、船队规模之大,均在此后半个多世纪的西方诸次远航之上）,展示了高级农耕文明和一统帝国的富强和对外拓展能力。然而,此一远航虽推进了商贸发展,然主旨并不在此,昭显帝威才是宏愿所在。乏于经济收益及社会动力的政治性远航被时人视为劳民伤财、无益有害的弊政,在发动者永乐帝、实行者三宝太监相继辞世后,必然人亡政息,难以为继,朝廷不仅自弃巨舰,连远航档案都加以销毁。诚如梁任公《祖国大航海家郑和传》所谓:哥伦布、达·迦马后有无量数哥伦布、达·迦马,"而我则郑和以后,竟无第二之郑和"。加之明清两朝相继厉禁民间海洋航运,中国自行退出15世纪末开端、一发不可收的世界大航海潮流（也就止步于近代工商业文明的门槛之外）,中国在中世纪的"先进"地位就此打上句号,等待着四百年后西洋人以枪炮和工业品击破闭锁的国门。

自己终止"走出去",必然被外人"打进来",这是明清史昭示的教训,也是从分散趋向整体的近代世界史作出的结论。

（三）

文化的某些成分（如风俗习惯、行为方式、艺术形式的若干断面）,不一定有先进落后之别,如中医与西医、筷子与刀叉、京剧与歌剧、水墨画与油画,各具特色、各有优长,不必作线性比较。而物质文化（以生产力水平为主要标志）,还有制度文化及观念文化的某些部分,在历史行程中后浪逐前浪,存在先进落后的线性序列。以后一侧面而论,明清五百多年,是中国在世界文化总进程中从先进跌入后进的历史转折阶段。

"华夏民族之文化,历数千载之演进,造极于赵宋之世"（陈寅恪语）,宋代生产力及科技、文化水平领先世界,明至清初大体与欧西持平,清中叶以降则落入"后进"行列。这并非是清代在衰退,而是因为自恋于"天朝上国",故步自封,被国人十分陌生的工业化西洋及后起的东洋日本弯道超越（鸦片战争中清廷败局已定之际,道光皇帝还不知对手英吉利是何方神圣，是否与大清接壤；中日甲午战争时，清方朝野对新兴的日本茫然无知），陷入落后挨打困境。

近代以前，国人以"声明文物之邦"傲视群伦，很少作文明水平的国际比较，我们只得从外国人的评华言论中略见大貌——

元初入华的意大利人马可·波罗对大都、杭州充满景仰，对"契丹"（实为中国）文明的先进性多有佳评；明末清初来华西人利玛窦、艾儒略、汤若望（1591—1666）、白晋（1656—1730）、张诚（1654—1707）等留下多种对中国的观察记录，褒贬杂陈，却未见从总体上指中国"落后"的言论。

18世纪的西欧，推崇中国文明（伏尔泰、魁奈等）、贬抑中国文明（亚当·斯密、孟德斯鸠等）并存，然推崇占主导。18世纪末叶以降，随着英国工业革命的成效以加速度显现，中西文明水平差距急剧拉大，发现中国落后的西人，由凤毛麟角变得如过江之鲫。乾隆五十八年八月（1793年9月）为乾隆帝祝寿的英国使臣马戛尔尼，窥破貌似强大的"中华帝国"的虚弱本质，将清朝称之"泥足巨人"[1]。这是外国人关于中国已入颓势的较早评述。

19世纪入华西洋传教士、商人、军人、外交官、学者的中国见闻录，更充满中国"落后"的记录。同为后进国的日本于江户幕府末期，在锁国两百年后，首次派官船"千岁丸"造访中国上海，随船日本武士原先多对文化母邦中国怀有敬畏，但他们目睹的清朝，一片破落景象，官腐民弱，日本武士的中国观遂由崇仰转为鄙夷，甚至萌生"率一万骑，扫平中国"的狂念。须知，那时的日本尚处半殖民地弱势状态。[2]

至于中国人，在门户开放后也开始注意中外比较，发现自身的落后，如冯桂芬《校邠庐抗议》有六"不如夷"之论（"人无弃材不如夷，地无遗利不如夷，君民不隔不如夷，名实必符不如夷"，"船坚炮利不如夷，有进无退不如夷"）。而承认落后，正是奋起直追的开端，"始则师而法之，继则比而齐之，终则驾而上之。自强之道，实在乎是"。王韬更一

① ［英］乔治·马戛尔尼、约翰·巴罗：《马戛尔尼使团使华观感》，何高济、何毓宁译，商务印书馆，2013。
② 冯天瑜：《"千岁丸"上海行——1862年日本人的中国观察》，商务印书馆，2001。

反仅仅把西力东渐视作灾祸的观点，认为这同时也是中国进步的契机，他在1864年所撰《代上苏抚李宫保书》指出："合地球东西南朔九万里之遥，胥聚于我一中国之中，此古今之创事，天地之变局，所谓不世出之机也。"

自孙中山以来，觉醒、有担当的中国人高唤"振兴中华"，便是要抓住这"不世出之机"，从近二百年颓势中超拔出来，追向世界文明的先进行列。

（四）

以上概述明清所处的历史方位，由此派生的明清文化因以呈现"集古"—"萌新"的双重属性。

其一，明清是中国古典文化的总汇期。

典籍整理、文化集成工作自明而清，以空前浩大的规模展开，类书《永乐大典》《古今图书集成》，辞书《康熙字典》，丛书《四库全书》均为中国乃至世界相关典籍之最。

订正、考释古典的考据学始于明中叶（杨慎等为代表），清中叶更为学术主流，代表学者有以惠栋（1697—1758）为首的"吴派"（沈肜、江声、余萧客、江藩、王鸣盛等）；以戴震（1724—1777）为首的"皖派"（段玉裁、程瑶田、金榜、孔广森和王念孙、王引之父子等）；以阮元（1764—1849）代表的"扬州学派"（任大椿、焦循、汪中等）。乾嘉考据学对古代典籍作系统整理、对传统文化作全面总结，使得数千年来各个学科、各个领域的专门之学得到发掘、彰显和条理化。其研究对象重在古籍、古史、古器物，治学态度如"老吏断狱"，"实事求是""无征不信"，其理性态度、实证方法，与近代科学并无二致，对中国乃至日本的近现代学术影响深巨。

明清集传统科学技艺之大成，药物学巨著李时珍的《本草纲目》，农学总成且吸纳西学的徐光启的《农政全书》，手工业技艺百科全书宋应星的《天工开物》，地学杰构徐宏祖的《徐霞客游记》，造园绝世经典计成的《园冶》，沿袭两百余年的雷氏建筑术（仅国家图书馆就珍藏"样式雷"两万多张建筑图样）等，均达到前工业时代的最高科技水平，即使今日观之，也颇有发明、发现方面的启示。

其二，程朱理学主导精神世界，继之心学崛起，又复归于程朱，构成明清形上学的圆圈，晚清新学勃兴方突破此一圆圈。

自晋唐以降，佛教与道教在信仰世界的影响力愈益增强，儒学退守。至宋明，儒者在消化吸收佛道思辨成就的基础上，展开类似晚周孟子"辟杨墨""辟佛老"的努力，一种思辨化的、以伦理为核心的新儒学——理学在宋代兴起，提供克服信仰危机和道德危机的精神武器。中经元代，至明清，朝廷推尊理学，将二程（程颢、程颐）、朱熹论证的"纲常""天理"规定为伦理、政治指针，"四书"朱注成了科举考试范本。富含理性和民本精神的儒学，因为官方片面伸张、强力推行而趋于僵化，衍为一种御用的"制度化儒学"，礼教渐趋严密地桎梏公私精神生活，与亚里士多德学说在欧洲中世纪教条化的情形颇相类似。而明中叶崛起的阳明心学，强调个体心性修为，倡导"致良知""知行合一"，有思想解放意蕴。由阳明学衍生的泰州学派反映市民阶层突破礼教樊笼的诉求。

与心学在明末走向空疏相抗衡，眼光投向社会实际的经世实学也有发展（自明末至清末多种"经世文编"的修纂显示此学的昌盛），架设通向近代新学的桥梁。

极端的专制皇权激发明清之际"非君论"涌动，在市民文化及党社文化中产生出继承并超越先秦"民贵君轻"说的"新民本主义"，不仅谴责个别暴君、昏君，其批判锋芒普遍地指向"今之君"，即秦汉以降皇权专制制度下的全体帝王（黄宗羲《明夷待访录》、唐甄《潜书》为代表作）。笔者与谢贵安合著的《解构"专制"——明末清初"新民本"思想研究》有详论，此不赘述。明清之际，黄宗羲、顾炎武、王夫之、傅山（1607—1684）、唐甄（1630—1704）代表的早期启蒙思潮别开生面，但在皇权高压下，此种思潮只能暗流潜行（"待访录""潜书"传神地表达了此种窘态），且在清中叶沉寂百余年，嘉道间的龚自珍、魏源重振其说，成为近代民主思想的前导。而近代新学萌动之际，颇多对"晚明遗献"的借助，这正是一种"以复古求解放"的历史辩证法之显例。

其三，伴随城市经济发展，市民文学蓬勃兴起。

俗谓：中古至近古文学主潮经历了"唐诗—宋词—元曲—明清小说"

几阶段。小说确乎是近古最具特色的文学样式。明清小说从"魏晋志怪志人—唐代传奇—宋元话本"一路走来，渐成洋洋大观。传奇、话本都是短篇，明清短篇精进不已（明末"三言二拍"、清代《聊斋志异》皆短篇集合，《儒林外史》则"虽云长篇，颇同短制"），更涌现长篇巨制，讲史小说《三国演义》，英雄小说《水浒传》，神魔小说《西游记》，世情小说《金瓶梅》《红楼梦》成为古典文学新的楷范。

明清出现将小说、戏曲提升到与诗文并列地位的议论，甚至认为其教化功能可与经书相配。明人李贽（1527—1602）称《水浒传》和《西厢记》"皆古今至文"①，"公安三袁"服膺其说；明末清初人金圣叹（1608—1661）称："天下之文章，无有出《水浒》右者；天下之格物君子，无有出施耐庵先生右者。"②明清小说在思想及手法上一创全新格局的则是《红楼梦》。

小说、戏曲繁荣，文学走出象牙塔，活跃于市井勾栏，为雅士俗众共赏，形成一种信息为大众同享的公众场域。加上童蒙读物流行，中国传统文化的普及与世俗化，以明清为最。

其四，"西学东渐""东学西渐"双向互动。

明末清初，西欧耶稣会士东来，与徐光启、李之藻（1565—1630）、王徵（1571—1644）等中国士人协同译介西方文化成就（《几何原本》《同文算指》《坤舆万国全图》《远西奇器图说》等），清代顺康两朝，皇室爱好西学。与此同时，数以百计的来华耶稣会士又向西方译介中国经典及社情，此为欧洲启蒙运动的一种精神借鉴。西学东渐、中学西渐乃17、18世纪中西文化史上的盛事。由于清廷和罗马教廷两方面的原因，这种东西文化互动在清代雍正、乾隆前后中断百余年。清末以降，伴随西力东侵，马礼逊、丁韪良、傅兰雅（1839—1928）等欧美新教传教士来华，在宗教殖民的同时传播西方近代文化，李善兰、徐寿、华蘅芳（1833—1902）等中国士人有辅译之功。严复等启蒙思想家躬亲西学译述，使"西学东渐"在更高层面和更广范围得以展开，进化论、民约论、民权论、自

---

① ［明］李贽：《焚书·童心说》（卷三）。

② ［明末清初］金圣叹：《水浒传序三》。

治论、民族国家论及科学技术传入中国，激起波澜，学堂、报纸、图书馆等近代文化设施雨后春笋般涌现，新文学艺术、自然科学、社会科学得以专科发展，知识分子取代士大夫成为文化人主体。王国维（1877—1927）把"西洋之思想"比拟为"第二之佛教"，并预期对中国学术文化作出创造性贡献的，必是中西之学的"会通"者、"化合"者。[1]王国维断言："异日发明光大我国之学术者，必在兼通世界学术之人，而不在一孔之陋儒，固可决也。"[2]梁启超更寄望中西文化"结婚"，以产出健美的"宁馨儿"，以强吾宗。

新学取代旧学似成一不可逆转之势，然被统称"旧学"的传统文化自有其深巨潜力和广远影响力，在近现代文化进程中发挥无可替代的、或显或隐的作用，故"且居今日之世，讲今日之学，未有西学不兴而中学能兴者，亦未有中学不兴而西学能兴者"[3]。中西文化激荡（既相冲突又相融汇）构成清末民初的重要景观，戊戌变法前后展开的中西古今的体用之辩，透露中西会通的广度、深度及难度（此辩在学理层面、社会实践层面一直延伸到今天）。

---

①　王国维：《论近年之学术界》。

②　王国维：《奏定经学科大学文学科大学章程书后》。

③　王国维：《〈国学丛刊〉序》。

明代理学流变考

梁启超在《中国近三百年学术史》中指出：

> 可以把宋元明三朝总括为一个单位——公历一〇〇〇至一六〇〇——
> 那个时代，有一种新学术系统出现，名曰"道学"。那六百年间，便
> 是"道学"自发生成长以至衰落的全时期。

"道学"，或称"理学"，是中国古代社会后期的正宗文化和官方哲学，对宋元明清几代的社会生活发生深广的影响。理学作为哲理化的儒学，作为儒学与佛学相杂交，易、老、释三玄相混的理论体系，有一个从酝酿、成形、兴盛到变态、衰落的漫长历史，这一复杂错综的过程，反映了古代社会后期思想文化演变的态势，显示其迂回性和迟缓性。考查这一时期的文化万象，把握理学的流传演变是提纲絜领之所在。

理学在明代经过由兴盛到变态的历程，各个学派大起大落，头绪纷繁，虽然黄宗羲在《明儒学案》中对明代理学各流派作过精到、周详的述评，但以近代眼光视之，仍有重新斟酌的必要。

一、明以前理学发展大势

明代理学直接承袭宋代，故在研讨明代理学流变之前，应当对宋代理

学作一鸟瞰式回顾。

　　宋代是理学由形成到兴盛的时期。周敦颐（1017—1073）、程颢（1032—1085）、程颐（1033—1107）、张载、朱熹等宋代诸子在构筑理学体系时，打出了"道统"的旗帜，并以孔孟学说统系的继承者自居；同时，为了弥补古典儒学思辨性的不足，他们除了将《孟子》从子书提升到经书，把《小戴礼记》中两篇谈论性命、穷理正心的文章《大学》《中庸》纳入经典行列外，还以种种方式援佛入儒，援老庄入儒，借助佛学精密的理论体系和思辨性较强的老庄学说，促进儒学的哲理化，以便更有力地为纲常名教进行理论论证。高举"道统"的阳面大旗，又采取"援佛入儒"的阴面手法，决定了理学的特殊风貌。总之，理学与先秦儒学原教已有相当大的变异。孔子的学说偏于伦理政治，哲理思辨非其展开部；而理学则偏于哲学、个人与理智。从这一意义来说，理学是古代社会后期兴起的"新儒学"。

　　然而，追究起来，高举"道统"旗帜和"援佛入儒"这两个特点，并非始于宋代诸子。早在唐代，"文起八代之衰，道济天下之溺"的韩愈，鉴于魏晋以降释老盛行、儒学消沉，佛教在隋唐大有风靡之势的状况，起而阐明儒学传统，排斥释老。韩愈在《原道》中指出，自尧舜禹汤，中经文武周公，直至孔孟，存在着一个一以贯之的"道统"。宋代诸子，尤其是朱熹，接过韩愈的道统说。朱熹宣称："于是河南程氏两夫子出，而有以接乎孟氏之传……虽以熹之不敏，亦幸私淑而与有闻焉。"①明确表示，二程和他自己，已将孟子以下的道统承传大业一肩担起。可见，就树立"道统"旗帜而言，宋代理学家模仿韩愈。此外，韩愈虽竭力排佛，但他也为援佛入儒留下余地。他说："孔子之作《春秋》也，诸侯用夷礼则夷之，进于中国则中国之。"②至于与韩愈同时的柳宗元更提出"三教合一"说③，揭示出儒、道、释三教相通之处。柳宗元还指出："浮图（佛的音译——引者）诚有不可斥者，往往与《易》《论语》合……不与孔

①　《大学章句序》。
②　［唐］韩愈：《原道》。
③　《柳河东集·送元十八山人南游序》。

子异道。"①这就直截了当地道明儒佛存在的一致性。而韩愈的朋友李翱（772—841）在《复性书》里，一方面驳斥佛教成佛之说，一方面以佛理解释儒家著作，用禅宗"我以心通"的功夫，阐发《中庸》的意旨，与此同时还掺杂进老庄思想。这一切，开"援佛入儒""援老庄入儒""儒表佛里""儒表道里"的宋代理学的先河。

虽然韩愈、李翱等人已经初步揭示理学主旨，然而，他们的理论毕竟失之粗疏，更未深究自然观和宇宙论，没有构成精密的体系，因此，宋代诸子并不承认唐人为前驱，而宣布自己直接承受孔孟的"心传"。这是宋代理学的又一特色。朱熹指出："秦汉以来，圣学不传，儒者唯知训诂章句之为事；而不知复求圣人之意，以明夫性命道德之归。"②由这番话可以看出两层意思：第一，朱熹认为秦汉以来（当然包括唐），道统无人继承；第二，朱熹所谓的道统，非指词章之学，而是指的性命道德。本来，孔门之学有"文章"和"性与天道"二者之分，如《论语·公冶长》载："子贡曰：'夫子之文章可得而闻也。夫子之言性与天道不可得而闻也。'"简而言之，孔门的子夏一派是讲文章、文献之学的，荀况继承之，汉学发扬之；曾参一派是讲义理之学的，子思、孟轲继承之，宋学则与其一脉相通。

以阐扬孔孟"性与天道之说"自命的宋代理学，由宋初"三先生"——胡瑗（993—1059）、孙复（992—1057）、石介肇其始。正如宋人黄震（1213—1280）所说："本朝理学，虽至伊洛而精，实自三先生始。"③"三先生"中的胡瑗所创立的"湖学"（胡瑗为湖州人），在宋初影响很大，出其门下的士子多达数千人，程颐便是及门弟子。

真正为宋代理学建立体系的，首推"濂溪学"（以创始人周敦颐之名号濂溪得名）。周敦颐所著《通书》《太极图说》，直接承受于华山道士陈抟，其宗旨是"主静立人极"，是一种易学与老庄的综合体系。周敦颐所提出的生命观，不追求来世，也不追求长生不老，而认为人活着，头等大事便是"学做圣人"，这是一种"入世"哲学，不同于佛老的"出世"

---

① 《柳河东集·送僧浩初序》。
② ［南宋］朱熹：《中庸集解序》。
③ 《黄氏日钞》。

哲学。由于理学人生观有此特点，所以理学虽然多采取佛老，却又区别于佛老。

继"濂溪学"之后崛起的，是二程的"洛学"（以二程故乡洛阳得名）。其实，二程虽然并称理学开山大师，却各辟蹊径。程颢学说以"识仁"为首，"立敬"为要。他说："学者须先识仁。仁者，浑然与物同体，义、礼、知、信皆仁也。"①他不注重形而上的"理"与形而下的"器"之间的区分，所谓"器亦道，道亦器"②，将客观归纳于主观，成为陆王心学的先导。而程颐则注重形上、形下之分，他说："气是形而下者，道是形而上者；形而上者，则是密也。"③程颐还主张"涵养须用敬，进学在致知"，成为朱熹的"理一元论"哲学的前身。

与二程"洛学"同时，则有张载创立的"关学"（以张载故乡陕西关中得名）。张载少时有任侠之气，喜谈兵，后就学于范仲淹（989—1052），攻读《中庸》等儒家著作，又求诸释老。其学术重"礼"，并注意自然及兵学研究，不尚空谈。张载认为"气"是第一性的，"凡可状，皆有也；凡有，皆象也；凡象，皆气也"④。他的"太虚即气"的学说，将中国古代唯物主义哲学推向"气一元论"这一新的高度。张载的学说在宋元明流传不及程朱广泛，他的著作在明初虽被选入《性理大全》，但不为一般士子所重视。在明代，承袭并发展"关学"的，是自称程朱学派，实则与程朱"理在事外""道在器外"相对立的罗钦顺（1465—1547），以及置身于朱学和陆学系统以外的非理学家王廷相（1474—1544），而明清之际的王夫之更以张载为宗师。所以，张载在中国思想史上的重要地位，主要不因其是理学家所决定，而在于他是近古唯物主义的先导。

理学经过北宋诸子的阐扬，已具有相当博大的气象，而南宋朱熹开创的"闽学"（以朱熹寓居福建得名），更集濂、洛、关诸学之大成，并注意吸收自然科学成就，又采纳若干禅宗的论证方法及思想材料，构筑一个空前庞大的体系。在哲学上，朱熹发展二程（主要是程颐）的"理一元

---

① 《河南程氏遗书》卷二上。
② 《河南程氏遗书》卷一。
③ 《河南程氏遗书》卷十五。
④ 《正蒙·乾称篇第十七下》。

论"，反复论述"理"是第一性的，所谓"理在气先"，"有是理便有是气，但理是本"①。而且，理是永恒的本体，"且如万一山河大地都陷了，毕竟理却只在这里"②。在伦理学上，朱熹将"天理"与"人欲"对立起来。在朱熹那里，"天理"即是名教伦常，"其张之为三纲，其纪之为五常"③；而"人欲"则是指饮食男女等人们的物质要求。朱熹提出："圣人千言万语，只是教人存天理，灭人欲。"④用纲常名教压抑人们正当的生活要求。朱熹把封建政治制度和伦理道德本原化，将其归结为不可动摇的"天理"。他是继董仲舒之后，又一个将儒学神圣化的思想家。由于具有这样一些特点，朱学被专制帝王所借重，成为此后五百年间的统治思想。

与朱熹同时代，却又别树一帜的理学家，是"江西学"的代表人物陆九渊（1139—1193）。陆九渊的学问大旨以尊德性为宗，教人以"悟"为主。他上衔孟轲"万物皆备于我"的主观唯心论，并与程颢"只心便是天"的命题直接相依，提出"心即理"说，认为"宇宙便是吾心，吾心即是宇宙"⑤。他力图论证，伦常名教是人心所固有的。由于陆九渊的学说以发明本心为究竟，所以被称为"心学"。他的"心一元论"与朱熹的"理一元论"形成对立，朱陆二人遂有"鹅湖之会"。但这场论战非但没有结束辩论，以后两门弟子更水火不相容，一直发展到明代，陆学的继承者王守仁（1472—1529）与朱门后学继续展开驳诘论难。

此外，宋代理学家还有邵雍等多人，但最重要者已如上述。至于以王安石为代表的"荆公新学"，以苏轼（1037—1101）为代表的"蜀学"，以陈亮为代表的"永康学"，以叶适为代表的"永嘉学"，虽然都有颇大影响，但笔者以为均属理学之外的学派，故未在本文论列。

概而言之，理学从酝酿、形成到大盛，其脉络略如下表：

---

①② 《朱子语类》卷一。
③ 《朱子文集》卷七，《读大纪》。
④ 《朱子语类》卷十二。
⑤ 《象山先生全集》卷二十二，《杂说》。

（唐）　　（北宋）　　　（南宋）　（元）　　（明）

韩愈　　　周敦颐 → 程颢 → 陆九渊 → 吴澄 → 陈献章 → 王守仁

　　　　　　　　　　　　　　　　赵复

　　　→ 胡瑗 → 程颐 → 朱熹　　　　　→ 宋濂及明初
　　　　　　　　　　　　　　　　　　　　诸儒

李翱　　　　　　　　　　　　　　许衡

　　　（范仲淹）→ 张载 ------------------------→ 罗钦顺

　　　　　　　　　　　　　　　　　　　　（王廷相）

（括号内不属理学家）

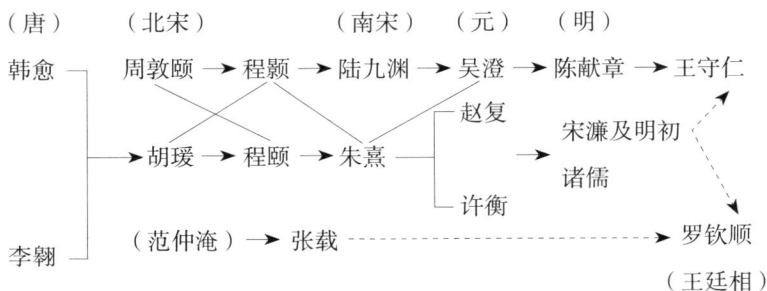

二、初明——理学的"述朱期"

由于统治者以行政手段大加干预，明初成为程朱的一统天下，学术思想别无创新。正如黄宗羲所指出的："有明学术，从前习熟先儒之成说，未尝反身理会，推见至隐，所谓'此亦一述朱，彼亦一述朱'耳。"①故我们可以把初明称作理学"述朱期"。明初"文臣之首"、金华学派的宋濂（1310—1381）便是程朱的崇拜者，他的得意弟子、人称"读书种子"的方孝孺（1357—1402）在洪武、建文时期被呼作"程朱复出"②。明前期的其他几个大儒亦有类似情形：曹端（1376—1434）被时人称为"今之濂溪"③；河东学派薛瑄（1389—1464）"以复性为宗，濂洛为鹄"④；崇仁学派吴与弼（1391—1469）学宗程朱，"一禀宋人成说，言心则以知觉而与理为二，言工夫则静时存养，动时省察"⑤。吴门弟子虽有转手，但对其师说，"终不敢离此矩矱"⑥。

作为初明理学大师的吴与弼，有几个著名弟子。一为胡居仁（1434—1484），他"辨释氏尤力"⑦。二为娄谅（1422—1491），他曾收17岁的王守仁做门徒，师生间"深相契"，所以明人往往把娄谅看作王学的发

---

① 《明儒学案·姚江学案叙录》。
②③ 《明儒学案·师说》。
④ 《明儒学案·河东学案·文清薛敬轩先生瑄》。
⑤ 《明儒学案·崇仁学案叙录》。
⑥⑦ 《明儒学案·崇仁学案·文敬胡敬斋先生居仁》。

端①。三为陈献章（号白沙，1428—1500）他早年就学于吴与弼，但其学术思想与吴已有所差异，他主张以"虚"为基本，以"静"为门户，其"识趣近濂溪，而穷理不逮"②。陈献章还是明代理学家中第一个大胆"通禅"的人物。他的"主虚"以保心灵，以静坐达到至虚之道，都类似禅宗工夫。他"论道至精微处极似禅，其所以异者，在握其枢机，端其衔绥而已。禅则并此而无之也"③。故刘宗周（1578—1645）说陈献章"似禅非禅"④。

明代理学，至陈献章的白沙学派方开始脱离程颐、朱熹"理一元论"轨道，走入周敦颐、程颢"心一元论"门径。所谓"有明之学，至白沙始入精微。其吃紧工夫，全在涵养。喜怒未发而非空，万感交集而不动"⑤。陈献章一反初明学者因循程朱，恪守宋人矩矱的习气，提倡"自得"。他曾对门人说："我否子亦否，我然子亦然。然否苟由我，于子何有焉？"倡导一种独立思考，并不"师云亦云"的新学风。值得注意的是，陈献章与后来的王守仁都是主张"自得"之学的，故黄宗羲指出，陈、王"两先生之学，最为相近"⑥。王守仁青年时代正是陈献章讲学的昌盛期，王与陈的弟子湛若水（1466—1560）等人亦有所交游，不可能不知陈，但奇怪的是，王守仁的著述从未提及陈献章，黄宗羲曾对此提出疑问："其故何也？"⑦

后人揣测，这可能是由于"目空千古"的王守仁不愿意承认二流学者为自己的思想前导。当然，学者本人的承认与否是无关紧要的，从学术路线的内在联系看，"周敦颐—程颢—陆九渊—陈献章—王守仁"是一脉相通的。上承陆九渊，下启王守仁的陈献章，是由初明理学的"述朱期"通向中明"王学期"的桥梁。王守仁的高弟薛侃便看出陈、王的一致性，并"于正德十四年上疏，请白沙从祀孔庙，是必有以知师门之学同矣"⑧。

---

① 《明儒学案·崇仁学案·教谕娄一斋先生谅》。
② 《明儒学案·师说·陈白沙献章》。
③ 《明儒学案·白沙学案·通政张东所先生诩》。
④ 《明儒学案·师说·陈白沙献章》。
⑤⑥⑦⑧ 《明儒学案·白沙学案叙录》。

三、中明——王学的形成和兴盛期

程朱理学在明代前期气势之盛，可以说到了炙手可热的程度。

> 世之治举业者，以《四书》为先务，视《六经》为可缓；以言《诗》，非朱子之传义弗敢道也；以言《礼》，非朱子之家礼弗敢行也；推是而言，《尚书》《春秋》，非朱子所授，则朱子所与也；言不合朱子，率鸣鼓而攻之。①

然而，朱学极盛之日，恰恰是朱学自身弊端大暴露之时。朱熹提倡"即物穷理"，主张广泛考察，其后学如果缺乏统御力，便会失之于支离破碎；主张穷尽天理，后学往往会放松自身修养；而一味"述朱"，更养成学人的恭顺附和，缺乏创新的动力和独立的人格。如崇尚程朱的理学大师薛瑄，在英宗复辟时任大学士，于谦被害，薛不置可否，未敢匡救；吴与弼则由阉党石亨推荐出仕，对石亨称"门下士"，士子遂以为耻。这样，明代理学走过一段"述朱期"，日渐衰颓无朝气，对士子失去吸引力。与此同时，明代政治经过洪武—永乐的鼎盛阶段，自宣德以后，逐渐步入中衰，到明武宗时期，土地兼并剧烈，国家财政危机日益严重，宦官干政劣迹昭彰，流民问题有增无已，农民起义彼伏此起，地方王侯的叛乱也接踵而来。学者中的忧国之士，面对明中叶的国运不济，苦苦探索着原因，终于归咎于"人心不正"。于是，一种力图抛却朱学，另寻新义的要求，在学术界酝酿着。正是在这种背景下，以"正心"挽回衰世为目标的王守仁心学（通称"王学"）应运而生。正如顾炎武所说：

> 盖自弘治、正德之际，天下之士，厌常喜新，风会之变，已有所其从来。而文成以绝世之资，唱其新说，鼓动海内。②

王守仁作为明代心学的开创者，其学术思想经历了一个相当曲折的

---

① ［清］朱彝尊：《道传录序》。
② 《日知录》卷十八，"心学"条。

演变过程。黄宗羲指出，王守仁之学，"始泛滥于词章，继而遍读考亭（朱熹别号——引者）之书，循序格物。顾物理吾心，终判为二，无所得入，于是出入于佛老者久之。及至居夷处困，动心忍性，因念圣人处此，更有何道。忽悟格物致知之旨，圣人之道，吾性自足，不假外求。其学凡三变而始得其门"[①]。王守仁经历了任侠尚武——词章之学——朱学——佛老诸阶段，均大失所望。尤其是对于朱熹的"格物致知"之学，王守仁曾身体力行，他到竹林中"格"竹几天几夜，也未悟出所以然，反而生了一场大病，从此便弃绝朱学，转向佛老。他曾产生过削发为僧的念头，又曾行道家"引导之术"，不久即悔悟说："此簸弄精神，非道也。"当他绝意于仙释之际，又结识了陈献章的门徒湛若水，两人决心以"倡明圣学"为事。此后，王守仁终于走上了"吾性自足，不假外求"的"自得"之学的道路。王守仁学术思想的演进，典型地表现了面对明中叶的统治危机，士子为寻找新的理论体系而进行的执着追求。

王守仁的学说通称"心学"，因为他把"心"——也即人的意识——视作第一性的、本原的东西。这与朱熹的以"天理"为最高范畴的学说大不相同。王守仁说："杀人须就咽喉上著刀；吾人为学，当从心髓入微处用力。"[②]又说，"心外无物，心外无事，心外无理，心外无义，心外无善"[③]。这是一种放大意识作用的哲学。

王守仁"心学"的主旨是"心即理"说和"致良知"说，其实行路径是"知行合一"。提出"心即理"说的第一人是程颐。他说："问：'心有善恶否？'曰：'在天为命，在义为理，在人为性，主于身为心，其实一也。……'"[④]将命、理、性与心归为一体，认为共同的本体就是天理。程颢则说："吾学虽有所受，'天理'二字却是自家体贴出来。"[⑤]把"天理"归结为人心的体察，这是王守仁"自得"说的前奏。南宋陆九渊则以明确的语言展示"心即理"的命题。他指出："人皆有是心，心

① 《明儒学案·姚江学案·文成王阳明先生守仁》。
② 《王阳明全集》卷四，文录一，《与黄宗贤》。
③ 《王阳明全集》卷四，文录一，《与王纯甫》。
④ 《河南程氏遗书》卷十八。
⑤ 《河南程氏遗书》卷十二。

皆具是理，心即理也。"①他认为，理是心的表现："万物森然于方寸之间，满心而发，充塞宇宙，无非此理。"②王守仁继承了程颢、陆九渊的"心即理"说。当门人问："陆子之学何如？"王守仁答："濂溪、明道而后，还是象山；只是粗些。"③可见，王守仁明确意识到"周敦颐—程颢—陆九渊"是一条哲学路径，而他自己也走在这条路径上。不过，王守仁尚嫌陆九渊学说粗糙，他自己对于"心即理"说的论述精密得多：

> 夫物理不外于吾心，外吾心而求物理，无物理矣。遗物理而求吾心，吾心又何物邪？心之体，性也，性即理也。故有孝亲之心，即有孝之理，无孝亲之心，即无孝之理矣；有忠君之心，即有忠之理，无忠君之心，即无忠之理矣。理岂外于吾心邪？④

总之，王守仁认为世上事理，皆具于吾心之中，故他主张求理于吾心。王守仁还论证心物关系道："以其明觉之感应而言则谓之物。"把外物的存在说成是心灵的感应，这是一种主观唯心论的极端形态。其特征正如列宁所揭示的："哲学唯心主义是把认识的某一个特征、方面、部分片面地、夸大地发展（膨胀、扩大）为脱离了物质、脱离了自然、神化了的绝对。"⑤

王学的另一主旨"致良知"，是王守仁晚年（50岁）提出的。王守仁目睹明代士子竞相专攻词章之学，把朱熹学说当作打开名利之门的敲门砖，他认为这是人心败坏、社会败坏的原因所在，于是决心阐发"良知"说以拯救人心、拯救社会。他大声疾呼道：

> 后世良知之学不明，天下之人用其私智以相比轧……则无怪于纷纷藉藉而祸乱相寻于无穷矣。仆诚赖天之灵，偶有见于良知之学，以为必由此而天下可得而治。⑥

---

① 《象山先生全集》卷十一，《与李宰书》。
② 《象山先生全集》卷三十四，《语录》。
③ 《阳明全书》卷三，《传习录》下。
④ 《阳明全书》卷二，《传习录》中。
⑤ 《哲学笔记》，《列宁全集》第38卷，人民出版社，1959，第411页。
⑥ 《阳明全书》卷二，《传习录》中，《答聂文蔚》。

可见，他的"致良知"说的提出，是为了防止"纷纷藉藉而祸乱相寻"，使"天下可得而治"。王守仁在镇压农民起义和民族暴动的过程中悟出了一个"道理"："破山中贼易，破心中贼难。"①他的"致良知"说，归根结底，就是要用纲常名教（即所谓"良知"），消灭埋藏在人们心灵深处的反叛意念。

当然，"致良知"说也并非王守仁首创。《大学》即有"致知"之说，孟轲则提出"人之所不学而能者，其良能也；所不虑而知者，其良知也"②。王守仁对"致知"和"良知"说加以融会和发挥，创立"致良知"说。首先，他把良知与天理挂上钩："天理在人心，亘古亘今，无有终始；天理即是良知。"③其次，他认为"良知良能，愚夫愚妇与圣人同；但圣人能致其良知，而愚夫愚妇不能致，此圣愚之所由分也"④。第三，他提出了致良知的类型，所谓"圣人自然致之，贤人勉强致之，凡人困学致之，愚人蔽昧不致"⑤。第四，规定了致良知的步骤，即"诚意"—"致知"—"格物"；致良知的方法则有"动""静"两种功夫，"静"即静坐澄心，"动"即"在事上磨炼"，二者相为表里，最后达到"必欲此心纯乎天理而无一毫人欲之私，此作圣之功也"⑥。可见王守仁"致良知"的终极目标，仍与朱熹的"存天理，灭人欲"别无二致。就这一点而言，王学与朱学可以说是大同小异，殊途同归。然而，王学强调愚夫愚妇与圣人同有良知，即王守仁诗中所谓"个个人心有仲尼"，指出"人人有个作圣之路"⑦，这就带有某种反传统和人性觉醒的意味，为后来追求平等的市民思想家所利用和发展。

王守仁为解决自己学说的实行问题，又针对明代统治集团面对一系列社会问题束手无策的无能状况，提出"知行合一"说。此说亦是从"心即理"说推衍而来：既然心、理不可分，知、行亦不可分。王守仁所谓的

---

① 《王文成公全书》卷四，《与杨仕德薛尚谦书》。
② 《孟子·尽心上》。
③ 《阳明全书》卷三，《传习录》下。
④ 《阳明全书》卷二，《传习录》中。
⑤ 《阳明全书》卷二，《传习录》中。
⑥ 《阳明全书》卷八，《书魏师孟》。
⑦ 《明儒学案·姚江学案叙录》。

"知"是指"良知"的内在感悟，"行"是指的"良知"的外在表露，并非主观作用于客观的实践。正因为知和行都是人类固有的良知的表现，所以是二而一的东西，他说："知之真切笃实处即是行，行之明觉精察处即是知。"①又说："知者行之始，行者知之成，圣学只一个工夫，知行不可分为两事。"②这就完全混淆了知行界限，造成以知代行的结局。王夫之曾批评道，王守仁的知行合一说的结果是，"知者非知"，"行者非行"，"以知为行，则以不行为行"③。王守仁还认为知、行都渊源于心，他不同意朱熹的格物致知说，因为按照此说，就应当"先知后行"，即先向外部世界求知，然后再去实行，这样就会出现"物理吾心，终判为二"的情形。他根据自己"格"竹几天几夜一无所获的经验，提出："外心以求理，此知行之所以二也；求理于吾心，此圣门知行合一之教。"④这就把知、行都归结于心，陷入自我扩张的主观唯心的妄想之中。

自从王守仁高张"心学"旗帜以后，明代学术界发生了朱学让位于王学的大转变。这种态势的出现，究其根本，是因一味诠说经典、玄谈天理的朱学已无助于解除明中叶的统治危机，而以"拯救人心"为矢的，竭力宣扬理性、精神作用的王学，则如同一剂强心针，使明朝统治的机体得以复苏，让士子感到耳目一新，所谓"一时心目俱醒，恍若拨云雾而见白日"⑤。尤其是王守仁平定宁王朱宸濠叛乱、镇压南方少数民族暴动和农民起义的"业绩"，更证明了"王学"并不像朱学那样"无补于宋之削弱"，"不足以平天下"，而"果有益家国"⑥。方苞（1668—1749）也说："予尝谓自阳明氏作，程朱相传之统绪，几为所辱。然独怪及其门者，多猖狂无忌。而自明之季，以至于今，燕南河北关西之学者，能自竖立，而以志节事功，振于一世时，大抵闻阳明氏之风，而兴起者也。"⑦《左传·襄公二十四年》论"人生三不朽"——立德、立功、立言。"三

---

① 《阳明全书》卷六，《答友人问》。
② 《阳明全书》卷一，《传习录》上。
③ ［明末清初］王夫之：《尚书引义》卷三，《说命中》三。
④ 《阳明全书》卷二，《传习录》中，《答顾东桥书》。
⑤ ［明］顾宪成：《小心斋札记》卷三。
⑥ ［明］张燧：《千百年眼》卷十二。
⑦ 《鹿善继公祠堂记》，《望溪集》卷十三。

立完人"是古时对历史人物的崇高评价。清儒称，史上有两个半"三立完人"，两个是诸葛亮、王阳明，半个是曾国藩，可见对王阳明文治武功、道德情操的推崇，也说明阳明心学的影响之巨。

正因为王学对于皇权统治的巩固"临事尚为有用"，故自嘉靖以降，王学风靡天下，王门弟子遍于国中。按《明儒学案》所作的"人文地理"分类，王学有浙中、江右、南中、楚中、北方、粤闽、泰州七大系统。继朱学之后，王学极一时之盛，成为明代中后期的"显学"。梁启超曾指出："《明儒学案》，实不啻王氏学案也。前夫子王子者，皆王学之先河；后夫子王子者，皆王学之与裔。其并时者，或相发明（如甘泉之类），或相非难（如整庵之类），而其中心点则王学也。"①这种评议是切合实际的。王学在嘉靖至万历间，不仅是一种学术主流，而且形成一种强大的政治势力。清人陆陇其说："自嘉、隆以来，秉国钧作民牧者，孰非浸淫于其教者乎？始也倡之于下，继也遂持之于上。始也为议论，为声气，继也遂为政事，为风俗。"②隆庆元年，明廷追赠王守仁新建侯，谥文成。万历十二年，钦准王守仁从祀文庙。这些都是王学达于极盛的标志。

不过，王守仁在世时，朱学声势尚称浩大，与朱熹之说相违，往往被时人认作异端。而且，与王守仁同时并存的，还有罗钦顺、余祐（1465—1528）、吕柟（1479—1542）、湛若水等构成的王学反对派，在学术界同王守仁大有鼎立对峙之势。这样，王守仁也不得不对朱学退避三舍。他为了减少阻力，力图证明自己与朱熹的学说是一脉相通的，遂于正德十三年（1518）著《朱子晚年定论》③，意在证明朱学与王学并不抵牾，所谓"引朱合陆"④。其实王守仁明明知道二者相去甚远，故这是一篇违心之作。由于该文采取断章取义的手法，对朱学主旨有所歪曲，所以被王学反对派抓住，大加抨击。如罗钦顺便致函王守仁，揭露《朱子晚年定论》一文的荒诞之处，论证朱熹晚年与中年学说是一以贯之的，并且与王学之

---

① 《节本明儒学案·例言》。
② 《学术辨》下，《三渔堂文集》卷二。
③ 《阳明全书》卷三，《传习录》下。
④ 《四库全书总目》子部儒存四。

间存在着"抵牾之大隙"[1]。王守仁在复信中也只得承认"其为《朱子晚年定论》，盖亦有不得已而然"。同时又指出，他著此文"大意在委曲调停，以明此学为重。平生于朱子之说，如神明蓍龟。一旦与之背驰，心诚不忍，盖不得已而为此"[2]。从这桩公案可以得见，朱学在明代确乎先声夺人，即使像王守仁这样豪强的反对派，也要"委曲调停"；同时还可以看出，王守仁意识到，自己的学说与朱学的大方向是一致的，二者建立同盟关系，更有利于达到彼此共同追求的终极目标。

四、晚明——王学变态期

王学在嘉靖初年形成体系，很快就进入盛期，盛期持续半个世纪，到万历中期，则转入王学变态期。

王守仁的"致良知"说是晚年提出的，未作详尽阐发。王守仁死后，王门弟子在"致良知"的解释上，歧见迭出，遂衍出王学左派和王学右派的分野。左派主张本体即是工夫，近于"顿悟"；右派主张由工夫达到本体，倡导"渐修"。

明代后期王门各派的承袭关系大体如下：

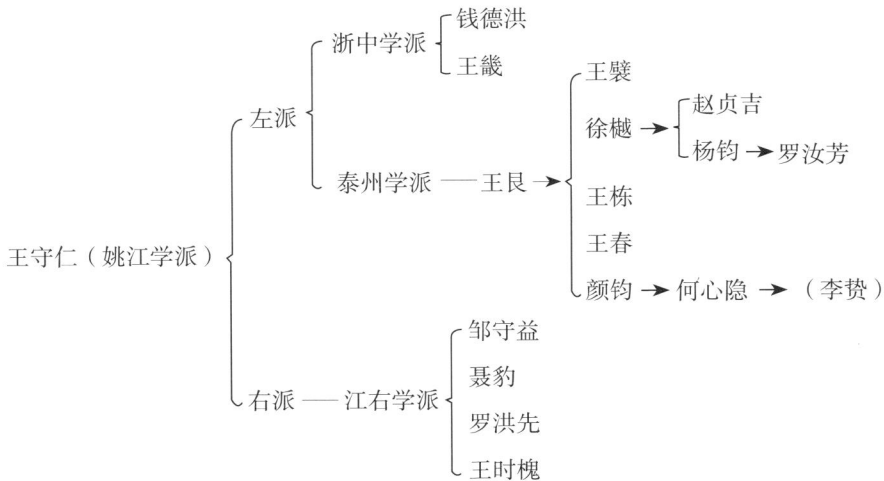

```
                      ┌ 钱德洪
             ┌ 浙中学派 ┤
             │        └ 王畿
             │                   ┌ 王襞
       ┌ 左派 ┤                   │      ┌ 赵贞吉
       │     │                   │ 徐樾 ┤
       │     │                   │      └ 杨钧 → 罗汝芳
王守仁  │     └ 泰州学派 — 王艮 → ┤ 王栋
（姚江  ┤                        │ 王春
 学派）│                        └ 颜钧 → 何心隐 → （李贽）
       │                   ┌ 邹守益
       │                   │ 聂豹
       └ 右派 — 江右学派 ┤
                         │ 罗洪先
                         └ 王时槐
```

---

① 《罗整庵集》卷一。
② 《阳明全书》卷二，《传习录》中《答罗整庵少宰书》。

王学的发展路径，从地域而言，是自近而远的。王守仁最初的追随者，是其余姚同乡钱德洪（1496—1574），以及山阴王畿（1498—1583）等。钱德洪、王畿均讲学数十年，形成浙中王门学派。这一学派影响较大者是王畿，他认为应"从先天心体上立根"，并说："圣人所以为圣，精神命脉，全体内向，不求知于人，故常常自见己过。"[①]刘宗周指出，王畿"直把良知作佛性看，悬空期个悟"[②]，即把"良知"说进一步引向禅学。

江右学派是王守仁在江西做官时培植起来的，该学派笃守王学传统，以"慎独""戒惧"为"致良知"的主要修养方法，并认为良知并非现成的，应当通过"动静无心，内外两忘"的涵养工夫去实现，以"主静"的方法达到"无欲"境界。黄宗羲认为，江右学派救正了浙江学派通禅的偏颇，是王学的正宗嫡传：

> 姚江之学，惟江右为得其传，东廓（邹守益）、念庵（罗洪先）、两峰（刘文敏）、双江（聂豹）其选也。再传而为塘南（王时槐）、思默（万廷言），皆能推原阳明未尽之旨。是时越中流弊错出，挟师说以杜学者之口，而江右独能破之，阳明之道赖以不坠。盖阳明一生精神俱在江右，亦其感应之理宜也。[③]

王门后学对明代晚期社会生活造成较大影响的，则是以王艮（1483—1541）为代表的泰州学派；使王学发生变态的，也正是泰州学派。

王守仁的学说，作为与宋元明三代官方哲学——程朱理学相抗衡的一种思潮，虽然也是为统治者的"长治久安"服务的，但在当时确乎具有某种冲决藩篱、突破旧教条的意味；而到了泰州学派，这一层意味则更加明朗，并对礼教教条提出某些尖锐的批评和嘲讽，形成一种有悖于纲常名教的"异端"色彩。这便是黄宗羲所说的颜、何一流人物已"非名教之所能羁络"的含义所在。

---

① 《龙溪王先生全集》卷一《与梅纯甫问答》。
② 《明儒学案·师说》。
③ 《明儒学案·江右王门学案叙录》。

　　泰州学派成员出身复杂，不仅有徐樾（？—1551）这样的上层士子，且多有下层人物加入。盐丁出身的王艮是这个学派的创始人；庸工林春（1498—1541）、窑匠韩乐吾（1509—1585）、樵夫朱恕（1501—1583）、田夫夏廷美，都是这个学派的健将；此外，泰州学派还有商贾、戍卒者流。另外，像何心隐（1517—1579）这样的人，本来"家世饶财者也，公独弃置不事，而直欲与一世贤圣共生于天地之间"①。这些情形在中国古代各学派中是罕见的。

　　泰州学派之所以能吸引各阶层尤其是下层人物，其原因在于这个学派将王守仁学说中"人皆可为圣人"的这一层意蕴大加发挥，把程朱玄妙的"天理"拉回到人间日常生活，提出"百姓日用即道"的命题，并肯定人们物质欲望的合理性，反对程朱那种将人欲说成罪恶的僧侣主义。这一切，都使泰州学派具有与理学教条相抗衡的平民色彩，故其为平民所接受就不是偶然的了。

　　泰州学派另一富于战斗性的思想是功利主义，它是直接针对理学禁欲主义的。如果说王艮在"无欲"的名义下，阐述平民的功利主义，那么到了颜钧（1504—1596）、何心隐，则明确提出有欲论，公开倡导功利主义。如何心隐说：

　　　　孔孟之言无欲，非濂溪之言无欲也。欲惟寡则心存，而心不能以无欲也。欲鱼欲熊掌，欲也；舍鱼而取熊掌，欲之寡也。欲生欲义，欲也，舍生而取义，欲之寡也。欲仁非欲乎？得仁而不贪，非寡欲乎？从心所欲，非欲乎？欲不逾矩，非寡欲乎？②

　　何心隐借用孔孟言论，证明人不可无欲，从而驳斥周敦颐等宋代理学家的灭欲论。

　　泰州学派关于"物欲合理"的大胆言论，反映了正在兴起的市民阶层的意愿，因而也就赢得他们的响应。黄宗羲曾转引顾宪成（1550—1612）

---

① 　[明]李贽：《何心隐论》。
② 　《明儒学案·泰州学案叙录》。

的话说："心隐辈坐在利欲胶漆盆中，所以能鼓动得人。"①这番评论虽带贬义，却也真实地表述了何心隐的思想之所以能够鼓动世人，乃是因为肯认了人们对物质利益的追求。而中国和欧洲中古末期的思想文化史都一再表明：与传统的禁欲主义相对立的宣传"物欲合理性"的学说，是带有启蒙色彩的思潮。而泰州学派正是这种思潮在中国的早期代表。

当然，泰州学派也自有其突出的消极面。它宣扬"明哲保身""安身立本"，表明当时的平民阶层并未进入真正的觉醒阶段。同时，王艮等人还力主为学"以悟性为宗"②，要人们不见不闻，不思不虑，只需"于眉睫间省察"，便可顿悟"天机"③。这就进一步把王学引向禅宗化。其流弊，便是晚明士子的喜清谈，崇尚面壁禅坐。这又加剧了士大夫阶级的腐败低能。明末士子"不知职掌何事"④，"问钱谷不知，问甲兵不知"⑤，其原因当然是多方面的，但阳明心学末流引导人们一味"净心自悟"，也是重要祸根。顾炎武曾尖锐揭露明末士子的清谈误国："刘石乱华，本于清谈之流祸，人人知之。孰知今日之清谈，有甚于前代者。昔之清谈谈老庄，今之清谈谈孔孟。"⑥这里所谓的"清谈谈孔孟"，便是指的阳明心学末流的"以明心见性之空言，代修己治人之实学"。顾炎武认为，明朝的灭亡，与此种风气有直接关系。

王门后学的变异，导致泰州学派的偏离礼教轨道，以及心学末流的隐入空疏、游谈，在这种形势下，遂有士子企图加以救正。这便是明末东林学派的兴起。东林党人的政治活动具有反弊政的进步性，其学术思想则为王学与朱学的杂交体。东林派起源于王学，但又发现王学的弊端，如顾允成（1554—1607）曾尖锐指出："吾叹夫今人之讲学者"，"凭是天崩地陷，他也不管，只管讲学快活过日"。⑦东林派还反对王学末流的通禅，力图用正宗儒学抗拒佛老，所以王夫之曾这样评论顾宪成："昭代理学自

---

① 《明儒学案·泰州学案叙录》。

② ［明］李贽：《王艮传》，《续藏书》卷二二。

③ ［明］耿定向：《王心斋传》，《王心斋先生遗集》卷四。

④ 《明史》卷二五三，《王应熊传》。

⑤ 《明史》卷二五二，《杨嗣昌传赞语》。

⑥ 《日知录》卷七，《夫子之言性与天道》。

⑦ ［明］高攀龙：《顾季时行状》，《高子遗书》卷一一中。

薛文清而外，见道明，执德固，卓然特立，不浸淫于佛老者，唯顾泾阳先生。"①东林派苦恼于王学的无补于事，遂又援引朱学，并力促二者的调和。如顾宪成说，朱熹的"性即理"与王守仁的"心即理"可以并存。但总的说来，东林派的学术成就不高。到了明末，刘宗周进一步融汇王学与朱学，发挥"慎独说"，并企图将"心一元论"与"理一元论"统一起来。他说："心只有人心，而道心者，人之所以为心也。性只有气质之性，而义理之性者，气质之所以为性也。"②刘宗周的努力，表现了明末士人面对日益深化的社会危机，试图实现王学与朱学的联合，以达到"救世"的目的。这种尝试，以后为清代儒学进一步加以发展。

总之，阳明学说是中国封建社会晚期统治危机加剧的产物。而这种以"修治心术"为目标的学说确乎一度焕发了士子的意志；又因它与程朱理学教条有若干相违之处，遂被新起的市民阶层所利用，发展成一种异端思潮。同时，由于王守仁晚年抛弃了早年和中年的"事功"思想，日益走向禅学的虚空境界，这种"通禅"倾向被王畿、王艮等后学加以发展，造成虚无主义和清谈学风的泛滥。由于这几方面的原因，自明而清，在统治阶级内部，对于王学可谓"毁誉参半"。赞扬者说王守仁"事功道德，卓绝海内"③，其学说之深邃，"为孟子之后一人"④；抨击者则说，"守仁放言自恣，诋毁先儒，号召门徒，虚声附和，用诈任情，坏人心术。近士子传习邪说，皆其唱导"⑤，"风俗之坏，实始姚江"⑥。调和派如东林党人顾宪成则认为："以考亭为宗，其弊也拘；以姚江为宗，其弊也荡。"用"拘"概括朱学的流弊，用"荡"概括王学的流弊，是颇有见地的。

至于明清之际诸大师，对于王学则既有承袭又有批判。黄宗羲师承刘宗周，而刘宗周虽企图综合朱王，但毕竟更多地倾向于王守仁，这对黄宗羲不无影响，他在《明儒学案》等著作中对王学给予较高的评价，但惩于亡国之痛，黄宗羲也抨击王学末流的空谈误国。所以，黄宗羲可称作"王

---

① ［明末清初］王夫之：《搔首问》。

② 《明儒学案·蕺山学案》。

③ ［明］张燧：《千百年眼》卷一二。

④ 《居业堂文集》卷七《王源与李中孚书》。

⑤ 《春明梦余录》卷二一。

⑥ ［清］陆陇其：《答臧介子书》，《三鱼堂文集》卷五。

学修正派"。他一反王学末流的空疏，注重史学研究，致力明末文献整理。而顾炎武可称作"王学反对派"，他认为明末士人这种空论良知心性的劣习，王守仁是负有责任的：

> 以一人而易天下，其流风至于百年之久，古有之矣，王夷甫之清谈，王介甫之新说，其在于今，则王伯安之良知是也。①

顾炎武力矫王学末流"束书不观，游谈无根"的劣习，倡导经学的考订和研究，开清代汉学的先河。王夫之则系统地从哲学上驳斥王守仁的"心即理""致良知""知行合一"说，清算理学唯心论的谬误和思维教训，并揭露心学"阳儒阴释"的本质："姚江王氏阳儒阴释诬圣之邪说，其究也，刑戮之民，阉贼之党，皆争附焉，而以充其'无善无恶，圆融事理'之狂妄。"②费密（1625—1701）抨击心学的"清谈害实"，认为"致良知"的功夫，"与达摩面壁天台止观同一门户……何补于国！何益于家！何关于政事！何救于民生！"其流行的结果是，"学术蛊坏，世道偏颇，而夷狄寇盗之祸亦相挺而起"③。颜元（1635—1704）也批评理学家的无补于国，指出明末理学家中有节操者不过是"无事袖手谈心性，临危一死报君王"，于经邦定国毫无助益。颜元青年时代出于王学，但独立以后"其说于程朱陆王，皆有不满"④。他宣称："吾独于程朱陆王之外，别有大学之道焉。"⑤

可见，历经明代中期王学大盛和后期王学变态，到明清之际，早期启蒙思潮勃兴，标志着包括阳明心学在内的整个理学走向衰微。同时，一种有别于宋学传统的新学风也在崛起，正如清人江藩（1761—1831）在《汉学师承记》卷八中所云："有明一代，囿于性理，汩于制义，无一人知读古经注疏者。自梨洲起，而振其颓波。亭林继之，于是承学之士知习古经

---

① 《日知录》卷一八，"朱子晚年定论"条。
② 《张子正蒙注序论》。
③ 《弘道书》。
④ 《四库全书总目》卷九七《存学编》提要。
⑤ 《存学编》卷一。

义矣。"然而，由于宗法专制制度特有的顽固性，由于中国资本主义生产方式萌芽的微弱和中道受挫，以清算宋明理学为契机的早期启蒙思潮并未得到健康成长，以至清代前中期呈现一种理学回光返照的格局，尤其是程朱理学，重新登上宗主地位，即所谓"今之学者无他，亦宗朱子而已。宗朱子者，为正学；不宗朱子，即非正学"[①]。当然，与帝王动用强大的行政力量不无关系。如康熙曾"特命朱子升祀十哲之列"[②]，乾隆更多次下诏，将书籍中"与程朱牴牾或标榜他人之处"，"即行销毁，毋得存留"[③]。故在清代，王学又转而成为理学中的"在野派"。

统而观之，由宋至清的几个世纪，思想界的主潮走了一个"程朱理学—阳明心学—程朱理学"的圆圈。统治者发现，还是"家齐于上而教成于下"的朱子学最为"醇正"；当然，他们也需要"修整心术"的阳明心学作为激励士子的补充。这个圆圈活生生地表现了中国古代晚期社会前进步履的蹒跚。虽然，徐光启、李之藻、杨廷筠、王徵等明末西学派其学已非程朱陆王所限，具有一定程度的近代思维色彩；顾炎武、黄宗羲、王夫之、方以智、颜元、戴震等早期启蒙思想家更试图在某些领域突破理学轨范，但就整体而言，当时中国尚不具备真正打破这个圆圈，上升到一个新圆圈的物质条件，呈现一种死的拖住活的、昨天拖住今天的矛盾状态。

明代理学的流变，镜子般反映了中国古代后期社会心灵的历程。而这个历程，正是那几个世纪的中国徘徊故道，无法挣脱因袭的重担，走向新时代的窘境的写照。

---

① ［清］唐鉴：《国朝学案小识》卷一。
② ［清］昭梿：《啸亭杂录》。
③ 《东华录》乾隆六年十月上谕。

明清之际文化近代性初萌

——以徐光启、黄宗羲、顾炎武、王夫之为例

明清之际，约指明代万历中期至清代康熙中期，即17世纪100年间，恰值中国文化从中古形态向近代形态转轨的前夜，其时早期启蒙思潮萌动，昭显中国文化走出中世纪的内生趋势，表明中国文化近代性的获得并非全然因为外铄，而是19世纪中叶以降，东渐之西学与中国17世纪前后自发的早期启蒙文化相激荡、相汇合的结果。现以徐光启、黄宗羲、顾炎武、王夫之"四杰"为例，阐明此一题旨。

一、实证研究和数学语言：徐光启锻造的"新工具"

中国中古学术具有模糊性、猜测性特征，走出其旧轨的近代文化需要以"新工具"打破坚冰，开辟新径，这便是实证研究方法和仰赖数学语言的归纳法。

英国文艺复兴思想家弗朗西斯·培根把实验和归纳视作科学发现的工具，从而在方法论角度开启近代文化①，这是人类文化史开启近代道路的一个里程碑。而明末徐光启几乎在同一时期运用实证、实验方法和重视数学语言，徐光启的这一创发，闪烁着理性的光芒，虽然尚处初始阶段，

---

① ［英］培根：《新工具》，许宝骙译，商务印书馆，1984。

且在明末及清代未获张大，故知之者甚寡，影响有限，然其先导性不应被忽略。

热忱的爱国主义者徐光启是我国古代博学多能、科技著作和策论十分丰富的卓越学者，又是系统介绍西洋学术的开山大师，同时，他还是中国运用近代科学方法的先驱。凡此种种，使得徐光启成为中国乃至世界文化史上出类拔萃的先哲之一。他留给后世的，不仅是《农政全书》《几何原本》这样一些精深博大、"回绝千古"、堪称科技史上"坐标"的著作和译作，而且他所开创的学术路线，也给后世留下了有益的启示。使徐光启学术成就大放异彩的，在于他开始运用近代科学方法。

生长于资本主义萌芽较早的江南地区而又家道贫寒的徐光启，将自己的巨大智慧和不倦精力投入应用科学的试验和总结，并在此基础上进行若干理论的研讨，"如历法、算法、火攻水法之类，皆探两仪之奥，资兵农之用，为永世利"。徐光启以事实经验作为科学理论的有效论据，在天文学和农学方面做出实验性努力，他主修的《崇祯历法》（使用至今的阴历以此为基础）和撰著的《农政全书》便是实证研究的杰作。由于徐光启的分析基于科学数据的统计，因此他的论说比一般朝臣的泛泛之论要来得有力。究其所以，当是因为徐光启能够较为娴熟地运用和发挥近代科学方法。

西学东渐之后，通过与西方科技知识的接触，徐光启更加认识到中国传统技术的不足之处。他指出，中国古代数学在实际问题的解决和经验数据的运算方法上与西方数学相比并不逊色，差别在于中国传统数学更注重"法"——即解决实际问题和对经验数据的运算方法，而忽略其中之"义"——经验现象内在联系的数学原理。《几何原本》等西方数学著作较之中国的《周髀算经》《九章算术》在"勾股测望"上"不异"，二者的区别在于，《几何原本》"能传其义也"。这就揭示了中国传统数学只偏重于对经验事实进行分析总结的归纳法的局限性，推崇西方数学的具有确定性的演绎推理。这种取人之所长、补我之所短的态度，是科学的、实事求是的。徐光启从事数学研究却从几何学着手，为的是要把数学原则引用到实验科学上去。

由于徐光启不仅具有广博的中国古典科学知识，而且对于域外先进文明有着当时第一流的认识，对于来自农业和手工业生产实际向科学提出的富有激励作用的要求也有着透彻的了解。他将数学方法及其定量分析运用于人文社会领域，如田赋问题、人口问题、宗禄问题。徐氏指出的"生人之率，大抵三十年而加一倍"，是中国乃至世界较早提出的人口增殖概念；又通过数学计算，揭示宗禄将成为国力不可承担的重负。

徐光启在数学方面的最大贡献，是与意大利耶稣会士利玛窦合译被欧洲人视为数学书写形式与思维训练的经典著作《几何原本》，将高度公理化的几何学以一种全新的演绎思维方法第一次介绍给中国知识界，运用《几何原本》中的原理来论证和"补论"我国古代数学，把中国的数学科学向前推进了一大步。徐光启还运用数学原理"量算河工及测量地势"，修正历法，这种精神和方法与文艺复兴时期的意大利科学家们极其相似。他译制了一批汉字数学术语，如体、面、线、点、直角、锐角、钝角、平行线、对角线、比例、相似等，并对每一术语作精准诠释。这些术语沿用至今，整个汉字文化圈（中、日、朝、韩、越）皆受其赐。

重视数学的方法论功能，是徐氏学术与实证研究相互为用的一大特色。他将数学比喻为工人的刀斧和量尺，掌握此种工具，"历律两家，旁及万事"都能顺利处理。他还把数学方法比喻为金针刺绣技术，告诉世人，手握金针，比得到几只绣成的鸳鸯有用处得多。在此基础上，徐光启还进一步提出"盖凡物有形有质，莫不资于度数"的命题，这一认识与伽利略所阐述的"（宇宙）这部著作是用数学的语言写成的。其中的符号就是三角形、圆和其他几何图形"的思想颇为相似。徐光启在看到量的存在的普遍性的同时，主张定量分析，"一事一物，必讲究精研，不穷其极不已"。这对以模糊著称的中世纪的思维方式是一个重大突破。

在中国古代文明的演进中，晚明时期的启蒙思想家和科学家以各自的成就成为中国优秀文化思想的继承者和发扬者。在这批杰出人物中，徐光启所沿以前进的学术路线，尤其鲜明地指示了近代中国科学的发展道路。他们所开创的学术路线，至今仍给人以启示和激励。

徐光启的学术路线在明末至清中采用者无多，但也不是绝无仅有，如稍晚于徐氏的方以智将学问分为宰理（政治学）、通几（哲学）、质测（实证科学），认为通几当以质测为基础，质测须用通几为指导。这种将实证研究提升到关键位置的观念与徐光启类似，是具有近代色彩的学术思想。另外，清代乾嘉考据学亦不乏运用实证方法和数学语言的案例，然其局限于古籍古物的考订，与同一时期的西欧将实证方法和数学语言运用于工业文明的创造，存在着时代性区隔。

二、区分"天下"与"国家"：顾炎武的近代性之体现

顾炎武是有多方面成就的学者，被尊为清代学术主潮——考据学的开山祖。在中国文化史上，顾炎武是一位界碑式的人物。他与黄宗羲、王夫之等并列于早期启蒙大师之列，并开有清一代"汉学"的先河。其《日知录》《音学五书》《右经考》等著作，都分别在中国学术史的有关分支具有开创意义。清人阎若璩曾盛赞顾炎武是"上下五百年，纵横一万里"亦罕得的学人①。鲁迅对顾炎武也十分推重，他在1933年6月18日致曹聚仁信中论及"中国学问"的整理时说："渔仲（郑樵——引者注）亭林（顾炎武——引者注）诸公，我以为今人已无从企及。"②这些评述都肯定了顾炎武的学术成就和确立不拔的历史地位。

生于明清鼎革之际的顾炎武，是热烈的爱国者，曾冒死参加抗清斗争二十载，并终生拒绝清廷招聘，其民族精神深为后世景仰，"排满革命"的章炳麟崇拜顾炎武，更名章太炎，以示效法顾炎武。但顾炎武绝非狭隘的民族主义者，他有十分前卫的政治观念，如主张区分"天下"与"国家"，这是一种超乎"君国一体""忠君报国"等中古意识的近代性理念。顾氏说：

> 有亡国，有亡天下。亡国与亡天下奚辨？曰：易姓改号，谓之亡国；仁义充塞，人将相食，谓之亡天下。③（卷十三"正始"条）

在作此区分的基础上，顾氏告诫人们：

---

① ［清］阎若璩：《潜丘札记》。
② 《鲁迅书信集》（上卷），人民文学出版社，1976，第379页。
③ ［清］黄汝成：《日知录集释》，中华书局，1984。

保国者，其君其臣肉食者谋之。保天下者，匹夫之贱与有责焉。①（卷十三"正始"条）

"亡国"指改朝换代，帝王易姓改号；"亡天下"则是全民遭灭顶之灾、文化逢覆灭的祸难，二者不可同日而语。顾氏不赞成为一姓一朝的"国家"灭亡如丧考妣，不必充当亡国之君的殉葬品，但他认为，包括全无功名的老百姓在内的每一个人，都对蕴含国土、人民、文化意义的"天下"的兴亡承担着莫大责任。这种天下观挣脱了君本位的桎梏，超越了君国一体的传统观念，转而以人民命运为本位，以文化传承为本位，这是具有近代性的民主主义政治理念。200多年后，梁启超将顾氏之论概括为"天下兴亡，匹夫有责"，传诵广远，流行于社会。我们使用这耳熟能详的名句，应当领悟先哲顾炎武、梁启超的深意。

区分君主及其统治集团拥有的"国家"与老百姓赖以生存的"天下"，是走出"君本位"、进入"民本位"的政治理念。顾炎武启迪后世的重要理论贡献即在于此。

三、理性思辨性：王夫之哲理深度的体现

明清之际的学人中，王夫之的哲思最富于哲理深度。他的若干哲思阐发易理，直逼近代思辨。

1. 包蕴"物质不灭""能量守恒"思想萌芽的"元气不灭"论

王夫之关于"气"的唯物主义思想集中体现了其哲理深度。王夫之说，"人所见为太虚者，气也，非虚也"，"阴阳二气充满太虚，此外更无他物"②，这一论述肯定了世界的本体是由物质性的"气"构成的。这是王夫之的唯物主义自然观中富于近代色彩的最辉煌所在。王夫之不仅论

---

① ［清］黄汝成：《日知录集释》。
② 《张子正蒙注》，中华书局，1978。

证了物质的不灭性，而且确认了物质运动的守恒；肯定了物质运动形态之间可相互转化，而且这种转化状态是无限的，但物质运动的总量则不会增减。这些论说将运动守恒的思想阐发得相当周密。

2. 对退化史观的驳斥，对人类进化史观的弘扬

王夫之认为，上古绝非黄金时代，"羲皇盛世"之类的传说并不符合实际。王夫之指出："轩辕以前，其犹夷狄乎！太昊以上，其犹禽兽乎！"人类祖先"亦植立之兽而已矣"[1]。在达尔文的社会进化论尚未问世之前两个世纪，17世纪的中国哲人王夫之已经准确地提出了关于人类进化的思想：人类的祖先是直立行走的野兽（"植立之兽"），这一提法在盛行祖先崇拜的明代中国，诚然是一个惊人的、大胆的创见。

王夫之早年有过与苗民、瑶民生活在一起的困苦经历，这使得他实地观察并体验了处于原始社会或阶级社会初期的少数民族社会生活，从当地流传的人类起源于猴、犬的假说和对古代典籍深谙于心的知识积累中，王夫之将实地考察与古籍记载的神话传说相参照，得出了人类起源于动物、文明发源于野兽的崭新结论。这种观察和研究方法正是合乎近代科学理路的，与19世纪美国人类学者摩尔根和政治家富兰克林"人为制造工具的动物"之著名论断，有异曲同工之妙。由此亦可论证，所谓三代圣王"无异于今川广之土司"[2]（卷二十）。由野蛮向文明演进，才是历史的真实。

3. 提出"文化中心多元"论，突破华夏中心论

王夫之推测"中国"以外另有发达古文明；又提出"文化中心转移"论，认为诸文明"衰旺彼此迭相易"[3]。对于文化中心，东西方皆有各自偏见。欧洲长期盛行"欧洲中心论"，认为世界其他地方的文明都是欧洲文明的旁支侧系，由欧洲文明衍生而来。这种论调在近代更为甚嚣尘上。而中国古代则长期盛行"华夏中心论"。几千年来长期处于半封闭状态的华夏中原地区，滋养着一种夜郎自大的情绪，做着"天朝上国"之美梦，

---

[1][3]　［明末清初］王夫之：《思问录》，中华书局，1983。
[2]　［明末清初］王夫之：《读通鉴论》，中华书局，2013。

认为中国是"天下之中"，中国就是世界的全部或大部，其余皆为狄夷。将中国看作唯一的文明中心，当然也是褊狭之见。正是这类偏见，妨碍了中国人对外来文明的学习和吸收正义性的一面，但也确实蕴蓄着狭隘的大汉族主义的因素。

以对西方地理知识的了解，王夫之的思想冲破了褊狭的民族意识的藩篱，客观考察了历史进程，产生了卓绝的新见解。王夫之认识到，"中国"并非世界之中心和全部。他将"天下"与"中国"相对而称。他说："故吾所知者，中国之天下。"言下之意，世界上还有他所不知的中国之外的天下。明代万历年间及之后，利玛窦等耶稣会士传教来到中国，中国士人才开始知道，天下还有亚、欧、非、美诸洲，人种亦有黄、红、黑、白之别。王夫之能冲破蒙昧主义的迷雾，产生新的世界观念，实属不易。

4. 超越"心术决定"论，尤其是"人主心术决定"论的理性主义史观

王夫之认为在人的主观意志之外、之上，存在客观的、不以人的意志为转移的历史发展趋势。王夫之透过表象发现社会发展的深层动因和规律性，建立"势—理—天"合一相贯通的理性主义历史哲学，将我国古代史论提高到一个新的水准。王夫之的理性主义历史观在他论史的破与立的过程中都有鲜明的显现。这里所谓的"理性主义"，不是指与"经验论"相对立的"唯理论"（唯物主义的唯理论或唯心主义的唯理论），而是指与"蒙昧主义"及"神学唯心论"相对立的"理性主义"。

归结起来，王夫之史观的理性主义特征主要表现在如下几个方面：

第一，反对主观臆断，提倡"征之以可闻之实"。恩格斯指出，在英国启蒙思想家培根看来，"感觉是可靠的，是全部知识的泉源。全部科学都是以经验为基础的，是在于用理性的研究方法去整理感官所提供的材料。归纳、分析、比较、观察和实验，是这种理性方法的主要形式"[1]。稍晚于培根的中国的王夫之，也有这种类似的唯物主义观念。

第二，反对蒙昧和迷信，发挥理智的作用。王夫之的这种思想，与18

---

[1] 《马克思恩格斯选集》（第3卷），人民出版社，2012。

世纪英国的启蒙思想家洛克颇相类似。洛克也认为哲学应以理智为依据。

第三，反对超时空的史论，提倡历史主义的史学评论。王夫之另辟蹊径，能从历史发展的过程中论史，主张史评应将人物事件摆到一定的历史范畴中加以考查，带有相当鲜明的历史理性主义色彩。

第四，在王夫之的史学体系里，历史不再是芜杂混乱、捉摸不定的，而是有趋势、有规律的必然发展过程。

尽管王夫之信奉历史进化论，但他并没有把历史简单归结为新与旧的递嬗交替，他从事实本身意识到，历史前进的过程是复杂的，一个新制度的产生，必然要在旧制度的母体内孕育许久，而一个旧制度也会在新制度中残存长时期才能根除殆尽。王夫之指出，"郡县之法，已在秦先。秦之所灭者六国耳，非尽灭三代之所封也"。这就是说，郡县制并非在秦代突然降临，而是早在战国已逐渐生长。他又说："封建之在汉初，灯炬之光欲灭，而姑一耀其焰。"①这里又指出，封建制虽在秦代已经废除，但到汉初又有回光返照。如此论述历史进程，确乎是丰满而深刻的，显示了朴素辩证法的光耀。总之，就理性主义历史哲学的庞大、完备、深刻而论，王夫之在中国文化史上是超越前辈的，正如谭嗣同所云：

　　　　五百年来，真通天人之故者，船山一人而已。②

诚哉斯言！

四、民主主义政治理念之先路：黄宗羲对近代政治思想的重要贡献

自宋明以来，随着商品经济的发展、重商主义的张大、市民阶层的成长，由程朱理学所代表的礼教分化出带有个性解放意味的陆王心学，至明代中晚期，反映市民意愿的泰州学派显出异端倾向，何心隐、李贽等辈发

---

① ［明末清初］王夫之：《读通鉴论》。
② 谭嗣同：《仁学》，中州古籍出版社，1998。

出对君权和孔圣人的微词，而江南士人以书院结社形式，品议朝政，不以朝廷之是非为是非，一种挣脱君主专制的思想在潜滋暗长。这种思想可称为"新民本"，它既承袭《左传》《孟子》的民本主义，又隐然对民本传统有所突破；这种思想还吸纳了汉唐以来仲长统、阮籍、嵇康、无能子、邓牧等带有道家自然无为意趣的"非君论""无君论"，又扬弃其无政府和反文明倾向，而将新的市民诉求铸造成一种较有历史文化渊源的理论形态。而这种"新民本"的代表作是明末清初黄宗羲的政治哲学论著《明夷待访录》。

一种流行说法是，中国没有民主传统，民主主义全然是近代从西方传入的舶来品。与之相对应的反论是，民主思想中国先秦已有，《尚书》的"民为邦本"，《左传》的"不死君难"，《孟子》的"民贵君轻"即是。这两种极端之论都失之偏颇。

首先，先秦即有民主思想之说不能成立。周秦之际的时代主题是走出宗法封建故辙，建立君主集权政治。法家推崇极端的尊君抑民论，而儒家也主张天下"定于一"，这个一天下的人格代表便是君，儒家不主张极端的尊君抑民论，其民本主义多有限制君权的议论，教导君主重民、恤民，但通观民本论，未见反对君主制度、实行民治的主张。民本主义谴责的对象限于昏君、暴君，如夏桀、殷纣之类（甚至不承认桀、纣为君，而视作可逐可诛的独夫民贼），却从整体上维护君主政治。为君主谋划长治久安之策，是民本论者的基本使命，从孟子与滕文公、梁惠王的对话可以清楚看出，孟夫子所宣讲的仁政、王道，都是劝导君主不要杀鸡取卵、竭泽而渔，从先秦到唐宋，儒生一直与君主共研"何为则民服"，而全无授民以治理之权的意味。民主主义包含"民有、民享、民治"三个缺一不可的方面，而民本主义可以抽象地容纳"民有""民享"（如《吕氏春秋》声言"天下者天下人之天下，非一人之天下"），但民本论却未给"民治"留下空间。在民本主义体系中有发达的"治民术"，"民治"却缺如。而一旦"民治"失位，"民有""民享"必然落空。先秦以降的民本主义是中国传统政治学说较具人民性的部分，其重民、恤民思想至今仍有教化价值，但民本主义并非民主主义，而只是君主主义的一个有机组成部分，它反对暴君、批评昏君，期待明君，而明君仍是专制君主的一种形态。因此，称先秦以降的主张"仁政""王道"的民本论即为民主主义，不能成立。

其次，称中国断无民主传统，民主主义全然是19世纪中叶以后来自西方的舶来品，则陷入另一种偏颇，此说无益于今天中国的民主建设，因为它截断了民主主义的民族文化根脉。

事实上，《明夷待访录》以鲜明的态度宣布告别秦汉以下的君主专制，又隐约暗示走向近代民主政治的趋势。体现在如下要素：

其一，超越传统民本思想只谴责暴君的设限，赞扬"古之君"（"公天下"时代的尧舜禹），普遍谴责"今之君"（"私天下"时代的全体君主），高唤"为天下之大害者君而已矣"，空前决绝地否定秦汉以降的皇权政治，力倡"天下为主，君为客"，直逼主权在民的民主理念。（《明夷待访录·原君》）

其二，破除沿袭2000年的"君主臣奴"论，倡导君臣皆为天下苍生服务的"君臣同事"论；又解构君臣如父子的观念，指出父子是先天的血缘关系，君臣则是后天的契约关系，是在"为天下"这一前提下结成君臣共同体，君主若不能"为天下"，臣可视君为路人。出仕者"为天下，非为君也；为万民，非为一姓也"，当官为政是做民众公仆，而非君主奴才。（《明夷待访录·原臣》）

其三，消解政治权力世袭制，力倡发挥选贤而出的宰相的功能（《明夷待访录·置相》），抨击绝对君权的派生物——宦官干政（《明夷待访录·奄宦》）。

其四，法制当以天下为本位，称颂"固未尝为一己而立"的三代之法为"公法"，秦汉以下作为帝王之具的法为"一家之法"，此种"利不欲其遗于下，福必欲其敛于上"的后世之法，是"非法之法"，这样的法愈繁密，"天下之乱即生于法之中"。（《明夷待访录·原法》）

其五，超越传统民本思想"庶人不议""不在其位不谋其政"的设限，主张学校议政，"天子所是未必是，天子所非未必非"，应当"公其非是于学校"，以制衡朝廷把持舆论，使学校及士子参与政治，"必使治天下之具皆出于学校"。（《明夷待访录·学校》）

其六，突破商鞅、韩非倡导，秦汉以下列朝实行的"事本禁末""重本（农）抑末（商）"传统，主张"工商皆本"（《明夷待访录·财计》），昭示新兴市民阶层发展工商业的诉求，为此提出"重定税则""废金银、通钱钞"等发展商品经济的赋税制、货币制改革思路。

《明夷待访录》或鲜明或朦胧地昭示的路向是，从农本型自然经济迈向工商发达的商品经济，政治上从"君治"通往"民治"，这些诉求显然具有近代色彩。而黄宗羲著此书之际，西方近代政治经济学说尚未传播到中国，耶稣会士当时仅向中国介绍西洋科技和宗教，黄宗羲拥有的学术资源基本上是中国本土的——因袭并变通先秦以降的民本思想，扬弃两汉魏晋隋唐宋元带有道家色彩的无君论、非君论，直承中明以来党社议政之风及市民文化的精髓，综合创作于《明夷待访录》之中，显现了中国本土文化自生的"近代性"趋势。

追随《明夷待访录》之后的有唐甄的《潜书》。顾炎武、王夫之、傅山、张岱、吕留良等也有类似阐述。他们共同构成明清之际一个规模不大却颇有深度的"新民本"思想者群体。

五、近代的回响

由于明清之际历史条件的限制，《明夷待访录》之类论著被排斥在主流文化之外，长期遭到禁毁，黄宗羲之书题名冠以"待访"，类似的李贽书称《藏书》《焚书》，唐甄书称《潜书》，都表明具有早期"近代性"的思想在近代前夜的中国深受压抑，难以流播发扬。然而，它们埋伏于17世纪，影响力则发皇于19世纪末、20世纪初。

近代中国民主主义运动得自西方近代政治理念的启迪，梁启超谓"卢孟高文吾本师"，将提出"人民主权"论、"社会契约"论的法国启蒙思想家卢梭，创立"三权分立"学说的另一法国启蒙思想家孟德斯鸠称为自己的导师；与此同时，中国近代民主主义者又承继"晚明遗献"的早期"近代性"思想，还是那位梁启超说："我们当学生时代，（《明夷待访录》）实为刺激青年最有力之兴奋剂。我自己的政治运动，可以说是受这部书的影响最早而最深。"近代启蒙思想家宋恕（1862—1910）刊刻《明夷待访录·原君》，在江浙形成借助《明夷待访录》传扬维新主张的团体。郑观应撰《原君》，直承《明夷待访录·原君》；刘师培（1884—1919）编纂《中国民权精义》，内援黄宗羲《明夷待访录》，外证之于卢梭《民约论》，《明夷待访录》为"中国《民约论》"之说大为流行。孙中山也是《明夷待访录》的崇奉者，他组建的兴中会1895年在日本横滨刊印《明夷待访录》第一、二篇《原君》与《原臣》。孙中山给自己的同志和日本友人赠送条幅，写得较多的除《礼记·礼运》的"天下为公"外，便是《原君》与《原臣》。清末有人称，"民权之说入，而黄梨洲奉为卢梭矣"。另外，李贽、顾炎武、王夫之、傅山、唐甄、吕留良等明末清初思想家也被中国近代政治改革者、思想启蒙者视作精神先驱，近现代科学家则从徐光启、方以智、徐霞客那里吸取营养。

清末维新人士在向国人宣传"民权""立宪"之理想时，曾大力借助《明夷待访录》，其思想在中国近代政治和文化运动中所发挥的继往开来、汇通中西的枢纽作用，昭示着其确乎包含着某种近代性基因，不仅为转型时代，也为今人提供了宝贵的借鉴资源。

中国近代文化并非单单取法西方，其资源还来自于中国的文化传统，尤其是明清之际的早期启蒙思想，而徐光启、黄宗羲、顾炎武、王夫之学术四杰，则是提供本土资源的突出代表。黄宗羲们在日落的"明夷"之际书写的早期启蒙文字，等候未来的觉醒者访问（"待访"）。200多年后，终于等候到知音的拜谒，而前来就教的，不是某一个"圣明之君"，而是近代中国亟求社会变革与进步的一代民主主义者。

晚清新教传教士译业述评

  基督教的几个支派——"大秦景教""也里可温教"和耶稣会先后于唐代、元代及明清之际进入中国，其中由耶稣会扮演主角的基督教第三次入华，对中西文化及语汇交流产生较大影响。由于罗马教廷和清政府的否定性干预，耶稣会在华传教活动于18世纪初叶中断。经"百年禁教"之后，自19世纪初叶开始，基督教由其一大宗派——新教再度进入中国，此可谓基督教的第四次入华。之所以说新教传教士入华"最有意义"，是因为新教伦理（普世主义、敬业俭朴、勤劳致富等）与资本主义的兴起及发展有着内在联系，新教热衷于介入各项世俗事务和世俗学术，称之"灵性奋兴"。而且，来自西欧、北美的新教传教士进入中国的19世纪，恰值西方殖民主义大举东侵、中国社会发生旷古未遇的近代转型，故新教传教士入华在晚清文化的"古今中西"大交会中起到某种触媒剂作用，从而也在译学发展史上留下深刻的痕迹。本文不拟从政治层面讨论传教士的译业，而就译学史题旨，介绍入华新教传教士的译业实绩，并考析其发展理路。

一、马礼逊的《圣经》汉译及《华英字典》编纂

  新教进入中国大陆始于19世纪初，其先锋人物，是英国基督教伦敦布道会派遣到中国的传教士马礼逊，他于1807年9月4日到澳门，9月7日抵广州。其时中国尚在"禁教"阶段，马礼逊自1809年起以英国东印度公司广

东商馆正式雇员身份，从事"以文字播道"的传教译经活动，长达25年，直至1834年于广州辞世。

来华之前，马礼逊曾向在英国学习商务的华人容三德求教中文和儒学。他又在伦敦的大英博物馆看到1793年由一英国人带回的天主教传教士巴色译成中文的《圣经》手稿，遂于1806年开始作汉译《圣经》的准备。来华之后，马礼逊自1808年起汉译《新约全书》，在华人陈老宜、李十公的帮助下，于1801年译毕并刊行《使徒行传》，1811年刊行《路加福音》，1812年刊行《使徒书信》，1813年译毕《新约全书》，在广州秘密刻印2000部。1814年，马礼逊与伦敦布道会派来的英格兰人、传教士米怜（William Milne，1785—1822）合作汉译《旧约全书》，1819年译毕。1823年将《新旧约全书》以《神天圣书》之名，合为21册线装本，在马六甲出版。此为第一部汉文《圣经》，在汉字文化圈的中、日、朝有广泛的影响。马礼逊汉译《圣经》，曾参考明末清初耶稣会士所译《圣经》经卷，大体接受利玛窦以"上帝"译God的译法，与后来入华的美国传教士以"神"译God，形成两种理路，它们分别成为汉译《圣经》"上帝本"与"神本"两种译本的端绪。①而"利玛窦—马礼逊"的"上帝"译法在汉字文化圈有更大影响，马礼逊汉译的《神天圣书》大体厘定了此后流行中国的基督教汉字术语：上帝、全知、全能、全在、三位一体、原罪、创世、救赎、末世、天国、教会、恩宠、因信称义等。

马礼逊去世后，由英国伦敦会传教士麦都思、普鲁士传教士郭实腊（1803—1851）、美国公理会传教士裨治文（1801—1861）和马礼逊之子马儒翰（1814—1843）组成译经委员会，以马礼逊汉译本为基础，修订《圣经》译本；麦都思负责《新约》，郭实腊负责《旧约》，1837年出版石印本《新约》，题名《新遗诏书》，1838—1840年出版《旧约》。1840年郭实腊修订《新遗诏书》，改名《救世主耶稣新遗诏书》，太平天国使用的便是此一版本，但多有删改。

---

① 1843年8月伦敦会在香港召开传教士会议，此为来华传教士第一次中文《圣经》翻译会议；1850年再次举行会议，会上英国传教士主张以"上帝""圣神"译造物主，美国传教士则主张用"神"译God，以"圣灵"译Spirit，自此形成中文《圣经》的"上帝本"与"神本"，如大英圣经会出版的"上帝本"，美华圣经会出版的"神本"，此外还有"天主本"。

马礼逊自1808年开始，以《康熙字典》为据，编译《华英字典》，分三部分共六卷，第一部分名为《字典》，依据嘉庆十二年刊刻的《艺文备览》翻译，以汉字笔画分成214个字根排列，汉英对照，1815年在澳门出版；第二部分按音标和英文字母排列，名为《五车韵府》，"五车"典出《庄子·天下》"惠施多方，其书五车"，形容书多、学识广博，此卷分两部分，先后于1819、1820年印行；第三部分为英汉对照的《英汉词典》，包括单字、词汇、成语、句型，例句均有汉译，1822年出版。《华英字典》于1823年出齐，分六本，长达4595页。这部马礼逊花了15年心力独自完成的汉英辞书，堪称一部中西文化的百科全书，马礼逊希望这部字典会给以后来华的传教士，提供极为重要的帮助。这一目的达到了，19世纪20年代以降，入华新教传教士几乎都以《华英字典》作为研习汉语、汉文的工具书。而且，《华英字典》作为双语辞书，不仅有助于英语系统的人们了解汉文及中国文化，也向汉语系统介绍了英文和西方文化，其厘定的一批对译英语的汉字新语沿用至今。如：apostle使徒，black lead pencil铅笔，christ基利斯督，critic of books善批评书，digest消化，exchange交换，judge审判，law法律，level水准，medicine医学，natural自然的，necessarily必要，news新闻，novel as mall tale小说书，organ风琴，practice演习，radius半径线，spirit精神，unit单位，等等。当然，作为英汉双语辞书的开创之作，《华英字典》还相当粗糙，汉译部分成词率不高，常以句子翻译相关西方概念，如今译名"侵蚀"，《华英字典》译作"防微杜渐"；"矿物学"译作"本草纲目"等等。这也说明，对译西洋概念的汉字新语的厘定，绝非易事。马礼逊的努力确有筚路蓝缕之功。

马礼逊编纂的《华英字典》还被以后的新教传教士编纂汉外辞书奉作"圭臬"[1]，卫三畏的《英华韵府历阶》（1844年出版）、麦都思的《英华字典》（1848年出版）、罗存德的《英华字典》（1869年出版）、卢公明的《华英萃林韵府》（1872年出版）等，都是在马礼逊《华英字典》的基础上修订而成的。这些汉外辞书也厘定了一批有影响的汉字新语，如卫三畏《英华韵府历阶》中的grammar文法，newspaper新闻纸，diamond

---

[1] 容闳：《西学东渐记》，湖南人民出版社，1981。

金刚石，cabinet内阁，consul领事，yard码，等。麦都思《英华字典》中的diameter直径，essence本质，knowledge知识，machine机器，manage干事，matter物质，plan平面，platina白金，accident偶然，educate教养，association交际，lord天主，revelation默示，sympathy同情等；罗存德《英华字典》中的园艺、侵犯、蛋白质、阳极、映象、副官、银行、麦酒、公报、想象、炭酸、阴极、克服、保险、白旗、自由、文学、元帅、原罪、受难、原理、特权、宣传、右翼、法则、记号、随员、寒带、热带、吨、作者等；卢公明《华英萃林韵府》中的电报、电池、光线、民主之国、分子、地质论、物理、光学、动力、国会、函数、微分学、代数曲线等。马礼逊及后继者在汉外辞书中厘定的这些汉字词，不仅在中国传播开来，构成中国近代新词的重要组成部分，而且，麦都思、罗存德、卢公明的辞典东传幕末和明治间的日本，被日本各种英和、和英辞典所借鉴，如1862年出版的《英和对译袖珍辞书》、1867年出版的《和英语林集成》、1873年出版的《附音插图英和字汇》、1881年出版的《哲学字汇》、1883年出版的《英和字汇》等。19世纪末20世纪初，中国形成留学日本和翻译日籍的热潮，将大量日本汉字词输入中国，而其中不少本是幕末和明治间日本从入华传教士编纂的汉外辞书中借取的汉字新语。故在探讨近代中日语汇互动时，必须辨析其源流。

二、墨海书馆、广学会等传教士出版机构的译业

新教传教士为在中国译介西学，设立了一系列印刷出版机构，其最早可以追溯到马礼逊、麦都思1818年在马六甲创办的中文印刷所；鸦片战争后，该印刷所迁至香港，称伦敦会印书馆。新教传教士在中国大陆设立的第一家出版机构是1844年创立的美华书馆，继之有1845年在宁波设立的花华圣经书房（1844年初创于澳门），1847年创办的上海墨海书馆，1862年创办的上海华美书局，1877年创办的上海益智书会，1887年创办的上海中华广学会，1899年创办的广州美华浸会书局等。下面以墨海书馆、广学会为例介绍新教传教士所办出版机构的译业及其新语创制。

伦敦布道会传教士麦都思曾在马六甲、巴达维亚（今雅加达）等地设

印刷所。道光二十三年（1843）上海开埠后，麦都思将在巴达维亚的印刷机构于1844年迁至上海，定名London Missionary Society Press，中文名"墨海书馆"，取义"瀚墨之海"（书籍的海洋），其印刷机曾用一牛旋转机轴，后来上海文士以诗咏曰：

> 车翻墨海转轮圜，百种奇编宇内传。
> 忙煞老牛浑未解，不耕禾陇种书田。

墨海书馆前由麦都思主持，后由伟烈亚力（1815—1887）继任，麦、伟二人著译多种由其出版，米怜之子美魏茶（1815—1863）、慕维廉（1822—1900）、合信（1816—1873）、艾约瑟（1823—1905）等传教士也参与著译，中国学者王韬、李善兰、管嗣复（？—1860）、张福僖（？—1862）等则在著译西书中发挥笔录、润饰作用。1844—1860年间，墨海书馆出版书刊171种，其中宣教书138种，占80.7%；科技及史地书33种，占19.3%。麦都思以"尚德者"署名的宣教作品，以"神天"称上帝，以"圣教"称基督教，以"宗主"称耶稣，在中国教徒中有一定影响。

墨海书馆翻译出版的科技书，数学类有《数学启蒙》《续几何原本》《代数学》《代微积拾级》，主译者均为伟烈亚力。其中《续几何原本》系伟烈亚力与中国数学家李善兰合译，1857年出版，为欧几里得几何学的后9卷，前6卷由利玛窦与徐光启于明末译出。续本9卷与前6卷，经曾国藩合并为一书，于1865年重校付梓，此为中国数学史的一桩大事。王韬盛赞伟烈亚力与李善兰："今西士伟烈与海宁李君，不惮其难而续成之，功当不在徐、利下。"[1]此书厘定的术语圆锥、曲线、轴线等，沿用至今。《代数学》《代数积拾级》亦由伟烈亚力、李善兰合译，均于1859年出版；《代数学》首次向中国介绍了虚数，并引入西方运算符号，如×、÷、＝、√、∵、∴、∞等；《代数积拾级》创译一批术语，如代数、微分、积分、系数、椭圆、级数、常数、变数等，沿用至今，并传用于日本。

---

[1] 《王韬日记》，中华书局，1987。

物理学类有《重学浅说》和《重学》。《重学浅说》由伟烈亚力口译，王韬笔述，1858年出版，是中国第一部译介西方力学的书籍，厘定的物理学术语有"重学（即力学）""摄力（即引力）""地心"等，还音译欧洲科学家名，如亚奇默德（阿基米得）、伽离略（伽利略）、奈端（牛顿）、瓦得（瓦特）等。《重学》由艾约瑟与李善兰合译，1855年译毕。

天文学类有《谈天》，由伟烈亚力与李善兰合译，1859年出版。厘定的天文学术语有"恒星""行星""彗星""吸引力"等，音译欧洲天文学家名，如多禄某（托勒密）、歌白尼（哥白尼）、刻白尔（刻卜勒）、奈端（牛顿）等。

地理类有《大英国志》，由慕维廉译，蒋敦复润色，1856年出版，其中关于各国政体的介绍，出现音译词恩伯腊（皇帝）、京（王）、伯勒西敦（首领）。

生物学类有《植物学》，前7卷由韦廉臣、李善兰合译，第8卷由艾约瑟、李善兰合译，为中国第一部系统介绍近代植物学的译著，厘定一些生物学术语，如植物学、科、有花植物、无花植物等。

医学类有《西医略论》《妇婴新语》《内科新说》，皆由合信撰写，管嗣复润色。

新教传教士在中国设立的最大规模、持续时间最长的出版机构，是英国长老会传教士韦廉臣于1887年11月在上海创立的同文书会（1887—1956）。同文书会初以出版宣教书为主，1890年韦廉臣去世后由慕维廉主持，1892年英国浸礼会传教士李提摩太（1845—1919）接任督办，主张宣教书与世俗知识书并重。1894年同文书会更名中华广学会，通称广学会，取义"以西国之学广中国之学，以西国之新学广中国之旧学"[1]。

广学会以传播西学知识为重的方针，正是新教走向实用化、理性化的表现，其表征便是对自然科学和人文社会科学的借重。广学会编印的刊物《万国公报》《孩提画报》《训蒙画报》《成童画报》《中西教会报》

---

[1]　古吴困学居士：《广学会大有造于中国说》，《万国公报》（第86册），光绪二十三年（1897）四月。

《大同报》以世俗知识内容为主；编译出版的西学书籍中，宣教书、世俗知识书均有，而以后者为主，要者有韦廉臣的《格物探原》《治国要务》，慕维廉的《大英国志》《天文地理》《地理全志》《知识五门》，花之安（1839—1899）的《自西徂东》《性海渊源》《教化议》《西国学校》，安保罗的《救世教成全儒教》，傅兰雅的《格致须知》等自然科学须知23种，真司腾的《化学卫生论》，丁韪良的《万国公法》《公法会通》《公法便览》《富国策》《格物入门》《闻见选录新编》，林乐知（1836—1907）的《中西关系略论》《列国岁纪政要》，李提摩太的《救世教益》《八星之一总论》《五洲教务》《中西四大政考》《三十国考要》《时事新论》《西铎》等。上述西学书籍不限于译作，编纂、创作的比例颇大，这是广学会所出西书的特色之一，而且其中穿插关于中西文化比较、中国传统文化评价等议论文字，与清末改良主义者（如王韬、郑观应等）和维新变法派（康有为、梁启超等）的思想及著述发生较密切的联系。广学会出版物所厘定的新语数量巨大，现以其刊发的《万国公报》为例，略加介绍。

《万国公报》原是美国监理会传教士林乐知于1868年9月在上海创办的周刊《教会新报》，于1874年改称《万国公报》，中途停刊。广学会成立后，于1889年2月使《万国公报》复刊，作为广学会的机关报，仍由林乐知主编，参编者有韦廉臣、慕维廉、李提摩太、艾约瑟、丁韪良、花之安等传教士，华人编者有沈毓桂、蔡尔康等。该刊发表的自然科学文章，较重要的是韦廉臣的《格物探原》（1874年9月），其中出现元质（元素）及轻（氢）、养（氧）、淡（氮）、炭（碳）、磺（硫）等元素名称。政论方面，《万国公报》曾发表李提摩太、林乐知、李佳白（1857—1927）等英美传教士鼓吹中国必须"变法"的文章，如李提摩太有"新民、化民、安民、富民"之倡①。这些词汇，虽借用中国古典词，却一一注入新义，后成为近代中国的流行新语，梁启超的"新民说"即脱胎于此。康有为的《上清帝第二书》中，建议变法须"富国""养民""教民"，诸词也采自李提摩太的文章。康有为所列"富国之法"，分钞法、

---

① 见《泰西新史揽要译本后序》，《万国公报》第76册，1895年5月。

铁路、机器轮舟、开矿、铸银、邮政；"富民之法"，分务农、劝工、惠商、恤穷；"教民之法"有设学校、开报馆等，其思路及用词与《万国公报》上传教士的文章十分接近。林乐知1875年6月12日发表于该刊的《译民主国与各国章程及公议堂解》，是系统介绍西方民主政治的文章，厘定公议堂（议会）、议法之员（议员）、上下两院、议法（立法）、掌律（司法）、行政等政治类新语，并阐发议法、掌律、行政"三权分立"及议会政治的基本理念，晚清改良派深受影响。然而，康有为、梁启超博取传教士政论，却拒绝采纳其"西教为西学、西政之本"的说法，维新派所办《湘学报》发表《论西政西学兴衰俱与西教无涉》一文，驳斥"将一切事物归功天主"的宗教宣传。①《万国公报》的宗教思想及其语汇，在维新派中影响甚微，而科技、政治思想及其语汇则被采纳甚多，反映了近代中国先进士人吸纳西学而拒斥西教的倾向性。

林乐知在《万国公报》第184册（光绪三十年四月）刊发的《新名词之辨惑》一文，专门论及新语厘定问题。该文指出，中国文字虽历史悠久，但词汇已不敷今用，而"今中国之人，以造字之权利，让之古圣先王，后人不许杜撰一字，亦不许自著一新名词，必稽诸陈旧之经典，方为雅驯"。他在比较中西语汇之后，力陈新创汉字词之必要：

> 试观英文之大字林，科学分门，合之名词不下二十万，而中国之字不过六万有奇，是较少于英文十四万也。……故新名词不能不撰，如化学、医学、地质学、心理学等学科，中国字缺乏者更多。余前与傅兰雅先生同译书于制造局，计为中国新添之字与名词，已不啻一万有奇矣。

林氏列举创新名词的方法："一以相近之声，模写其音；一以相近之意，仿造其字；一以相近之义，撰合其文。"他还指出，中国要获得进步，要义在于"释放"（解放）：

---

① 见《湘学报》第32册，1898年2月。

一得释放，而后春和至矣。新天、新地、新人、新物，莫不由释放而来，岂惟关系于新名词哉！

这实在是关于新语创制的一篇绝妙之作。

三、译语主义与原语主义的辩论及傅兰雅的"名目生新"说

明末清初的"中国礼仪之争"，是以利玛窦与龙华民（1559—1654）为代表的基督教系统内部两派在文化传播问题上展开论战，这一论战的要旨在于：异文化间是否存在通约性？反映异文化的不同语文能否建立意义上的等值关系？也即意译是否可能？这便是文化传播问题上"译语主义"与"原语主义"的对立。龙华民所持的是东西方文化二元两分的"原语主义"，否定异文化间的通约性和异语文之间术语意译的可能；而利玛窦则实行"译语主义"，试图消解东西文化的二元两分，搭建沟通东西方意义世界的语文桥梁。而明末嘉定会议未能就利氏和龙氏的两种意见取得共识，其分歧不仅是理论上的，也直接反映到传教实践上，并由此引发以后长达百余年的"中国礼仪之争"。这些问题并没有因"中国礼仪之争"暂停而告结束，作为文化传播学上的一大论题，在理论上和实践上都长期困扰着躬逢其事的人们，清末入华新教传教士也不例外，他们在19世纪中后期就此展开的论辩，直接承袭着入华耶稣会士17世纪展开的"利玛窦—龙华民"之辩。

自马礼逊1807年入华并译介西学开始，欧美新教传教士译介西方事物和知识时，无非音译、意译两法，而能否用汉文忠实地意译西方文化，在新教传教士中一直存在争议，19世纪70年代西方各国入华新教传教士专门就此在上海举行过几次讨论会，对中文意译西学持肯定意见的主要有傅兰雅、李佳白、狄考文（1836—1908）等，持否定意见的主要有花之安、卜舫济（1864—1947）等。傅兰雅光绪六年（1880）在《江南制造总局翻译西书事略》的第二章《论译书之法》和第三章《论译书之益》中，对历次讨论会的分歧意见加以综汇、评析，他概括否定派的意见为：

中国语言文字最难为西人所通，即通之亦难将西书之精奥译至中国。盖中国文字最古最生最硬，若以之译泰西格致与制造等事，几成笑谈。……况近来西国所有格致，门类甚多，名目尤繁；而中国并无其学与其名，焉能译妥？诚属不能越之难也！[①]

对于这种中文无法意译西方概念的说法，傅兰雅一方面援引历史事实以驳斥之，一方面从汉语的特点引发其翻译能力颇强的结论：

然推论此说，实有不然。盖明时利玛窦诸人及今各译书之人，并未遇有甚大之难，以致中止。译西书第一要事为名目，若所用名目必为华字典内之字义，不可另有解释，则译书事永不能成。然中国语言文字与他国略同，俱为随时逐渐生新，非一旦而忽然俱有。故前时能生新者，则后日亦可生新者，以至无穷。近来中西交涉事年多一年，则新名目亦必每年增广。[②]

傅氏在这里提出"名目"即译名问题，指出不可死守汉字及汉字词的古义，应当不断"生新"，而中国语言文字完全具备这种"无穷"的"生新"能力。傅氏预言，随着中西文化互动日多，"新名目"（即汉字新语）必将与日俱增。傅氏的这一论说，与两个世纪之前入华耶稣会士利类思（1606—1682）在为所译《超性学要》写的序文颇有相通处，利类思称译事大难而又可为，"文以地殊，言以数限，反复商求，加增新语"，指出创译新词（"加增新语"）是翻译的必需，也是通过"反复商求"可以做得到的。

作为有着丰富的翻译实践的译者，傅兰雅还提出了译名统一与规范化问题。他指出，清代中外人士翻译西书因缺乏规划，"故各人所译西书常有混名之弊，将来甚难更正"。他特别举出基督教造物主的译名混乱的

---

①② 傅兰雅：《江南制造总局翻译西书事略》，光绪六年（1880），载张静庐辑注《中国近代出版史料初编》，群联出版社，1953。

状况：

> 察各门教师称造化万物之主，有曰天主者，有曰上帝者，有曰真神者，此为传教第一要名，尚未能同心合意，通用一名，而彼轻气、淡气相混者亦不为奇焉。①

鉴于此，傅氏倡导统一译名的办法，如"作中西名目字汇"——

> 凡译书时所设新名，无论为事物人地等名，皆宜随时录于英华小簿，后刊书可附书末，以便阅者核察西书或问诸西人。而各书内所有之名，宜汇成总书，制成大部，则以后译书者有所核察，可免混名之弊。②

傅氏通过这种努力，证明了中西"名目"的对译是可以走向规范化的。

傅兰雅不仅用文章阐述创制"新名目"的必要性和可能性，而且在翻译实践中摸索出一套"设立新名"的方法。他指出，"名目"（译名）是"译西书第一要事"，其方法，第一是利用"华文已有之名"。第二是"设立新名"，其法有三：一是以平常字外加偏旁而为新名，仍读本音，如镁、钟、矽；或以字典内不常用之字释以新义而为新名，如铂、钾、钴、锌等是也。二是用数字解释其物，即以此解释为新名，而字数以少为妙，如养气、轻气、火轮船、风雨表等是也。三是用华字写其西名，以官音为主，而西字各音亦代以常用相同之华字……③

傅氏总结的这些创制新语的方法，行之有效。傅氏的译业实践也证明了以汉字新创词语，可以表述西书概念，同时又易于被熟知汉字文化的人们所理解与记忆。今日，不仅钾、钠、锌等元素词被中国人熟用，养气（后改作氧气）、轻气（后改作氢气）、火轮船（后省作轮船）也被中国视同本民族词汇，可谓达到异语文对接的"化境"。

---

①②③　傅兰雅：《江南制造总局翻译西书事略》，光绪六年（1880），载张静庐辑注《中国近代出版史料初编》，群联出版社，1953。

在傅兰雅从事译业的晚清，坚持"原语主义"、认定中西文化难以通约的西洋人居多，故反对用汉文翻译西书的声浪甚高，诚如傅兰雅概述的，"西人多以为华文不能显明泰西近来之格致，非用西文则甚难传至中国，此等人看局内译书之事（指江南制造局翻译馆翻译西书——引者），不过枉费工力而已"。傅兰雅以一外国人身份，却能据理力争，认为中国作为文明古国和主权国家，绝无理由放弃自己的语言文字，他说：

> 况中国书文流传自古，数千年来未有或替，不特国人视之甚重，即国家亦赖以治国焉。有自主之大国弃其书文，而尽用他邦语言文字者耶？若中国为他邦所属，或能勉强行以西文；惟此事乃断不能有者，故不必虑及焉。[①]

他还盛赞中国先进士人译介西学的积极性，称其"凡见西国有益学术，则不惜工费而译成书，以便传通全国"[②]，由此他看到了中西文化沟通的希望，认为西方人应当支持并参与中国翻译西书的事业，以促进这种沟通。而明清之际和晚清西书翻译的实践，以及中西文化在近现代日渐深入的互动，证明了异文化间存在着通约性，异语文间的术语意译也是可能的，从利玛窦（在徐光启、李之藻的帮助下）到傅兰雅（在徐寿、华蘅芳的帮助下）的译业便是异语文意义沟通的丰碑。

---

①② 傅兰雅：《江南制造总局翻译西书事略》，光绪六年（1880）。

近人对传统文化的两极评判

中国文化延绵久远，仪态万方，蕴藏丰富，视角各别、价值取向有异的中外人士对它的评议往往见仁见智、各执一端，甚至同一位思想者在不同语境作出截然不同的判断。

一、西方对中国文化的两极评论之一：佳评如潮

西方早在古希腊罗马时代即有关于遥远而神秘的东方文化的种种传说。13、14世纪之交入华的意大利人马可·波罗在其《东方见闻录》（又名《马可·波罗行纪》）中描述了"契丹"（实为元代中国）文化的繁盛发达。而抵达富庶的"契丹"（中国），成为15、16世纪开拓新海道的哥伦布、达·伽马等人冒险远航的动力。

16、17世纪之交，意大利人、耶稣会士利玛窦进入明朝，发现"契丹"即中国，并由衷赞扬人民勤劳、知礼，国家奉行和平：

中国人是最勤劳的人民。

以普遍讲究温文有礼而知名于世。

虽然他们有装备精良的陆军和海军，但他们的皇上和人民却从未想要过发动侵略战争。他们很满足于自己已有的东西，没有征服的野心。[①]

---

① ［意］利玛窦、［比］金尼阁：《利玛窦中国札记》，第541～566、19、63、58页。

利玛窦尤其欣赏中国通过国家考试从平民中选拔官员的文官制：

> 他们全国都是由知识阶层，即一般叫作哲学家（指儒士）的人来治理的。①

利玛窦对中国文化也有批评：

> 中国所熟习的唯一高深的哲理科学就是道德哲学……他们没有逻辑规则的概念。

> 大臣们作威作福到这种地步，以致简直没有一个人可以说自己的财产是安全的……人民十分迷信，难得信任任何人。（皇上出巡戒备森严，）人们以为他是在敌国旅行，而不是在他自己的子民万众中出巡。②

明清之际，利玛窦、艾儒略、汤若望等天主教传教士怀着"中华归主"的梦想，联翩入华，一方面向中国传播西学（科技与神学），另一方面又向西方译介汉学。从而，中国经典和文学作品流播西土，中国民间以至宫廷生活的实态及中国文化渐为西洋人知晓，西洋人对中国及其文化有了非传说的、较为实在的认识，从而开启西方汉学的端绪。早期汉学论著迭现——门多萨著《中华大帝国史》，卢哥比安、杜赫德、柏都叶编《耶稣会士通信录》，杜赫德等主编《中华帝国全志》，勃罗提业、萨西等编纂《中国丛刊》，冯秉正著《中国通史》，丹维尔著《中华新图》等，与康熙皇帝过从甚密的法国人白晋撰《中国皇帝传》。

17、18世纪以降，西洋人对中国文化经历了从客观译介到主观评断的转化，而这种评断与西洋人自身的不同观念和文化要求相联系。欧洲人的中国观大略呈现赞赏与贬抑两极状态。先议佳评。

西方对中国文化赞赏一极，以德国哲学家沃尔夫（1679—1754）、法

---

①② ［意］利玛窦、［比］金尼阁：《利玛窦中国札记》，第31、94页。

国启蒙思想家伏尔泰、法国重农学派魁奈（1694—1774）等人为代表。

承袭莱布尼茨（1646—1716）的沃尔夫欣赏中国的哲学与政治，其弟子毕芬格著《古代中国道德说并政治说的样本》，肯定中国政治与道德结合的传统，认为康熙皇帝几近柏拉图推崇的"哲学王"那样的理想君王。

伏尔泰希望在清除现存的基于迷信的"神示宗教"之后，建立一个崇尚理性、自然和道德的新的"理性宗教"。在伏尔泰心目中，中国儒教是这种"理性神教"的楷模。他在哲理小说《查第格》中说，中国的"理"或所谓"天"，既是"万物的本源"，也是中国"立国古老"和文明"完美"的原因。他称中国人"是在所有的人中最有理性的人"。他推崇孔子，称赞他"全然不以先知自认，绝不认为自己受神的启示，他根本不传播新的宗教，不求助于魔力"。

狄德罗见解类似，他主编的《百科全书》关于"中国"的一段，介绍先秦至明末的中国哲学，认为其基本概念是"理性"。他特别欣赏儒教"只需以'理性'或'真理'便可以治国平天下"。中国的这种理性观念对欧洲启蒙运动时期出现的自然神论有所启迪。

欧洲启蒙思想家还从历史中看到了以伦理道德为主要内容的中国文化的力量。万里长城未能阻止异族入侵，而入主中原的异族无一不被汉族所同化。启蒙思想家认为，这种"世界上仅见的现象"，究其原因，乃在于中国所特有的伦理型文化强大的生命力。伏尔泰对此深有所感，遂仿照元杂剧《赵氏孤儿》创编诗剧《中国孤儿》，剧中崇尚武功、企图以暴力取胜的"成吉思汗"（这是一个移植的代称，《赵氏孤儿》本来讲的是战国故事，伏尔泰却将剧中的王者取名"成吉思汗"，乃是鉴于欧洲人最熟悉的"东方暴君"是成吉思汗），最后折服于崇高的道义。伏尔泰在这个诗剧的前言中写道："这是一个巨大的证明，体现了理性与才智对盲目和野蛮的力量具有自然的优越性。"

伏尔泰的《风俗论》等著作展示的中国文化，闪耀着理性、人道的光辉，中国的儒学深藏于当时欧洲现实难得见到的"自由"精神及宗教宽容。伏尔泰发现，孔子和西方古代贤哲一样，"己所不欲，勿施于人"，"己欲立而立人，己欲达而达人"，并提倡"不念旧恶、不忘善行、友爱、谦恭"，"他的弟子们彼此亲如手足"，这就是"博爱"的本义，因而也就和"自由"与"平等"的信条息息相通。伏尔泰对经验理性、仁爱精神等东方式智慧大加赞叹，并借以作为鞭笞欧洲中世纪神学蒙昧主义的"巨杖"。

魁奈更多地肯定中国的制度文化，他在《中国的专制主义》中称中国的政治是"合法的专制政治"，中国的法律都是建立在伦理原则基础上的，法律、道德、宗教、政治自然地合为一体。他认为孟德斯鸠等政治作家把中国政治的专制性"大大地夸大了"。魁奈对《周礼》均田制、贡赋制十分推许，对中国思想家崇仰备至，有"一部《论语》可以打倒希腊七贤"的名论。魁奈视中国为"一个世界上最古老、最大、最人道、最繁荣"的国度。

在英国，启蒙学者常常引用"中国人的议论"来批驳《圣经》。例如18世纪早期的自然神论者马修·廷德尔（1655—1733）在其思精之作《自创世以来就有的基督教》中，把孔子与耶稣、圣保罗相提并论，将其言行加以比较，从中得出"中国孔子的话，比较合理"的结论。英国哲学家休谟（1711—1776）曾说"孔子的门徒，是天地间最纯正的自然神论的学徒"，将中国哲学引为自然神论的思想。

中国哲学宗教色彩淡薄，而伦理准则渗透本体论、认识论、人性论，这一特质引起欧洲思想家的广泛注意。法国启蒙学者霍尔巴赫（1723—1789）认为，"伦理与政治是相互关联的，二者不可分离，否则便会出现危险"。而在世界上，"把政治和伦理道德紧紧相连的国家只有中国"。德国哲人莱布尼茨也说道：

> 如果请一个聪明人当裁判员，而他所裁判的不是女神的美，而是民族的善，那么我相信，他会把金苹果送给中国人的。
>
> 就我们的目前情况而论，道德的败坏已经达到这样的程度，因此，我几乎觉得需要请中国的传教士来到这里，把自然神教的目的与实践教给我们，正如我们给他们派了教士去传授启示的神学那样。

直到法国大革命，中国哲学中的德治主义还对雅各宾党人发生影响，罗伯斯庇尔（1758—1794）起草的1793年《人权和公民权宣言》的第6条引用中国格言：

> 自由是属于所有的人做一切不损害他人权利的事的权利；其原则为自然，其规则为正义，其保障为法律；其道德界限则在下述格言之中：己所不欲，勿施于人。

中国哲学对欧洲思想家的影响是经过他们自己的咀嚼和消化才发生作用的，他们所理解和表述的中国文化，带有明显的理想化色彩。这种理想化的中国哲学对于18世纪欧洲启蒙运动思想体系的完善发生了不可忽视的作用。法国学者戴密微（1894—1979）高度评价这一东方哲学流向西方的现象。他认为，从16世纪开始，欧洲就开始了文艺批评运动，而发现中国一举又大大推动了这一运动的蓬勃发展。①

中国哲学对欧洲的影响并不局限于17、18世纪。从19世纪中叶开始，欧洲加速了同中国的文学、艺术、哲学的融合。就德国而言，19世纪末叶至20世纪初年间，出现一种可称之为"东亚热"的思潮。

第一次世界大战后出现的欧洲文化危机，使不少知识分子再次把目光转向东方，希望在东方文化，尤其是中国哲学、文学中去寻找克服欧洲文化危机的办法。德国哲学家、戏剧家布莱希特（1898—1956），便注目中国古代哲学，赞赏墨子学说对于解决个人与社会取得和谐问题的探索，其"非攻""兼爱"等思想常被布莱希特援引。老庄修身治国、"柔弱胜刚强"的理论也为布莱希特所赞赏。他的《墨子·成语录》采用中国古代哲学著述常见的对话体裁，处处流露出将墨翟引为忘年交的感情。中国哲学不仅给布莱希特与德国表现主义戏剧家的哲学论争提供了有力的论据，开拓了他的眼界，使他从一个欧洲学者变成一个世界性哲人。

中国传统文化在19世纪的俄国也颇有影响。俄罗斯近代文学奠基人普希金（1799—1837）深受启蒙时代法国出现的"中国热"感染，作品吸纳中国元素，诗歌《致娜塔丽娅》出现"谦恭的中国人"，《鲁斯兰与柳

---

① ［法］戴密微：《中国和欧洲最早在哲学方面的交流》，耿升摘译，《中国史研究动态》1982年第3期。

德米拉》出现"中国的夜莺",《骄傲的少女》出现"去长城的脚下"等句,显示了对中国文化的向往。俄国文豪列夫·托尔斯泰(1828—1910)对中国传统哲学极感兴趣,他研究过孔子、墨子、孟子等中国古代哲学家的学说,而对老子著作的学习和研究则持续到暮年。他在日记中说,"孔夫子的中庸之道——是令人惊异的。老子的学说——执行自然法则——同样是令人惊异的。这是智慧,这是力量,这是生机","晚上全神贯注修改《墨子》,可能是一本好书"①。他认为,孔子和孟子对他的影响是"大的",而老子的影响则是"巨大的",托尔斯泰主义的核心——"勿以暴力抗恶"——在很大程度上便来自老子"无为"思想的启迪。

二、西方对中国文化的两极评论之二:贬抑渐深

18世纪以降,欧洲的中国观还呈现贬抑的一极,代表人物有法国社会学家孟德斯鸠、英国经济学家亚当·斯密、德国哲学家黑格尔等。

与推崇中国文化的伏尔泰同时代的孟德斯鸠也十分关注中国文化,但他反对美化此一东方文化。作为西方近代国家学说奠基人的孟德斯鸠,把政体归为共和、君主、专制三类,三者奉行的原则分别是品德、荣誉、恐惧,而"中国是一个专制的国家,它的原则是恐怖"。他认为,中国的立法者"把宗教、法律、风俗、礼仪都混在一起":

> 这四者的箴规,就是所谓礼教。……中国人把整个青年时代用在学习这种礼教上,并把整个一生用在实践这种礼教上。……当中国政体的原则被抛弃,道德沦丧了的时候,国家便将陷入无政府状态,革命便将到来。②

英国哲学家休谟在18世纪中叶便提出"中国停滞论",他将中国停滞的原因归结为国土庞大、文化单一、祖制难违。休谟说:

---

① 转引清华大学思想文化研究所编《世界名人论中国文化》,湖北人民出版社,1991,第546、547页。

② [法]孟德斯鸠:《论法的精神》,张雁深译,商务印书馆,1987。

　　在中国，似乎有不少可观的文化礼仪和学术成就，在许多世纪漫长的历史发展过程中，我们本应期待它们能成熟到比它们已经达到的更完美和完备的地步。但是中国是一个幅员广大的帝国，使用同一语言，用同一种法律治理，用同一种方式交流感情。任何导师，像孔子那样的先生，他们的威望和教诲很容易从这个帝国的某一角落传播到全国各地。没有人敢于抵制流行看法的洪流。后辈也没有足够的勇气敢于对祖宗制定、世代相传、大家公认的成规提出异议。这似乎是一个非常自然的理由，能说明为什么在这个巨大帝国里科学的进步如此缓慢。①

亚当·斯密的"中国停滞论"在西方更有影响。他将17世纪耶稣会士提供的中国观察与此前数百年的《马可·波罗行纪》中的中国记述加以比较，发现二者几无差异，证明中国自古就繁荣富庶，而久未发展。他于18世纪70年代指出：

　　中国，一向是世界上最富的国家。其土地最沃，其耕作最优，其人民最繁多，且最勤勉。然而，许久以前，它就停滞于静止状态了。今日旅行家关于中国耕作、勤劳及人口状况的报告，与五百年前客居于该国之马哥·波罗的报告，殆无何等区别。若进一步推测，恐怕在马哥·波罗客居时代以前好久，中国财富，就已经达到了该国法律制度所允许之极限。②

亚当·斯密着重从经济学层面分析中国社会停滞的原因，如劳动工资低廉，劳动货币价格固定；欧洲处于改良进步状态，而中国处于不变静态；又如中国重农抑商，轻视对外贸易。

德国哲学家赫尔德（1744—1803）认为亚细亚专制制度是一种僵化的政治制度，实行这种制度的中国"就像一座古老的废墟一样兀立在世界的一角"。这是中国停滞论的较早表述。

---

① ［英］休谟：《人性的高贵与卑劣——休谟散文集》，杨适等译，三联书店，1988。
② ［英］亚当·斯密：《国富论》上卷，郭大力、王亚南译，中华书局，1949。

稍晚于赫尔德，作为欧洲中心论者的黑格尔，在《历史哲学》中把中国称之"那个永无变动的单一"，在《哲学史讲演录》中把孔子视作：

> 一个实际的世间智者，在他那里思辨的哲学是一点也没有的——只有一些善良的、老练的、道德的教训，从里面我们不能获得什么特殊的东西。

20世纪美国社会学家帕森斯大体承袭赫尔德、黑格尔的理路，并进而推衍：儒家价值观与现代社会价值观相左，妨碍中国社会的现代转型。

时至当代，西方人对中国文化的认识在逐步深化，但大体仍在上述两极间徘徊。其一极蔑视中国文化，发皇者来自西方政坛、学界，并往往与"中国崩溃论""中国威胁论"交织在一起；另一极则对中国文化高度赞许，尤其将《老子》《周易》奉为天纵之书，以为是克服"现代病"的良药，甚或认为中国是未来世界的希望，这类对中国传统文化的褒词，往往发自西方学界，其中不乏一流思想家、科学家（包括20世纪90年代前后的诺贝尔奖得主）发表此种赞语。

西方的中国文化观的主流态势略为：17—18世纪向往、颂扬中国文化（常有对中国文化的理想化描述），19—20世纪批判、贬抑中国文化（不乏西方式的傲慢与偏见），分别反映了启蒙时代和资本主义发展时代西方文化的两种诉求：前者是为突破中世纪蒙昧从东方寻找借鉴，后者是为西方文化"先进"提供东方文化"落后"的衬托。

三、近世中国人的中国文化两极论之一：以梁启超清末抨击传统弊端为例

近代中国人自身对传统文化评价的分歧之大，并不亚于西方人。这种分歧不仅指西化派对中国传统文化的贬斥与东方文化本位论者对中国传统文化的坚守之间形成的强烈对比，而且，在同一位中国思想家那里，先后对中国智慧的褒贬扬抑，往往形成巨大反差。如现代中国著名文化人严复、梁启超自清末到民初评价中国文化的言论，呈现两极化走势，便是典

型案例。这里侧重讨论梁启超的中国文化两极评议。

梁启超是中国近代重要的革新运动——戊戌变法的领袖之一和主要宣传者。1898年变法失败后，梁启超流亡日本，潜心研习西方文化，以寻求强国之借鉴，与此同时，又解剖中国文化的病端，尤其激烈地抨击专制帝制。梁启超1902年在《拟讨专制政体檄》中说：

> 专制政体者，我辈之公敌也，大仇也！……
>
> 使我数千年历史以浓血充塞者谁乎？专制政体也。使我数万里土地为虎狼窟穴者谁乎？专制政体也。使我数百兆人民向地狱过活者谁乎？专制政体也。

他号召新中国之青年"组织大军，牺牲生命，誓剪灭此而朝食"，洋溢着对中国制度文化的核心——专制帝制不共戴天的批判精神。这种对中国专制政治的谴责，与孟德斯鸠十分类似。

1899年，梁启超东渡太平洋，造访美国，目的是"誓将适彼世界共和政体之祖国，问政求学观其光"。1903年2月，梁启超再次离日游览北美，在加拿大与美国逗留8个月，并于1904年2月在《新民丛报》增刊发表《新大陆游记》，大力推介美国的现代文明，特别是民主政治。他发现，美国实行共和宪政，是拥有"市制之自治"的基础，而中国仅有"族制之自治"，人民仅有"村落思想"，不具备共和宪政的条件。他由此出发，尖锐批评中国固有文明，在这部游记中列举"吾中国人之缺点"如下（仅引纲目）：

> 一曰有族民资格而无市民资格。
> 二曰有村落思想而无国家思想。
> 三曰只能受专制不能享自由。
> 四曰无高尚之目的。

此外，梁氏还在书中痛论中国人行为方式的种种不文明处，诸如：

> 西人数人同行者如雁群，中国人数人同行者如散鸭。西人讲话……其发声之高下，皆应其度。中国则群数人座谈于室，声或如雷；聚数千演说于堂，声或如蚊。……吾友徐君勉亦云：中国人未曾会行路，未曾会讲话，真非过言。斯事虽小，可以喻大也。

1899年至1904年间的梁启超，具体考察西方现代文明（从民俗、经济到政治制度），并给予肯认，同时又对中国传统社会及文化加以痛切的批评。梁启超1899—1902年热烈倡导民主共和，1903—1904年间则转向君主立宪，寄望于"开明专制"，正是他通过中西文化比较后，意识到当时的中国不具备实行民主共和的文化条件。他认为，在缺乏"市制之自治"等文化条件下，贸然推行民主共和，必致天下大乱。总之，19世纪末、20世纪初，梁启超是中国传统文化犀利的批评家，正如冯自由所说，《新民丛报》开初一二年，梁启超所倡之"破坏论"，极具感召力，"影响国内外青年之思想甚巨"；黄遵宪1902年致函，称赞梁启超在《新民丛报》发表的文章"惊心动魄，一字千金，人人笔下所无，却为人人意中所有，虽铁石人亦应感动"。梁启超诚为"言论界的骄子"也！

四、近世中国人的中国文化两极论之二：以梁启超在"一战"后对中国传统的高度赞美为例

时过十余载，历经辛亥革命的大波澜，又目睹第一次世界大战对人类（尤其是西方世界）创巨痛深的打击，敏感的"言论界骄子"梁启超对于中西文化有了新的体悟。

1918年12月，梁启超与蒋百里（1882—1938）、丁文江（1887—1936）、张君劢（1887—1969）及外交官刘崇杰（1880—1956）、经济学家徐振飞、负责后勤的杨鼎甫等7人赴欧（其中丁文江、张君劢二位后来成为20世纪20年代"科玄之争"科学派与玄学派的主将），于旁观巴黎和会前后，遍游英、法、德、意等欧洲列国，1920年1月离欧，3月回归上海。梁启超一行访欧一年又两个月期间，正值第一次世界大战刚刚结束，西方现代文明的种种弊端充分暴露，一批西方人，尤其是西方的人文学者

对西方文明持批判态度（德国人斯宾格勒1918年出版的《西方的没落》为其代表作），有的甚至对西方文明陷入绝望，并把希冀的目光投向东方。梁启超返回后发表的《欧游心影录》描述这一情形：

> 记得一位美国有名的新闻记者赛蒙氏和我闲谈，他问我："你回到中国干什么事？是否要把西洋文明带些回去？"我说："这个自然。"他叹一口气说："唉，可怜，西洋文明已经破产了。"我问他："你回到美国却干什么？"他说："我回去就关起大门老等，等你们把中国文明输进来救拔我们。"

曾几何时，在《新大陆游记》（1904年印行）中梁启超历数中国社会及文化的种种病态，认为唯有学习西方才有出路，而在《欧游心影录》（1920年印行）中，梁启超却一百八十度转弯，向中国青年大声疾呼：

> 我可爱的青年啊，立正，开步走！大海对岸那边有好几万万人，愁着物质文明破产，哀哀欲绝的喊救命，等着你来超拔他哩。我们在天的祖宗三大圣（指孔子、老子、墨子——引者）和许多前辈，眼巴巴盼望你完成他的事业，正在拿他的精神来加佑你哩。

这里梁启超申述的不仅是"中国智慧救中国论"，而且是"中国智慧救世界论"。必须指出的是，1920年的梁启超与1904年的梁启超相比，其爱国救世的热情和诚意别无二致，其笔锋也都"常带感情"。然而，同样是这位有着赤子之心的梁启超，何以在十余年间对东亚智慧现世价值的评判发生从沉痛否定到热忱推崇的巨大变化？

五、"现代化诉求"与"后现代反思"

这里不拟就梁启超个人的心路历程作详尽分析，而只简要考察梁启超十余年间对中国文化评价系统的变化，进而探求如何整合这两种评价系统。

梁启超1904年撰写《新大陆游记》，洋溢着对中国传统文化的批判精神，这是那一时代中国先进分子"向西方求真理"，以谋求现代化出路的典型表现。梁启超当年对传统产生锥心之痛，缘故在于，东亚社会及文化未能导引出现代化，其若干层面还成为现代化的阻力，以致中国社会及文化落伍于西洋，一再被动挨打，陷入深重的民族危机。为解除危机，梁启超揭露中国传统社会及文化的种种病态，可谓爱之深、责之切，即使今日读来，人们也能产生会心之叹。梁启超批评传统，所秉持的文化评价标尺是西洋文化呈现的现代化模型，出于对现代文明的渴求，梁氏扬弃旧学，倡导新学，力行"新文体""新史学""诗界革命"，以新文化巨子现身19、20世纪之交，如惊雷闪电般辉耀于那个风雨如晦的年代。

梁启超于1920年撰写的《欧游心影录》，则是在对西方文明的弊端（或曰"现代病"）有所洞察后，再反顾东方，发现中国传统智慧具有疗治"现代病"的启示价值。这种以中国传统智慧挽救现世文明的论断，与现代西方初萌的反思"现代病"的思潮相呼应，就尚未实现现代化的中国而言，是一种早熟的后现代思维，虽然缺乏细密深入的历史分析，却颇有切中时弊的精彩宏议，包蕴着若干真理的颗粒，身处现代文明之中、为"现代病"所困扰的今人读到此类评论，亦有切肤之感。

于是，呈现在人们面前的有"两个梁启超"：激烈批判中国传统文化的梁启超和高度称颂中国传统文化的梁启超。

人们往往因梁启超1904年所撰《新大陆游记》与1920年所撰《欧游心影录》的思想大转变，而讥讽他的"多变"，他自己也曾以"流质易变""太无成见"自嘲。其实，对传统文化先后持两种极端之论，并非梁启超个别特例，在其他近代文化大师那里也有类似表现，如严复戊戌时期在《救亡决论》中历数中国传统文化弊端，并倡言："天下理之最明而势所必至者，如今日中国不变法则必亡是已。"而严复晚年力主回归传统，高唤："回观孔孟之道，真量同天地，泽被寰区。"

我们今天对此种现象的认识，不能停留于对梁启超、严复等前哲跳跃式思维的一般性批评，不应止于"早年激进、晚年保守"的皮相之议，而应当进一步考析——梁启超、严复等这种对传统文化从"离异"到"回归"的心路历程，报告着怎样的时代消息？

否定与赞扬中国传统文化的两种极端之论集于一人，是近代中国面对多层级变革交会的一种悖论式反映。西方世界几百年间实现工业化与克服工业化弊端这两大先后呈现的历时性课题，都共时性地提到近代中国人面前。面对中国社会"多重性"的国人颇费思量。力主汇入"浩浩荡荡"世界文明大潮的孙中山，一方面力主发展资本主义经济，实现工业化，同时又在中国资本十分薄弱之际便警告，要"节制资本"，便是交出的一种有民粹倾向的答案。而梁启超于20世纪初叶的两种极端之论是试交的双重答案——1904年批评东亚社会及文化，是一种"现代化诉求"；1920年呼唤以东亚智慧拯救西方，拯救现代文明，其着眼点则是"后现代思考"。

梁启超在短短十余年间发表两种极端之论，给人以"大跳跃"印象，是因为他在尚未厘清前一论题时，便匆忙转向后一论题。这当然与梁氏个人学术性格有关，但也是20世纪的中国面临文化转型的多重性所致——作为"后发展"的中国，以经济层面的工业化和政治层面的民主化为基本内容的现代化刚刚起步之际，已经完成现代化任务的西方世界面临的"后现代"问题，也通过种种渠道朝着中国纷至沓来。这样，中国人（特别是知识精英）一方面要扬弃东亚固有的"前现代性"，以谋求文化的现代转型；另一方面，又要克服主要由西方智慧导致的现代文明病，此刻，以原始综合为特征的东亚智慧又显现出其"后现代"启示功能。

梁启超敏锐地把握了东亚智慧在历史不同层面上的不同功能，各有精彩阐发，留下足以传世的说论，当然，他未能将两种历时性的论题加以必要的厘清与整合，留下思维教训。今人需要在梁启超等前辈的基点上，迈出更坚实的步子。

我们今日讨论中国传统文化的现代价值，当然不应重蹈先辈的故辙，在"一味贬斥"与"高度褒扬"的两极间摆动，而理当历史地考察传统文化的生成机制和内在特质，既肯认中国智慧创造辉煌古典文明的既往事实，又研讨中国智慧未能导引出现代文明的因由，还要深思中国智慧对疗治"现代病"的启示意义。在展开这些思考时，应当把握历史向度，而不能作超时空的漫议，同时还必须真切把握西方智慧这一参照系，克服夜郎自大的东方主义和心醉西风的西化主义两种偏颇，充分而又有选择地弘扬传统，促成其现代转换，以为今人师法，为万世开太平。

伍　中日文化交际

中日何以"两千年玉帛""一百载干戈"

"一衣带水"的邻邦日本，风光秀丽，人物聪慧，数千来与中国结下不解之缘。这不仅是天造地设、无可变更的邻居之缘，更是文明交会之缘，这交会中伴有笙歌，也时现杀伐，而大势是文明涵化，即异质文化接触引起双方原有文化模式发生变迁，呈现你中有我、我中有你的化合状态。

中华文明其生也早，长期居东亚文明圈主体及核心位置，曾经领先于日本。源于中国的稻作、蚕丝、铸铜、冶铁等生产技艺，汉字、儒学、华化佛教等观念文化，律令制等制度文化东传，被日本选择吸收，结合其固有传统，造就别具一格的日本文化。客观而论，中国是日本的文化母邦（日本史学家内藤湖南等持此说）。古代中日间虽有少数几次短暂的军事冲突，主流是友好相处，经济交流，尤其是文化互动，颇有益于两国发展，并养成人民间的深情厚谊。汉名晁衡的日本遣唐士人阿倍仲麻吕（698—770）与诗仙李白交厚，李白误闻晁衡返国时葬身海上，挥泪吟诗曰：

> 日本晁卿辞帝都，征帆一片绕蓬壶。明月不归沉碧海，白云愁色满苍梧。

后来阿倍回到长安，得见李白为他写的诗，百感交集，当即题赠五言

《望乡》：

> 卅年长安住，归不到蓬壶。一片望乡情，尽付水天处。魂兮归来了，感君痛苦吾。我更为君哭，不得长安住。

千载之后，我们朗诵此一唱和，仍为中日人民间的真情所感动。这种友谊的基础是文明互动，是文明互动造就的心灵沟通。

古代—中世—近世日本的文化结构略为"日本—中国—印度"（从观念系统而言便是"神道—儒学—佛教"），近代转变为"日本—西洋"（原有的"日—中—印"结构与"日—西"结构既相冲突又相融会，仍在继续演绎）。近代日本的大趋势是：不安于亚洲之囿，亟亟跻身西方列强队伍，福泽谕吉"脱亚入欧"之说最传神地昭显此一走势，三个版次（1984、1993、2004）的日元万元钞一直印着福泽谕吉肖像，也就不足为怪了。这也是日本自古以来慕"先进"、慕"强者"传统的近代表现。

日本历经明治维新，学习西洋工业文明和帝国主义谋略有成，迅速强盛起来。近代日本虽不乏反哺昔之先生中国的贤人嘉行，然总趋势则是讨伐、掠夺中国以自肥，中国人始料未及，只得奋起迎战，这也正是中国人觉醒的过程，诚如梁任公在《戊戌政变记》中所说："唤起吾国民四千年之大梦，实自甲午一役始也。"在这一意义上，昔之学生日本，近代变成教训中国的劲敌。

近代日本在亚洲率先迈入工业文明，随之又成为新的战争策源地，其对外侵略国策的形成，为现实的帝国利益追求所驱动，更与其文化传统的畸形发展相关联（传统有向美和善发展的可能，也有背向发展的可能，近代日本选择了后者），故日本侵略中国，渊源有自。

日本民族性格有其优胜之处，诸如——

坚韧的团队意识、集体荣誉感、一流的工作精神、自然主义的审美意识、对洁净的极致追求、勇毅不屈、讲求礼节等。尤其是，日本人素来着意向强者学习，善于吸纳世界文明的优秀成果，将其转化为自己的营养；同时，日本人又有强劲的传统延续力，始终保持超拔的民族根性。

对日本有深度观察的中国近代思想家戴季陶说：

　　如果一个民族没有文明的同化性，不能吸收世界的文明，一定不能进步，不能在文化的生活上面立足。但是如果没有一种自己保存、自己发展的能力，只能被人同化而不能同化人，也是不能立足的。在这种地方，我们很看得出日本民族的优越处来。他们本是赤条条一无所有的，照他们自己的神话来说，只有"剑""镜""玉"三样神器。这三样神器是什么时代、由什么地方来的，究竟有没有这三样东西，也都尚待考证。然而他们以赤条条一无所有的民族，由海上流到日本岛，居然能够滋生发展，平定土番，造成一个强大的部落，支配许多土著和外来的民族，而且同化了他们。更从高丽、中国、印度输入各种物质的、精神的文明，而且能够通同消化，适应于自己的生活，造出一种特性，完成他的国家组织。更把这个力量来做基础，迎着欧力东侵的时代趋向，接受由西方传来的科学文明，造成现代的势力。民族的数量，现在居然足以和德、法相比，并在东方各民族中取得一个先进的地位。这些都是证明他的优点。我们看见日本人许多小气的地方，觉得总脱不了岛国的狭隘性。看见他们许多贪得无厌，崇拜欧美而鄙弃中国的种种言行，又觉得他们总没有公道的精神。可是我们在客观的地位细细研究，实在日本这一个民族他的自信心和向上心都要算是十分可敬。[①]

　　访问过日本的外国人往往提出问题：如此文雅执礼、勤奋而守秩序的日本人，何以自19世纪末叶以来多次发动侵略战争，并在战争中表现得特别顽强、格外残暴？又可怪异的是，"二战"后七十余年日本取得卓异的经济、文化成就，何以难得反省近代的战争罪行？

　　要回答这些问题，必须深入探究日本文化，了解日本民族精神的深层结构。如果集中了解，可归结为日本文化的两个偏执点。

　　其一，"神国意识"笼罩的岛国情结。

　　"岛国情结"又称为"岛国根性"。一般而言，"岛国根性"呈现

---

① 戴季陶：《日本论》（外一种），海南出版社，1994，第39～41页。

四种心态：自我封闭、排他意识、强烈的危机感、狂傲又不安于现状的性格。日本的岛国情结被"神国意识"左右。"神国"是笼罩日本人的集体理念，其说脱胎于神道。《古事记》《日本书纪》等神道元典将日本尊为"天神创造之国"（神国），日本人是"天孙之后裔"；天皇是神性与人性兼备的"现人神"，拥有"万世一系"皇统，是日本国家及国民的象征；天皇权威自然天成、毋庸置疑，必须无条件遵从；尽管天皇并不实际治理国家，但任何人不得挑战天皇权威。这一套"元历史"（民族起源）说教，蕴藏着种族优越论、日本中心论、天皇神圣论、世界一统论（"八纮一宇"），在国家战略层面必然产生突破岛国狭小、资源贫乏局限，向外拓展生存空间的扩张性追求。

在"神国意识"统辖下，"岛国根性"容易催生极端民族主义和侵略有理论。日本历史上（尤其是近代）屡次发动对外侵略战争，便是其表现。

其二，缺乏善恶对立的价值观。

美国人类学家本尼迪克特（1887—1948）以"菊"与"刀"这两种性质迥异的物品比喻日本文化的双重性格——

> 刀与菊，两者都是一幅绘画的组成部分。日本人生性极其好斗而又非常温和；黩武而又爱美；倨傲自尊而又彬彬有礼；顽梗不化而又柔弱善变；驯服而又不愿受人摆布；忠贞而又易于叛变；勇敢而又怯懦；保守而又十分欢迎新的生活方式。[①]

这段话形象地反映了日本的民族性格：文化张力横亘心中，充满难以化解的尖锐矛盾，看似均衡、实则极端，温润的表象下好勇斗狠。

西方人将日本文化归类为"耻感文化"，以与西方"罪感文化"相对照。与其说日本人重视"罪"，毋宁说他们更重视"耻"；日本人将羞耻感视为德行之本，其权威地位与西方伦理中的"纯洁良心""笃信上

---

① ［美］鲁思·本尼迪克特：《菊与刀——日本文化的类型》，吕万如、熊达云、王智新译，
　　商务印书馆，1990，第1~2页。

帝""回避罪恶"相等;日本人不承认死后报应及天堂地狱之说。这种独特的日本式"耻感文化"便是"日本道德的困境",这也是日本国民被军国主义降服的道德原因。[①]

日本人的"人情"伦理既追求感官享受,又恪守义务、本分、自制等道德准则,力求保持两者之平衡,而将善恶分野置之不顾。这种观念源自日本神道传说。

日本众神之神——天照大神之弟素戈呜尊,就是一位"粗暴的男神"。他在西方神系中可能被列入魔鬼的名单。一次,素戈呜尊闯入姐姐的房间,天照大神担心其图谋不轨,遂将其驱逐出去。不料,素戈呜尊竟在天照大神举行"尝新仪式"(新谷登场、先祭神祖)之际在旁边拉屎。他还在姐姐的卧房上端挖洞,往里投入"倒剥皮"的斑驹(男子性器)。由于恶行昭昭,素戈呜尊被逐出天国,流放到"根之国"(黑暗之国)。即使这样,素戈呜尊仍然是日本众神中一位招人喜爱的神,受到尊敬。这样的神在世界神话中虽不罕见,但在高级的伦理性宗教中,这种神则被排除在外,因为把超自然的东西划成善恶两个集团,以分清黑白是非,更符合善与恶的宇宙斗争哲学。

日本人始终明确地否认,德行包含同恶进行斗争。正如他们的哲学家和宗教家们几百年来所不断阐述的,认为这种道德律不适合日本。他们宣布,这正证明日本人道德的优越。日本近代的宗教家及国家主义者宣称日本人天性善良、可资依赖,没有必要与自己性恶的一半进行斗争,只需要洗净心灵的窗口,使自己的举止适合各种场合。如果它允许自身污秽,其污秽也容易清除,人的善性会再度生辉……恶不是人心生而具有的。日本人没有基督教的"原罪"意识,没有关于人的堕落的说教。

日本人的伦理世界是分工精细、各自为政的,日本人缺乏或不屑于整体性的道德评价;注重具体行为的道德审视,忽略从总体上对人对事作出严格的是非判定。道德感体现在忠、孝、情义、仁、人情等行为规范之

---

① 参见周建高:《日本对外扩张中的人民》,《读书》2004年第6期;牟成文:《日本民族"无责任构造"畸形心态成因初探》,《世界民族》2006年第6期;罗国忠、先世知:《日本人的耻感意识及其根源》,《四川外语学院学报》2007年第2期;刘利华:《日本历史认知的民族心理探析》,《云南社会科学》2008年第2期,等等。

中，区隔成"忠的世界""孝的世界""情义的世界""仁的世界""人情的世界"等，在人生地图上宛如边界清晰的不同区域。

笔者以为，日本道德的"阿喀琉斯之踵"（致命伤），不一定在"耻感文化"，而在缺失善恶对立的价值观。善恶不分，也许是日本神道与中国式"性善论""义战观"的最大区别，也是神道与基督教在道德理念上的分野所在。

因为失却求善去恶的心灵追求，没有直逼灵魂的尖锐人生拷问，没有富于批判精神的终极伦理关怀，日本缺乏培育向善思想的历史文化土壤，而盛产谋略型的思想者。这些思想者（如近世的佐藤信渊、吉田松阴，近代的德富苏峰、北一辉等）缺乏理性的、善性的形上学指导，往往偏执于民族私利而剑走偏锋（如吉田松阴"失之美、英、俄的利益当向中国、朝鲜求得补偿"的强盗逻辑），扩张与暴力成为他们的主题词。当此类思想被统治者放大为国民意识时，日本的对外侵略就获得强有力的文化支撑，于是，世人便见到一个文雅的民族那样狂热地奔向掠夺与杀戮。

"二战"以后，另一发动侵略战争的德国作了真诚而深刻的反省，因而赢得包括邻国（如法国、波兰等）在内的世界各国的谅解与认同。反观日本，其国家主流迟迟不愿直面历史真实，一再粉饰外战的侵略性，漂白战争罪行，模糊日本的加害国身份。值得注意的是，日本某些右翼政客与文士美化对外侵略的放肆言行虽然受到正义之士批驳，更多的则是得到喝彩、获取选票。可见后冷战时期日本政坛的右倾走势，显然有民意基础，类似石原慎太郎这样极端的民族沙文主义者，在日本有颇多粉丝，石原多年获得压倒优势选票，四度连任东京都知事，并被媒体称为"最有资格当首相的人"，只因年迈没有如愿。故我们不应局限于把当下日本出现的历史修正主义仅仅归结为"少数右翼"的煽动，还当看到其存在群众基础，背后则埋伏着深沉的历史文化渊源。近代日本统治者将这种文化传统引向军国主义方向，绑架了一个文明民族走向对外侵略的不归路。

近代日本的外战以文化母国及最大近邻中国为主要对象，讨论日本对外侵略的文化渊源必然要引出中日关系（包括中日文化关系）问题。

中日关系是亚洲乃至世界十分重要的一组国际关系。从战争与和平视角观之，长期游走在中日之间的诗人郭沫若（1892—1978）曾用"两千年玉帛、一百载干戈"来概括中日关系，庶几确当。

笔者在2013年9月举行的一次"跨文化对话与中日关系"国际学术研讨会上，作题为《从历史纵深看中日关系》发言，提出应以更广阔、更深远的文化眼光看待中日关系的建议。

第一，从历史流程观测，在很长时期中日间是亲善友好、互动互利的关系，此即所谓"两千年玉帛"。应当把中日关系纳入这一历史流程，方可见到前景与希望。

第二，日本特殊的自然条件让其有一种空间上的生存危机感，渴望向外扩张，当其国力强盛时，就将这种诉求变为行动。中日间的"一百载干戈"，是日本侵略造成的，中国是自卫、是反侵略。这一点决不可暧昧（据说"暧昧"是日本人的性格之一），不能任右翼混淆视听，把"一百载干戈"的责任推到受害国身上。

第三，"化干戈为玉帛"是今人的责任。就日本方面而言，要深刻反省并解决历史和战争认识等问题，可以参考德国"二战"后做深刻反省从而得到法国等欧洲国家谅解的做法，这一成功经验（德、法间数百载干戈都可以化为玉帛）应该作为化解中日之间百年干戈问题的一个示范。就中国方面而言，不可忽视"两千年玉帛"，讲"百载干戈"也勿忘其间中日人民的友谊与互助。

现在日本有人祭起"普世价值"之类旗号，与中国对抗，其实这也并非新鲜玩意，百余年前，日本发动侵华的甲午战争，便曾经宣示以"文明"胜"野蛮"。而历史证明，侵略者才是野蛮方。

总之，我们既要铭记"一百载干戈"血的教训，也不能忘却"两千年玉帛"造就的文明光华，要勇于和善于"化干戈为玉帛"。

汉字文化对日本的深广影响

作为汉字文化圈一员的日本，其文化深受汉字源地中国的影响。诚如日本学者所说："孔孟、浮屠之教，文字诗赋，法令衣冠，琴棋书画，吃茶插花，拳法百技，不待于中国者盖希也。"①

日本史学家内藤湖南（1866—1934）认为"东洋史，就是中国文化发展的历史"②，日本是中国文化圈的一员，他打比喻说："日本文化是豆浆，中国文化就是使它凝成豆腐的卤水。"③英国史学家阿诺德·约瑟夫·汤因比说，日本文明是中国文明的"交流文明""卫星文明"。④

这些论说生动表述了日本文化对中国文化的依存关系，而这种依存关系在相当大程度上是由汉字的输入、汉字文化的潜移默化造成的。

一、汉字传日·"神代文字"子虚乌有

使用汉字而又自有独特语言的日本，当然与汉字发源地中国的语文状况相区别，同时也与汉字文化圈另外两个成员越南、朝鲜有差异。越、朝在历史上都一度划入中国版图，又长期是中国的藩属，除文化上的需求

① ［日］入谷仙介：《日人禹域旅游诗注·序》，武汉出版社，1996，第2页。
② ［日］内藤湖南：《中国史通论》，社会科学文献出版社，2004，第3页。
③ ［日］内藤湖南：《日本文化史研究》，商务印书馆，1997，第7页。
④ ［英］阿诺德·汤因比：《历史研究》第二部"文明的起源"，上海人民出版社，1959。

外，越、朝因臣服中原王朝，又实行科举制和中国式官僚体制，使用汉字、汉文是一种政治上的必需，故对汉字文化曾经全盘接受（当然后来也有所改造），而一旦这种臣属关系解除，政治性需求消失，越、朝便废弃汉字。日本从未纳入中国版图或成为中国藩属，只做过中国的朝贡国和册封国，政治上始终独立于中国之外，接受汉字及汉字文化（汉文、儒学、华化佛教、中国式律令等）是日本人出于本身需求的自主行为，因而其语文也具有更大的独立性、创造性，故在西学东渐、掀起文字拼音化大潮的近代，日本虽然出现过"汉字废止论"，政府则实施"汉字制限"政策，缩小汉字使用量，但"和汉混淆文"的文字体系沿袭下来，汉字在日本保持着因应变局的活力，没有像越、朝那样脱离汉字文化圈。日本对于汉字文化，完整而充分地经历了四个阶段：学习、借用、仿制、创造。

距今两千多年的弥生时代中期，西日本的四国、九州一带，陶器、木器及铜铎上有表意的图画与记号。但在传入汉字之前，日本没有文字。中国史籍《隋书·倭国传》称，古日本"无文字，以刻木结绳记事"。日本学者斋部广成作于9世纪初的《古语拾遗》的卷首说：

> 盖闻上古之世，未有文字，贵贱老少，口口相传，前言往行，存而不忘。①

日文非"自源文字"而是"外源文字"，此为不刊之论。但日本自中世至近现代，不断有人试图否认这一历史真实。镰仓时代中期的神官卜部兼方撰《日本书纪的解说书》，首先提出"神代文字"说，室町时代的复古主义者沿袭此说。江户时代国学者平田笃胤（1776—1843）于文政二年（1819）撰《神字日文传》，具体陈列若干"神代文字"。与平田同时代的伴信友著《假名本末》一文，批评平田，指"神代文字"为伪造。然而，20世纪上半叶，军国主义分子出于侵略扩张的需要，不断神化并上延日本古史，大肆鼓噪"神代文字"说。所谓"神代文字"，指在本为虚拟

---

① ［日］冈田正之：《日本汉文学史》，吉川弘文馆，1954，第9页。

的神武天皇（据传在公元前660年即位）以前的"神代"，日本已自创文字。然而，稍加比勘就可发现，平田笃胤们展示的"神代文字"，不过是对15世纪中叶朝鲜颁行的谚文的模仿，显然是近世日本人生造的赝品，绝非两千六百多年前的原作。正直的日本学界人士早已力辟关于"神代文字"的妄言，恢复日本受容汉字文化的历史本来面目。[①]

汉字入日约有两千年历史。公元一世纪前后，中国的铜镜、印章、货币等传入日本，其上的文字即是最初入日的汉字。在日本京都函石浜遗迹出土的来自中国新莽时期铸字币上的"货泉"二字便是较早的例证。汉字传日最著名的实证是：日本天明四年（1784），筑前国（今福冈县）志贺岛农民甚兵卫挖水沟时掘得一方蛇纽金印，上铸汉文曰"汉委奴国王"（"委"为"倭"的通假字），与《后汉书·东夷传》记载的"建武中元二年，倭奴国奉贡朝贺……光武赐以印绶"相合。这些材料证明，公元前一世纪的西汉末、公元一世纪的东汉初，随着载字实物（铜币、金印等）的进入，汉字已传至日本。

二、汉籍东传时段考

日本关于汉字进入的正式说法，与汉籍传日联系在一起。日本第一部书面文献——太安万侣712年撰写的《古事记》说，应神天皇时期（约4、5世纪之交），百济国照古王派和迩吉师来日本，向天皇贡牝马、牝马各一匹和横刀、大镜，以及"《论语》十卷、《千字文》一卷，并十一卷，付是人，即贡进"。成书于720年的敕撰《日本书纪》（舍人亲王等奉天皇之命，用汉文撰写的编年体史书）所述稍详：百济王遣阿直岐前往日本朝贡，献良马二匹，天皇还赐后，要阿直岐推举讲授经典的人，阿直岐力荐王仁。下面的情节是：

> （应神天皇）十六年春二月，王仁来之。则太子菟道稚郎子

---

① ［日］金田一春彦、林大、柴田武编集：《日本语百科大事典》缩印版，大修馆书店，1995年5月，第325～326页。

师之，习诸典籍于王仁，莫不通达。故所谓王仁者，是书首等之始祖也。

《古事记》提到的和迩吉师，即《日本书纪》所称的王仁，可能是侨居百济的汉人或汉人后裔，具有较高的汉字文化素养，他带来的《论语》，据考证是郑玄注十卷本；《千字文》当然不会是晚于王仁的梁朝周兴嗣所撰本，可能是东晋流行本。王仁将汉字文化传授给日本皇太子菟道稚郎子，故被《古事记》尊为"文首等祖"，被《日本书纪》尊为"书首等之始祖"。经王仁传授的菟道稚郎子成为皇室贵胄中最先熟知汉文的人物，应神天皇二十八年，高丽王使者赴日，所上表文有"高丽王教日本国"等语，菟道稚郎子阅毕，怒斥表文无礼。这显示了日本此时已能与高丽用汉字文化相辩难。继王仁之后，百济的五经博士纷纷来日，《日本书纪》提及的有段杨尔（513年来日）、高安茂（516年来日）、王柳贵（554年来日）等，随王柳贵同往日本的还有易博士、历博士、医博士等专科学者。

汉籍入日究竟在哪一时段？《日本书纪》称，在应神天皇十六年。而日本史上排列有序的天皇纪年，始于继统天皇元年（507），此前的应神天皇年间属传说时代，一般推测在4、5世纪之交，即中国的东晋末年、南北朝初年；若按日本史学家那珂通世（1851—1908）提出的纪年法[1]推算，应神天皇十六年当为447年，即中国的南北朝时期，当时百济是日本的纳贡国，《古事记》《日本书纪》所载与之吻合。依据《古事记》《日本书纪》记载，可以把4、5世纪之交（东晋末年）或5世纪中叶（南北朝时期）视作汉字文化正式进入日本的起始。参照出土器物，情况更为清楚：日本博多湾沿海及大和盆地出土3世纪（邪马台国时期）金石文字和5世纪铁器、铜器，如在西日本的群马、山梨、岛根、山口等地出土的中国魏镜，其铭文《隅田八幡宫人物画像镜铭》，有数十个汉字；熊本县玉名郡江田船山古坟出土的从朝鲜流入的大刀上，《船山古坟大刀铭》铭文更

---

① ［日］那珂通世：《日本上古年代考》，明治二十一年（1888）刊行《文》第一卷，第八、九号。

多达75个汉字。可见载汉字的器物入日，当在3世纪前后。至5世纪，即日本大和时代的古坟时期，汉籍入日，传授汉籍的学者随同抵日，此后，日本逐渐有人较熟练地使用汉字，写作汉文。

三、汉文及汉字词广泛使用

日本语与汉语大相径庭。汉语是孤立语，日语是黏着语；汉语属汉藏语系，日语系属不详，通称独立语。日本有些语言学家主张将日语与朝鲜语、阿尔泰语归为同一语系，但此说未获普遍认同。日本人学习本为记述汉语的汉字当然困难，故汉字文化输入日本，开始主要由来日的汉人、韩人（日本称其为"归化人"）掌握，当时日本的官方文件、文化典籍全系汉文，多出自汉人或韩人手笔。中国正史《宋书》卷九十七《蛮夷列传》载倭王武（据考为日本史书所称"雄略天皇"）于宋顺帝昇明二年（478）所上表文，是现存日本最古的汉文，日本学者考证是"归化人"身狭青与桧隈博德所撰（"身狭""桧隈"是这两个入籍汉人所住大和高市郡的地名，他们依例以地名为姓氏），其文为四六骈体，措辞颇得六朝神韵，可能经修纂《宋书》的沈约（441—513）等人润饰，但仍显示了5世纪下半叶日本的汉文学水平，其间使用大量汉字词，如封国、作藩、王道、天极、义声、忠节等，大量借词于汉字文化。

607年，日本向隋朝派出第一个使节团，为首的是小野妹子，而通事（译员）鞍作福利，为鞍作部的中国移民后裔（"归化人"）。可见，当时在汉字文化的使用方面，还要仰赖"归化人"。随着汉字文化在日本社会上层的传播，皇室、贵胄、官员逐渐掌握汉字、汉文。592年，日本推古女皇（592—628年在位）即位，翌年以侄儿厩户（谥号圣德太子，593—622年间执政）摄政。圣德太子是汉字文化热烈的学习者和推行者。《日本书纪·推古纪》记其青年时代说：

且习内教于高丽僧惠慈，举外典于博士觉哿，悉兼达矣。

"内教"指汉译佛典，"外典"指儒家经典，均属汉字文化。太子摄政后，于603年订《冠位十二阶》，按德、仁、礼、信、义、智各大小二阶排列贵族为12阶，而上述6个单字词，皆为儒家的重要政治、伦理概念。翌年太子亲撰《宪法十七条》，其思想及文辞皆出自中国经典（包括汉译佛典），如"以和为贵""上和下睦""笃敬三宝""承诏必谨""以礼为本""惩恶劝善""信是义本""明察功过""赏罚必当""背私向公""使民以时""不可独断"等，或直取经文，或稍加编组，全然学自汉字文化。如第三条（句首"承诏必谨"）论君臣关系曰：

> 君则天之，臣则地之，天覆地载，四时顺行，万气得通。

"君天臣地"典出《管子·明法解》："君臣相与，高下之处也，如天之与地也。""天覆地载"典出《中庸·第三十一章》："天之所覆，地之所载。""四时顺行"典出《庄子·天运》："四时迭起，万物循生"此类用典，通篇皆是。

圣德太子之后，日本历代诏敕均用汉文，词句多采中国古典，如大化改新盟誓的第一句话就是"天覆地载，帝道唯一"。又如孝德天皇（645—654年在位）的诏书有"君以民为本"之语，典出《礼记·缁衣》"民以君为心，君以民为体"，本与体意近；圣武天皇（724—749年在位）天平十九年（747）下诏自责，语称"此盖朕政教民于不德"，淳仁天皇（758—764年在位）天平宝字八年（764）诏曰"天津日嗣之御位，天所授赐"，皆典出中国经书，从思想到句式与中国帝王诏敕无二。

至平安时代（794—1192），日本士人接受汉字文化教育，多能阅读汉文典册，撰写汉诗、汉文，公私函牍也通行汉文。日本第一部官修史书《日本书纪》及几种续编均仿《史记》《汉书》体裁，皆用汉文，其中有些文章甚至套自汉文，如《日本书纪》卷首记宇宙开辟："在天地未剖，阴阳不分，浑沌如鸡子，溟涬而含牙。"几乎照抄《淮南子·天文训》。《日本书纪》载雄略天皇遗诏，则是《隋书》所载隋文帝遗诏的仿制品。先看"雄略遗诏"的一段：

> 不谓遘疾弥留，至于大渐，此乃人生常分，何足言及。但朝野衣

冠，未得鲜丽，教化政刑，犹未尽善，兴言念此，唯以留恨。

再看《隋书·高祖纪》载仁寿四年（604）隋文帝遗诏相应段落：

> 不谓遘疾弥留，至于大渐，此乃人生常分，何足言及。但四海百
> 姓，衣食不丰，教化政刑，犹未尽善，兴言念此，唯以留恨。

显然，《日本书纪》是参照《隋书》撰写的，从体例、思想到文辞，都刻意模仿。也正是在这亦步亦趋的效法过程中，以汉字词语为载体的汉字文化，全方位楔入日本文化。

日本最早的诗歌集《怀风藻》（751年编）、文集《本朝文粹》也全为汉文，平安时期的诗文集，如《凌云集》《文华秀丽集》《经国集》等，均为汉文。以《怀风藻·序文》为例，俨然六朝四六骈体，并熟用汉字词。试看其中段落：

> 王仁始导蒙于轻岛，辰尔终敷教于译田，遂使俗渐洙泗之风，人
> 趋齐鲁之学。逮乎圣德太子，设爵分官，肇制礼义，然而专崇释教，
> 未遑篇章。

平城时代及平安时代初期是日本仿唐文化的极盛期，十余批遣唐使将唐朝诗文带回日本，撰写汉诗成为当年日本士人的时尚。两度访唐的吉备真备（695—775），通晓汉诗文，所撰《私教类聚》，为日本研究汉土文化的开山之作。在唐朝生活三十六年的阿倍仲麻吕的律诗造诣甚深，他回国时用日文咏和歌一首，送行者不识，阿倍当即用汉文吟出：

> 翘首望长天，神驰奈良边。三笠山顶上，想又皎月圆。[①]

其意境、文辞，置之璀璨的唐诗行列中也并不逊色。

---

① 阿倍仲麻吕纪念碑刻诗。

后冷泉天皇（1045—1068年在位）治历二年（1066）印行的《平朝文粹》，收有橘在列的可以顺、逆通读的"回文诗"：

> 寒露晓沾叶，晚风凉动枝。
> 残声蝉慧慧，列影雁离离。
> 兰色红添砌，菊花红满篱。
> 团团月耸岭，皎皎水澄池。

另有"走脚诗"，每字下有心字：

> 愚意慭意急，忿怒怨悲忿。
> 恣志忽忘患，感恩心念忠。

这类作品虽属仿自汉土的文字游戏，却也显示了日本文人已经能够纯熟地驾驭汉字、汉文。

平安时代中后期，日本的"国风文化"发展，至镰仓时代（1192—1333）"和汉混淆文"逐渐流行，室町时代（1336—1573）和江户时代（1603—1867），贵族社会解体，武士和市民兴起，对汉籍的"训读""训译"日趋普遍，然而汉文学一直是日本文学的一支劲旅。江户时代修纂、明治末（1906）完稿的《大日本史》，从史观、体例到文句，都仿自中国史书。试看其中《楠正成论赞》的一段：

> 此其忠义之心，穷天地亘万古而不可灭。身虽死而其不死者，固自若也。正行受遗托，能建义旗，始终一节，以死报国，可谓忠孝两全矣。

汉字文化对日本通俗文学的影响也是明显的，日本的狂言、文乐、歌舞伎皆如此。江户时期式亭三马（1776—1822）的描写下层民众生活的滑稽小说《浮世风吕》（类似"说书"），每节开头的引语为"闲话休提"，显然也仿自中国的话本语汇。

明治维新后，日本文体有欧化倾向，但皇家重要文献仍用汉文，如

1889年颁布的《帝国宪法》便纯为汉字文言。

　　"明治维新三杰"之一的西乡隆盛（1828—1877）也写得汉诗，其《偶成》云：

> 几历辛酸志始坚，丈夫玉碎耻瓦全。
> 一家遗事人知否，不为儿孙买美田。

　　日本汉学家的汉文更不让中国文士，如竹添光鸿（1842—1917）的中国游记《栈云峡雨日记》即为优雅的文言文，如《长安今昔》里的一段：

> 辰牌抵灞桥，古昔长安送行者，至此折柳为别，今犹存老柳数株，其续栽者亦毵毵可爱。河底皆白沙，水行其上，如鸣环佩。古人云：诗思在灞桥驴背，盖不诬也。

　　文中"灞桥折柳"典故信手拈来；"诗思在灞桥驴背"一语也采用得体，该句出自《全唐诗话》中郑綮的答语"诗思在灞桥风雪中驴子上，此何以得之"。这些看似清淡平易的文字，显示了作者深厚的汉文功底。

　　由汉诗、汉文组成的"汉文学"，是日本文学中一支与"国风文学"相并列的生力军，自平城、平安时代，中经三个幕府，直至明治、大正、昭和年间，一以贯之，显示了日本承袭并发扬汉字文化的扎实成绩。

　　汉字文化传日，造就其国名"日本"。这包含两层意思：其一，在汉字入日前，日本无文字，因此其早期国名均由汉籍载录，或记其意，或记其音"邪马台"；其二，正式国名"日本"的创制，受汉字文化的影响。

四、"天皇""年号"与汉字文化

　　日本伦常、政治的核心概念——"天皇"，也采自汉字文化。

　　"天皇"本为中国古典词，其意有三，一为古帝名，是中国古代传说中的三皇（天皇、地皇、泰皇）之一。《史记补·三皇本纪》说："天地初立，有天皇氏，十二头，澹泊无所施为，而俗自化。"这里的"天皇"

意谓"统治上天的皇帝",曾为梁武帝、隋文帝所祭拜。[①]二为星名,《晋书·天文志》:"钩陈宫中一星,曰天皇大帝。"三为道教中的天帝,道教文献说,元始天尊出现于天地混沌之际,天皇生地皇,地皇生人皇。随着道教和道教文献传入日本,"天皇"这一汉字词成为日本神道教的核心概念,"天皇即神"构成神道教的中坚思想。

据日本近代史学家东野治之、宫崎市定等考证,天武天皇(673—686年在位)7世纪80年代颁布的《飞鸟净御原令》首次明确规定以"天皇"为本国国君之号。这很可能受到中国以天神比拟人间帝王的影响。中国早在东汉撰写的《越绝书》卷十中已指越王勾践为"天皇",但此说知者不多。而在道教盛行的李唐,唐高宗(628—683)和武则天(624—705)并称"天皇""天后",影响颇大,《新唐书》和《旧唐书》的《高宗纪》对此有记述。《旧唐书》卷五称:"上元元年,皇帝称天皇,皇后称天后。"上元元年(674)高宗称"天皇",高宗683年死后,"天皇"是其谥号("天皇大帝")的一部分,唐玄宗天宝八年(749)改高宗谥号为"天皇大圣皇帝",天宝十三年(754)赠高宗谥号为"天皇大圣大弘孝皇帝",仍有"天皇"字样。[②]而7世纪正是日本仿唐的高峰期,遣唐使不绝于途,当然会将中原帝王称"天皇"的信息带回日本,如701年,日本第七次遣唐使粟田真人曾询问中国地方官:"先是大唐,今称大周,国号缘何改称。答曰:天皇大帝崩,皇太后登位,称号圣神皇帝,国号大周。"[③]这是中国帝王称"天皇"的消息传入日本的较早证据。唐帝称天皇,对崇拜唐文化的日本上层社会的影响是不言而喻的。

关于日本以"天皇"称国君的起始,普遍认同的说法是《日本书纪》所载:推古十二年(608)圣德太子派出的遣隋使小野妹子向隋炀帝呈交国书,有"东天皇敬呈西皇帝"等语。[④]此被视作日本使用"天皇"称本国国君的确证,日本及中国史书多持此说。然而,考察这一国书的书式及

---

① 《隋书》卷六、卷六九。
② 《旧唐书》本纪第五,高宗下。《新唐书》本纪第三,高宗皇帝。
③ 《续日本书纪》卷三。
④ 梅原猛等日本学者认为,日本最早使用"天皇"一词是606年,此年制作的奈良法隆寺金堂的药师像的光背铭中有"池边大宫有治天下之天皇""小治田大宫有治天下之大王天皇"等语。梅原猛认为,前者指用明天皇,后者指推古女皇。

用语即可发现，与王羲之、王献之尺牍颇相近似，而二王虽为东晋人士，然其书法被唐代皇室视为国宝，秘不示人，二王尺牍直到唐中叶方拓印面世，8世纪初由粟田真人等带回日本，《日本书纪》恰在此后不久的天平年间（729—749）完成，"东天皇敬呈西皇帝"的书式和以"天皇"称国君的用词，很可能是《日本书纪》修纂者仿效刚刚传日不久的二王尺牍，并参考粟田真人带回日本的唐高宗称"天皇"消息的产物。徐先尧所著《二王尺牍与日本书纪所载国书之研究》[①]对此有所剖析，新加坡华裔学者王贞平所著《汉唐中日关系论》则作了更详尽的论证，其结论是：该国书"非圣德太子所作，而是《日本书纪》编纂者参照二王尺牍之后的伪作几可成定论"。[②]

　　总之，日本使用"天皇"一词，是唐朝政制及道教传日的产物。大化改新之初（646）由孝德天皇宣布的《改新诏书》称"天皇是天地间的后主，主宰万民"。以唐朝政制为范式，确立天皇制度。而唐高宗于上元元年（674）称"天皇"则对日本以"天皇"作国君之号有直接启示。日本天武天皇笃信道教，认定"天皇即神"，其在位的673—686年间，又正值唐高宗称天皇之际，在这双重影响之下，颁布《飞鸟净御原令》，明确规定以"天皇"为国君之号。以后天皇的地位与作用多有变化，但"天皇"名号一直沿用至今。

　　不仅"天皇"一词由中国传入，指证天皇神圣性的"三神器"也仿自中国。首先，"神器"一词，典出汉籍《老子》的"天下神器"和《汉书·叙传上》的"神器有命"；其次，中国的"神器"指代表国家政权的实物，如玉玺、宝鼎之类，《日本书纪》仿此，以八咫镜、草薙剑、八阪琼曲玉为"三宝器"，中世以后称"三神器"。日本儒学家林罗山等人还把三神器"镜、玉、剑"与"智、仁、勇"三德相比，而"智、仁、勇"为中华元典的基本德目。[③]

---

① 徐先尧：《二王尺牍与日本书纪所载国书之研究》，台北华世出版社，1979。
② 王贞平：《汉唐中日关系论》，台北文津出版社，1997，第192页。
③ 《论语·子罕》："子曰：知者不惑，仁者不忧，勇者不惧。"《中庸》："知、仁、勇三者，天下之达德也。"《史记·平津侯主父列传》："智、仁、勇，此三者天下之通德也。"

日本以天皇"年号"（又称"元号"）纪年，其法亦仿自中国；年号所用文字，也都取自中华元典，这是汉字文化影响日本的又一明显表现。

年号作为皇帝纪年的名号，源于中国，始作俑者是汉武帝，他狩猎获独角怪兽（麒麟），遂定"获麟"之年（前122）为"元狩元年"。武帝又把自己登帝位的前面若干年也追加年号，如"建元"（前140—前135）、"元光"（前134—前129），元朔（前128—前123）。"元狩"（前122—前117）之后又续定为"元鼎"（前116—前111）、"元封"（前110—前105）、"太初"（前104—前101）、"天汉"（前100—前97）、"太始"（前96—前93）、"征和"（前92—前89）、"后元"（前88—前87），汉武帝在位的54年间共享年号11个。自汉武帝起，历朝历帝皆取年号。这一做法传至汉字文化圈诸国，越南、朝鲜、日本概莫能外。而中、越、朝均在近代废除帝制，年号当然也随之取消，[1]至今仍保持帝制的日本，是当今世界上唯一使用年号的国家。1979年6月，日本发布《元号法》，将天皇年号法制化。该法规定，天皇即位时更改年号，以政令公布。如1989年1月裕仁天皇病逝，明仁继天皇位，改年号"昭和"为"平成"，1989年为"平成元年"。

日本用年号，始于以"大化改新"垂名青史的孝德天皇（645—654年在位）及执政的中大兄皇子（后登基为天智天皇，668—671年在位），将实行变革的一年定为"大化元年"（645），这是日本的第一个年号。"大化"一词，意谓"伟大的教化"，典出《尚书·大诰》"肆予大化诱我友邦君"和《汉书·董仲舒传》"民已大化之后，天下常无一人之狱矣"。孝德天皇之后的六代天皇制定年号偶有中断，从文武天皇（697—707年在位）制定"大宝"年号起，直至今天延续不辍。

日本的年号，均由公卿、重臣、学者从中华元典中选取文辞，呈天皇（天皇幼，则由摄政）确定。这种办法在日本成为传统定制。据统计，自

---

[1] 清末革命派主张以黄帝纪年取代君主年号纪年，光绪二十九年（1903）《国民日报》刊发无畏（刘师培）的《黄帝纪年论》，提出此议。同一时期康有为在《中西纪年比较表》（载《中外纪闻》）中主张孔子纪年，并注明"海外以教纪年"（指以基督诞生年为元年）。辛亥革命后，孙中山任民国临时大总统，宣告以黄帝纪元四千六百〇九年十一月十三日（1912年1月1日）为中华民国元年元旦，并用阳历。随即黄帝纪年停用，改用公元纪年。

孝德天皇用"大化"年号以来，天皇年号共249个，出自中国典籍106部，引用较多的是《尚书》38次、《周易》27次、《诗经》15次。其他如《礼记》《周礼》《孝经》《史记》等也多次被选用。据松下三鹰编《日本年号宝典》（1939年东邦书院出版）统计，天皇年号首字出现次数最多的汉字依次是：天（27）、永（16）、元（15）、文（15）、宽（14）、正（13）、长（11）、延（11）、嘉（11）；尾字出现次数最多的依次是：和（18）、治（18）、德（14）、历（14）、应（13）、永（13）、保（12）、元（12）、安（12）。

中国自汉代至宋元，往往是一帝多年号，日本也长期仿效。中国自明代起改为"一世一元"，年号成为帝王的代称，如朱元璋年号"洪武"（1368—1398），称"洪武皇帝"；玄烨年号"康熙"（1662—1722），称"康熙皇帝"。日本至近代方实行"一世一元"制，年号也成为天皇代称，其年号的文辞仍出自中华元典，如：

"明治"（1868—1912）典出《周易·说卦》："圣人南面而听天下，向明而治。"《孔子家语》："长聪明，治五气，设五量，抚万民，度四方。"

"大正"（1912—1926）典出《周易·临卦》："大亨以正，天之道也。"《周易·大畜卦》："能止健，大正也。"

"昭和"（1926—1989）典出《尚书·尧典》："百姓昭明，协和万邦。"

"平成"（1989—2019）典出《尚书·大禹谟》："地平天成。"《史记·五帝本纪》"内平外成"。

日本天皇仿中国帝王，死后追加"谥号"，谥号取庄严、神圣义的两个汉字，如神武、绥靖、安宁、懿德、孝昭、孝安、崇神、垂仁、景行、应神等，均出自中华元典，被称为"汉样的谥号"。日本天皇有谥号，是从第44代元正天皇（715—724年在位）开始的。此前43代天皇的谥号，是8世纪以后淡海三船奉敕编制的。组成天皇谥号的汉字出现最多的是"神、武、孝、德、仁、天、明、安、崇、元"等10个。

天皇的名字，多择自儒家经典，从清和天皇（858—876年在位）起名"唯仁"以来，70代天皇有49代天皇名中有"仁"字，据《后深心院关白记》，菅原高嗣为后圆融天皇（1359—1393）取讳号，列昭仁、成仁、绪仁三种供选，后定为昭仁，其出典"《广韵》曰：昭，上遥反，日明也，著也。《左传》曰：五色比象昭其物。《东宫切韵》曰：理政事而至成功，谓之仁。《尔雅》曰：太平之人，仁也"。近代以来的天皇名，均有"仁"字，如孝明天皇（1846—1867年在位）名"统仁"，明治天皇（1868—1912年在位）名"睦仁"，大正天皇（1912—1926年在位）名"嘉仁"，昭和天皇（1926—1989年在位）名"裕仁"。

当今日本已是一个高度现代化的国家，但在社会的某些层面仍保存着汉字文化里十分传统的部分，日本围绕天皇及皇室的一系列专门用语，至今严格沿用相关的中国古典词，如玺（御玺、国玺），御名，巡幸、行幸、还幸，亲临、台临，天览、台览，玉音、玉座、玉体、圣体、玉颜、天颜、龙颜，圣寿，睿虑，圣旨、懿旨，御制，敕语、敕题、敕裁、敕许、敕命，崩御、薨去，奏上，奉答等。现在的日本报刊上关于天皇及皇室活动的报道中还充满这类汉字词。日本学者论及这种文化现象道：

> 日本的天皇氏族借用中国皇帝制度中的中华思想、礼和皇帝专用词，建立起日本的天皇制。①

这是日本思想及语文深受中华文化熏染的表现之一。

五、"雅语"多源于中国②

日语词汇由和语词与汉语词两大类组成，前者多虚词，后者多实词；前者多生活用词，后者多官方用词、学术文化用词（日本称之为"雅语"或"御所言叶"，"言叶"即词语）。这是因为日本长期深受汉文、儒学、华化佛教、中国式律令熏陶，其精神文化层面的核心概念惯用汉字词

---

① ［日］山中顺雅：《法律家眼中的日本古代一千五百年史》，中国社会科学出版社，1994，第262页。

② 本目侧重日语中源于中国的"雅语"。其实，日语中"俗语"（生活用语）源于中国的也不少，仅以食品为例，据笔者在日本生活期间随手记载的汉字便有：豆腐、纳豆、馒头、羊羹、酱油、蜂蜜、米、精米、小麦粉、糖、油、酢（醋）、盐、胡椒、胡麻、葡萄酒等。

表达，影响力深远，"雅语"里汉字词的优势并未随着"西化"而消解。以下略举数例。

日本神道教用语，多典出汉籍，如"八纮一宇"中的"八纮"，语源《淮南子·原道训》："八纮九野之形埒。"高诱注："八纮，天之八维也。"指全世界。《日本书纪·神武纪》据《淮南子》"八纮"义发挥道："兼六合以开部，掩八纮而为宇。"意谓兼并世界而为一国。"八纮一宇"成为近代日本喧嚣一时的短语。

日本故都"京都"之名，仿自中国唐宋对首都的称呼。日本现在的首都"东京"的得名，受中国洛阳、开封称"东京"的启示。江户中期儒者太宰春台《倭读要领》卷上说："汉都，前汉长安，后汉洛阳。长安西京西都之称，洛阳东京东都之称。"近代日本首都从京都东迁江户，仿后汉洛阳、北宋开封称东京之故实，改江户为东京。庆应四年（1868）官报《太政官日志》46号刊《改称诏书》说："江户东国第一大镇……因今江户称东京。"自此，西京（京都）、东京并称。

日本三大名园——金泽的"兼六园"、冈山的"后乐园"、水户的"偕乐园"，皆得名于中国古典："兼六园"源于宋代李格非（李清照之父，约1045—约1105）《洛阳名园记》"兼六胜"（兼具宏大、幽邃、人力、苍古、水泉、眺望六胜）一语，"后乐园"因宋人范仲淹《岳阳楼记》中的"后天下之乐而乐"得名，"偕乐园"取义《孟子》中王者应"与民同乐"、与民偕乐而不独乐之说。

日本将一周七天以"七曜"（日、月、火、水、木、金、土）命名。"七曜历"始于古巴比伦，公元1世纪传入罗马，公元8世纪经摩尼教徒从中亚康国传入中国，中国以"五行"（金、木、水、火、土）加"日月"命名七曜，顺序为日、月、火、水、木、金、土。此七曜历又从中国传入日本，被日本沿用至今。

日本中世及近世的政治中枢、实际执掌全国军政大权的机构——征夷大将军的府署，称为"幕府"，而此一词语采自中国古典。《史记·李牧传》的《索隐》引崔浩云："古者出征为将帅，军还则罢，理无常处，以幕帷为府署，故曰幕府。"日本镰仓时代、室町时代、江户时代，征夷大将军府署皆称"幕府"，或以"幕府"作将军的异称。

　　近现代日本中央政府的部门称"省"（文部省、大藏省、通产省、厚生省等），沿袭中国唐代三省制（中书省、门下省、尚书省）之称。厚生省（相当于民政部、卫生部之和）之"厚生"，语源《尚书·大禹谟》"正德、利用、厚生、惟和"。孔颖达疏："厚生，谓薄征徭、轻赋税，不夺农时，令民生计温厚，衣食丰足。"

　　日本人的姓名皆用汉字（现在也有以假名取名的），常以名号示排行（太郎、次郎、三郎之类），此法袭自中国南北朝、隋唐习俗。《南史·王训传》载，王训称"四郎"；《世说新语》载，王悦称"太郎"；《晋书·王导传》载，王导的长子称"太郎"；《隋唐嘉话》载，张易之、张昌宗兄弟受武则天宠遇，被呼为"五郎"和"六郎"。这种称呼传入日本，被日本人接受。此种名号，今之日本使用颇多。

　　日本幕末、明治间最时髦的词句"文明开化"（福泽谕吉1867年编《西洋事情·外编》首用此语），而"文明"典出《尚书·舜典》"睿哲文明"，《易经·乾卦》"见龙在田，天下文明"。"开化"典出顾恺之《定命论》"夫建极开化，树声贻则"，《大唐西域记》卷七"转妙法法轮，开化含识"。

　　与"文明开化"同列明治维新三大政策之一的"富国强兵"（另一为"殖产兴业"），此一短语典出《商君书·壹言》："故治国者，其专力也，以富国强兵也。"而组成"明治维新"这一复合短语的"明治"与"维新"两词，皆源于中华元典。"明治"典出前已引，"维新"典出《诗·大雅·文王》："周虽旧邦，其命维新。"《尚书·胤征》："旧染污俗，咸与维新。"这里"维"是语助，"维新"也即"新"，后称变旧法而行新政为"维新"。日本初称明治维新为"御一新"，"御"是对帝王所作为及所用物的敬称，"一新"意为把古旧事物改变为新事物，典出陆九渊《张公墓志》："变其旧俗，轨范一新。"

　　明治时期东京接待西洋人的建筑物"鹿鸣馆"，时常举行西式酒会、舞会，是西洋生活方式的传播基地。而"鹿鸣"一词，取自《诗·小雅·鹿鸣》："呦呦鹿鸣，食野之苹。我有嘉宾，鼓瑟吹笙。"古老的中华元典为明治维新间最摩登、最洋气的设施提供了名称。

　　现代日本语汇由汉字词、和语词、外来词（指汉语词以外的来自国外的词语）、混种语四部分组成，汉字词约占一半。据日本的国语学者飞田良文（1933—）《明治以后の语汇的变迁》统计，明治、大正、昭和的新闻使用度高的100个"雅语"的语种分布如下表所示：

	和语	汉语	外来语	混种语
明治	79%	20%	—	1%
大正	53%	39%	—	8%
昭和	43%	54%	1%	2%

这一统计表明，自明治、大正到昭和时期，汉语词在雅文化层面用语所占比例呈上升趋势，由五分之一增至二分之一。据宫岛达夫对昭和三十一年（1956）出版的《例解国语辞典》所作的统计，该辞书和语词占36.6%，汉语词占53.6%。另据日本国立国语研究所1962年统计，昭和三十一年发行的90种杂志中的词汇，和语占36.7%，汉语占47.5%，外来语占9.8%，混种语占6%。[①]当代日语中外来语（用假名拼写）比例在迅速上升，但汉字词在"雅语""文化词"中仍然占据举足轻重的地位。如高野繁男对当代日本报刊的汉字使用率作统计，论说（论文、评论）中占40.5%，社说（社论）中占49.5%，随笔中占27.8%。[②]可见，真至20世纪80年末期，日本语文世界中愈是学术性、理论性强的文章，汉字词使用率愈高。这种状况一直延传至今。

---

① ［日］金田一春彦、林大、柴田武编集：《日本语百科大事典》缩印版，大修书店，1995年5月，第107、1014页。

② ［日］高野繁男：《论说文の汉字》，引自佐藤喜代治编《近代日本语と汉字》，明治书院昭和六十三年（1988），第276页。

近代日本新语入华评议

时下流行一种说法：近代中国所用新名词"七成"来自日本（还有著作声称，二字新名"全都"来自日本），舍去"日源词"，中国人便难以说话作文。此议颇耸动视听，但并不确切，须加考量，以明底里。

一、中日语文互动

1. "日本新词"归类

1894—1895年爆发中日甲午战争，中方惨败，促国人"大梦初醒"，决计向强敌学习。自1896年开始派遣青年学子赴日，研习日本人消化过的西学，此后十余年渐成留学东洋高潮。经中日两国人士的努力，尤其是数以万计的中国留日学生和少数"亡命客"（梁启超等以此自名）的转输，汉字新名从日本大量涌入中国。[①]

康有为1897年撰写的《日本书目志》，收录日制学名（经济学、伦理学、人类学、哲学、美学、国学等）和绷带、方针、手续等新词，一时朝野注目。顾燮光《译书经眼录》统计，1901—1904年中国翻译出版外籍

[①] 关于晚清日本汉字新名词进入中国的途径及一般情况，介绍文章甚多，可参见黄兴涛《日本人与"和制"汉字新词在晚清中国的传播》，《寻根》2006年第4期；《新名词的政治文化史——康有为与日本新名词关系之研究》，《新史学》第3卷，中华书局，2009，第100~129页。

533种，其中英籍55种、美籍55种、法籍15种、德籍25种、俄籍4种，而日籍高达321种。日籍在入华外籍中占比过半，是"日本新词"入华的重要载体。

清民之际从日本入华的汉字新名，有如下几类：

（1）音译词，如瓦斯、俱乐部等。（2）日本训读词，如入口、手续等。（3）日本国字，如腺、腔等。（4）日文译语，如基于、对于等。（5）将中国古典词原义放大、缩小或转义，以对译西洋概念。以"现象"为例，本为汉译佛语，义为佛、菩萨现出化身，日本哲学家西周（1829—1897）的《人生三宝说》（1875）在"现象"词形中注入新义，成为与"本质"对应的哲学术语。文明、革命、共和、科学、政治、教育均属此类。（6）依凭汉字古典语素，运用汉字造词法创制新词（哲学、美学、体操、元素、统计、干部等），以对译西洋术语。

2. 日源词在汉语新名中占比辨析

讨论此题，先须明确两个前提。

第一，日本两千年来从中国引进包括汉字词在内的汉字文化（日语实词多为来自中国的汉字词），此无须赘述。但这一历史背景是讨论中日语文互动问题的基本出发点，明治维新以降涌现的大量日制"新汉语"，并没有脱离汉字文化轨道，而是在对译西语时的汉语衍生物，它们或者直接借用汉字词，或者利用古典汉字作语素，按汉语构词法组建新的汉字词。这些新名不宜统称"日源"，它们多为有所改造的古典汉字词回归故里。

第二，笼统讲近代①是日本向中国输出汉字新名，也失之粗疏，须加辨正。若将近代作早期与晚期区分，便会发现：近代早期（中国明清之际及清中叶，日本江户幕府中后期及明治初期），西学及其汉译新名传播方向的主流，是"中国→日本"；至近代晚期，日本因明治维新成功，研习西学的水平超越中国，西学（包括汉译新名）传播方向的主流，方转为"日本→中国"，但"中国→日本"的流向亦未终止，黄遵宪、吴汝纶等

① 本文使用"近代"一词，采用世界史通义：以15—16世纪之交大航海为开端，17世纪欧洲科学革命、18世纪工业革命以降，世界逐渐由分散走向整体，从中古进入近代。

中国士人于19世纪末叶访日，仍被日本人尊为学习汉字文化的师长，崇敬如仪。日本人此际译制汉字新名还不断求教于中国。

日制汉字新名在清末民初二十余年间涌入中国，张之洞称"日本名词"，林琴南称"东人之新名词"，刘半农称"东洋派之新名词"，20世纪50年代语言学者称其为"日语借词"。[①]这些借词在近代中国影响甚大，但在新名中所占比例，不能信口言说，而须诉诸具体统计。试作分析如下：

（1）刘正埮、高名凯、麦永乾、史有为编《汉语外来词词典》（上海辞书出版社1984版）收录古今汉语外来词万余条，内有800多个日本汉字借词（日本汉学家实藤惠秀著《中国人留学日本史》的统计数为844个），这仅占汉语外来词一成左右，在近代新名中占二成；岑麒祥编《汉语外来语词典》（商务印书馆1990年版）收录汉语外来词4370条，日本汉字借词占比略同前书。日本成城大学教授陈力卫对日源词在近代新名中所占比例作统计，大约在二成左右，占比最高的政治、法律、经济类的日语借词达三成多。[②]另有中国学者及日本、欧洲汉学家作过类似统计，其结果都证明"七成"说、"多半"说不能成立。

（2）对《汉语外来词词典》《中国人留学日本史》所列800多个"日本借词"略加辨析，便会发现，有将近200个是中国文献固有的，约500个是赋予中国古典词新义或借用明清中国翻译西洋概念创制的汉字词，真正的日制汉字新词仅百个左右。有学人对《新青年》（1915—1926）抽取中日同形二字词2912个，发现2165个有古汉语出典，皆为近代以前日本从中国引进；179个有古汉语出典而产生新义（如中学、指数、主席、主义等）；420个无典（没有汉语出典，如闭幕、本能、党员等）。[③]这一典型案例分析证明，近代新名多半来自日本（甚至高达七成）的说法不实。

① 董炳月：《"同文"的现代转换——日语借词中的思想与文学》，昆仑出版社，2012，第3~6页。
② 陈力卫：《东往东来：近代中日之间的语词概念》，社会科学文献出版社，2019，第475、477页。
③ 张莉：《〈新青年〉（1915—1926）中日语借词研究》（北京外国语大学2017年博士论文）。

三字词（如生产力、共产党）、四字词（如社会主义、阶级斗争）中，日语借词比例较大，也不足三成，且其语素多取自中华古典，如四字词"主要人物、现实主义、经验主义"虽为日制词，但其词素"主要""人物""现实""经验""主义"仍取自中华古典。

指出"七成"说的夸张性，并非要给"词汇民族主义"张目，不是为了证明"老子先前比你阔"，而是要排除"老子天下第一"和"数典忘祖"两种极端，复归汉字文化史的实态。只有在历史实态的基础上，讨论才有真切的意义。

3. "七成"说何以流行

夸张的"七成"说、"近代新名多半来自日本"说流行一时，原因有二：

（1）数典忘祖。（2）轻忽自身的文化新创。

由于篇幅所限，这里主要就第（2）点展开分析。

钱学森曾指出，现代中国人的发明创造往往是在外国得到肯定之后，吾国才予以承认。此说值得我们反思——对自己的文化实绩不加珍惜、利用，这一由来已久的毛病必须疗治。

明末清初及清中叶由中外人士合作著译的汉文西书，曾走在非欧各国前列，而明清以至近代国人往往忘却，倒是西方汉学家指出：

> 第一部西方几何学教科书于1607年、第一部天文学论著于1614年在中国印行。从1584年起，无疑是受奥尔特利尤斯地图（1570）启发的一幅世界地图在中国石印。……
>
> 中国在近代曾是欧洲之外第一个接受西方科学成果的伟大文明古国。无论印度还是日本的第一批起源于西方的著作，均自中国传去并很快遭废禁。①

---

① ［法］安田朴、谢和耐：《明清间入华耶稣会士和中西文化交流》，耿昇译，巴蜀书社，1993，第67~68页。

同此，19世纪中叶"开眼看世界"的中国人（林则徐、魏源、徐继畬等人及京师同文馆、江南制造局翻译馆）对西学的编纂评介，在当时的东亚也堪称先进，幕末明初日本曾大量采借。

然而，由于制度性缺陷，明清朝野皆轻视本国人新进的文化成果，或将其束之高阁，甚或加以排斥压抑（如魏源19世纪中叶所撰《海国图志》在国内受冷落，又如黄遵宪19世纪80年代成书的介绍明治维新的《日本国志》，被总理衙门搁置十年，致使甲午战争时中方因不了解强敌日本而惨败）。

就明末清初和清代中叶在中国涌现的大批学术新名而言，在自国遭到轻忽，极少流传，大多湮没，百年之间朝野对其基本失忆。如明末即已入华的"地球"说，至清中叶被视为奇谈妄论，社会上流行的仍为"天圆地方"说、"华夏中心"说；明末编纂出版的《万国舆图》《职方外纪》早已介绍五大洲、四大洋等世界地理知识，两百余年后清廷竟全然忘却，以至1839—1940年英国军舰打上门来，道光皇帝竟不知英吉利地处何方，慌忙打听英、俄是否接壤，并对英国有女王惊讶万分。恰成比照，西学在幕末—明治日本广受重视，明清中国未获流布的反映西学的新名，在近世（江户时期）和近代（明治时期）日本普遍使用，又经其消化、改造，以之对译西语，形成新名学科系统，并于清末民初伴随日本教科书、工具书、日译西书、新闻媒体输入中土，未究底里的中国人将其一概当作日制汉字词，"好奇者滥用之，泥古者唾弃之"（王国维评语）。

仅从近代新名的创制与传播这一侧面而言，轻忽国人自创的教训沉重，吾辈应当记取！

二、日本"新名"来路考略

前述日本"新汉语"，少数为日本新创（语素仍来自汉字文化系统，构词法亦袭自中华），成词量占日本"新汉语"主体的则直接利用汉语古典词。因这些古典词在中国罕用，往往被误作"日源"。不少被认作"日源"的汉字新名，其实另有来历，大约有如下几类。

1. 源出中华古典

清民之际被认作是从日本入华的大批汉字新名（如自由、社会、科学、法律、文学、史学、历史、陆军、方法、卫生、小说、机器、石油、参观、代表、单位、发明、反对、范畴、革命、共和、讲师、教授、博士、标本、规则、传播、数学、物理、解剖等），究其原本，皆来自中国古典词库，是晋唐宋明以降从中国传至日本，近代经日本改造后作为西学译名"逆输入"中国的，不当以"日源词"视之。

近代日本利用中国古典词汇译介西学术语，著名者还有多例——出自《庄子·齐物论》的"宇宙"，出自《后汉书·党锢传序》的"理性"，出自《楚辞·远游》的"想像"，出自《孟子·公孙丑》的"具体"，出自《左传·昭公二十年》的"分配"，出自《史记·周本纪》的"行政"，出自《颜氏家训·勉学》的"农民"，出自《史记·李牧传》的"间谍"，出自《宣和画谱》的"布景"等。

上述列举之词语源于中国古典，近代日本人借以翻译西方术语时，与来自西学的概念彼此格义。由于汉字具有较大活性，可以作范围宽广的诠释和引申，从而为古义向新义转化提供可能性。

近代日本人译介西学概念（特别是宗教、哲学、伦理类概念）时，还曾大量借用汉译佛词，如"世界""唯心""相对""绝对""真理""实体"等。再如"律师"一词借自《涅槃经·金刚身品》，佛典称善解戒律的僧人为"律师"，指善于解说法律条文者，颇为传神。他如以"作用"译action，以"意识"译consciousness，以"平等"译equality，以"未来"译future，以"观念"译idea，以"过去"译past，以"现在"译present，以"自觉"译apperception，以"化身"译avatar，以"功德"译beneficence，以"世界"译cosmos，以"魔鬼"译demon，以"妄念"译delusion，以"果报"译effect，以"地狱"译hell，以"外道"译heresy，以"慈悲"译grace，以"摩诃衍"译mahayana（大乘），以"轮回"译metempsychosis（或transmigration），以"涅槃"译nirvana，以"真如"译reality，以"三昧"译samadhi。以汉译佛词翻译西洋术语，可以说是"多重翻译"，词语在"印—中—日—西"四方传递、转换，最后定格新义，在汉字文化圈的日中两国的语文系统中流行，渐被大众所熟用。

上述现代使用的关键词，都经历了"中—西—日"或"印—中—日—西"之间的流转与变迁，古汉语义、梵语义、西语义及日语义相综汇，笼统称之"日源词"是不妥当的。称其为"古典翻新"或"侨词来归"，较近实态。

2. 来自在华编译、出版的汉文西书

今日通用的一批反映近代学科概念的汉字新名（科技类：植物学、物理学、医学、力学、地球、热带、温带、冷带、南极、南极圈、经线、纬线、寒流、暖流、细胞、比例、大气、飞机、铁路、钢笔；人文类：真理、公理、定理、记者；法政类：权利、立法、公法、选举、国会、法院等），曾被误以为是"日源词"，实则非也。它们是在明清之际和清中后叶这两个时段，由西方传教士与中国士人合作，以"西译中述"（西方人口译，中国人笔述）方式在中国创制的，先后于江户中后期和明治前中期传至日本，其载籍均在中国刊印，笔者将其命名"早期汉文西书"（明清之际成书）与"晚期汉文西书"（清中末叶成书）。[1]将这批汉字新名称"日源词"很不恰当。这里有必要回顾历史实际——

16、17世纪之交，欧洲传教士偕西洋早期近代文化东来，对于中国与日本这两个西学东渐目的地，西方人更重视作为东亚文明大国的中国，明末有法国传教士金尼阁（1577—1628）"远来修贡，除方物外，装演图书七千余部"[2]入华之说。来华传教士从数量到品级，赴中者明显高于赴日者，明清之际入华的西洋传教士（如利玛窦、艾儒略、南怀仁、熊三拔、汤若望等）的学术水平是赴日传教士所不可比拟的，利玛窦们又与中国优秀士人（如徐光启、李之藻、杨廷筠、王徵、方以智等）合作，在相当

① 冯天瑜：《近代汉字术语的生成演变与中西日文化互动研究》之上编《载体研究》，经济科学出版社，2016，第7~168页。
② 方豪：《明季西书七千部流入中国考》，《文史杂志》第三卷第一、二期合刊，中华书局，1944，第47页。

高的层次上译介西学，编纂、出版330种汉译西书①，著名者有《几何原本》《同文算指》《职方外纪》《坤舆图说》《名理探》《西学凡》等，创译大批包含新概念的汉字新名。值得一提的还有金尼阁于明天启五年（1625）翻译《伊索寓言》的选本《况义》，此为汉字文化圈较早译介西方文学名著。

上述为"早期汉文西书"，是日本江户幕府时期研习西学、采用译介西学的汉字新名的一大来源。（当然，日本还通过兰学直接获取西洋学术文化）

经雍正、乾隆、嘉庆中断百年后，道光、咸丰年间中国进入西学东渐新阶段，译介西方概念的汉字新名大量涌现。如：英国入华新教传教士马礼逊编著世界上第一部英汉对照辞书——《华英字典》（1815—1822），德国入华传教士郭实腊在广州（后迁新加坡）编纂的中文刊物《东西洋考每月统记传》（1833—1837），伦敦传道会传教士伟烈亚力主笔、上海墨海书馆刊行的月刊《六合丛谈》（1857年1月—1858年6月），先后由韦廉臣、慕维廉、李提摩太主持的广学会（1887—1956）等，除译介神学外，还大量译介西史、西政、西技，并于此间创制大量汉字新名。②中国士人李善兰、徐寿等在译介中发挥重要作用。

上述"晚期汉文西书"皆被幕末明初日本人广为采借，并成为其翻译西学的参考。如《东西洋考每月统记传》译制的汉字新语"公会"、"国政公会"（简称"国会"）、"魁首领"（总统）、"拿破戾翁"（拿破仑）、"华盛顿"、"经纬度"、"新闻"、"新闻纸"（报纸）、"炊气船"（蒸汽机推动的轮船）、"驾火蒸车"（火车）、"气舟"（热气球）等③，皆在日译词之先，并为日本借取，有的沿用至今。参与《六合丛谈》著译的中外人士有伟烈亚力、慕维廉、艾约瑟、王韬、蒋敦复、王利宾等，其翻译方式仍是西译中述，如《西学辑存六种》署名"西士伟烈亚力口译，长洲王韬笔录"。中西人士译创了许多科技类、法政类汉字新名（包括四字成语）。据日

① 徐光启后裔徐宗泽：《明清间耶稣会士译著提要》，中华书局，1948。
② 冯天瑜：《新语探源——中西日文化互动与近代汉字术语生成》第三章，中华书局，2004。
③ 爱汉者等编、黄时鉴整理：《东西洋考每月统记传》，中华书局，1997。

本语言学家佐藤亨考析，《六合丛谈》中的汉字新名，中日有共同出处的，如医学、意见等六百余条；中国典籍原有，幕末明初传入日本的，如医院、一定、试验等二百余条；来自中国的早期汉文西书的，如维度、海峡等六十条。[①]这一并不完整的统计，足证19世纪中叶来自中国的晚期汉译西书对日本语汇的影响，所谓"日源词"，不少出自此。

入华欧美新教传教士与中国士人合作翻译西书的高潮在1860—1895年，此时正值日本明治维新，来自中国的汉译西书是日本研习西学的重要来源，日本学者对此有详论。[②]

我们不可忘却这一历史事实。需要说明者有二：

（1）曾任武汉大学中国传统文化研究中心学术顾问的法兰西院士谢和耐（1921—2018）与笔者在中国和法国两次晤谈，获悉他所称之"近代"，指近代早期（明末清初乃至清中叶），当时中国是欧洲以外研习西学水平最高的国家。故笼统说近代中国学习西方文明借自日本，不甚确切。经大略统计即知：17世纪译介西学，中国从数量到质量高于日本，汉译西书及其汉字新名大量由中传日。由于罗马教廷和清代朝廷双方的原因，18世纪西学东渐在中国戛然而止，而日本仍努力奋进。19世纪上半叶，中日译介西学的水平相当，各有短长，但汉译西书及其汉字新名的传播方向，仍是"中国→日本"。直至明治维新以降（19世纪后期、20世纪初期），日本接受西方文明，从数量到质量乃至系统性，超越中国，汉译西学及新名的流播，发生从"中国→日本"到"日本→中国"的大转向。

（2）值得一提的是，一些严谨的日本学者否认16世纪末以来若干汉字西学术语的"日源"性，指出它们来自明末和清朝同光年间的汉文西书。略举一例：笔者在日本爱知大学任教时的同事荒川清秀长期从事日中语汇互动研究，他著文驳正中国出版的颇有权威性的《汉语外来词词典》（上海辞书出版社1984年版）的一些误判。如该词典称"热带"是日源词，而荒川广泛查阅资料，发现明末入华耶稣会士利玛窦与中国人合作

① ［日］佐藤亨：《幕末明治初期语汇的研究》，樱枫社，1986，第130~160页。

② ［日］沼田次郎：《西学：现代日本早期的西方科学研究简史》，日本—荷兰学会，1992，第3~7页、第147~169页。

的世界地图上已有"热带"一词，荒川特撰250页稿纸的文章论此，证明包括"热带"在内的一系列地理类汉字术语来自中国。荒川教授进而撰著《近代日中学术用语的形成与传播——以地理用语为中心》（白帝社1997年版），考订百余个地理、气象类汉字新名，皆系明末中国印行的汉译西书拟定的新名，幕末传入日本。

一些中国学者和欧美汉学家（如意大利的马西尼等）做过考订，证明大批汉字科技类、法政类新语本为"中源"，幕末明治间传入日本，又于19、20世纪之交"逆输入"中国。[①]

1864年在北京出版的《万国公法》很快在日本重印，将对译英语概念的汉字新名"民主""权""权利""主权""特权"传入日本；1851年合信在广州出版的《全体新论》，1858年李善兰与韦廉臣合译的《植物学》等书流播幕末日本，将"植物学""细胞"等一批术语传入日本。[②]此外，"电信""电报""政治""议院"等新名皆中国创制在先，日本吸纳过去，后又返传中国，并非日本创词。

综上可见，直至19世纪60—70年代（日本的幕末明初），中国还是日本学习西学、接纳西洋新概念的供应源地之一。如果我们将在中国创制的表述西学的汉字术语认作"日语借词"，日本学者和西方汉学家会哑然失笑，中国人更情何以堪。

创译汉字新名的中国士人与来华西洋人的劳绩历历在目，不容抹杀。参与翻译汉字新词者甚众，著名人物有明末清初入华耶稣会士利玛窦、艾儒略、金尼阁、邓玉函、熊三拔、傅汎际、汤若望等，清末入华新教传教士马礼逊、慕维廉、傅兰雅、麦都思、伟烈亚力、林乐知、李提摩太等，与西洋人合作汉译的中国士人有明末清初徐光启、李之藻、杨廷筠、王徵、方以智及其子方中通等，清末汪凤藻、李善兰、徐寿、徐建寅、华蘅芳、王韬、李凤苞、管嗣复、张福僖等。这些中西人士若地下有灵，必为首创权被剥夺并拱手让与日本人而郁愤不已。

---

①② 马西尼考证，"公司、新闻、磅、绷带、贸易、火轮船、火轮车、光学、声学、法律、国会、议院、医院、主权、国债、统计"等汉字新名皆先期产生在中国，后传入日本。〔意〕马西尼：《现代汉语词汇的形成——十九世纪汉语外来词研究》，黄河清译，汉语大辞典出版社，1997，第18~113页。

3. 晚清"开眼看世界"中国人的译制

清道咸年间国门初开，一些先进的士人渴求新知，借助汉译西书、西报，撰写一批介绍西事、西学的书籍，著名者有林则徐主持编译的《四洲志》、魏源编纂的《海国图志》、徐继畬编纂的《瀛环志略》、姚莹（1785—1853）编纂的《康輶纪行》、梁廷枏编纂的《夷氛闻记》《海国四说》、夏燮（1800—1875）编纂的《中西纪事》、陈逢衡（1778—1855）编译的《英吉利纪略》等。这些书籍在介绍外域情事、学术时，参考、借鉴《澳门月报》《东西洋考每月统记传》《美理格合省国志略》之类汉译西洋书刊，译制了一批史地类、政法类、科技类汉字新名（如贸易、进口、出口、文学、法律、火轮船、火轮车、火车、国会、公司之类），拙著《新语探源》（中华书局2004年版）第三章第一节有介绍，此不赘述。这批书籍（尤其是魏源的《海国图志》）在本国遭受冷遇，而传至幕末明初的日本，洛阳纸贵，多次翻印，朝野争相传阅，幕末维新志士吉田松阴称"魏源之书大行我国"①。《海国图志》《瀛环志略》等书译制的汉字新名随之播传于日本，日本人广泛使用之余，还引为译制汉字新名的范本。如《海国图志》的报纸译名"新闻纸"，美国元首译名"大统领"，皆被日本人采用，并通行至今，而不明就里者常把"新闻纸""大统领""博物"之类视为"日本名词"，殊不知它们分明创自中国，后为日本借用。

中国官方兴办的译书机构，如京师同文馆（1862—1902），李鸿章在上海创办的广方言馆（1863—1905），江南制造局翻译馆（1868—1905），创制新名劳绩甚巨。以江南制造局翻译馆为例，李善兰创译数学术语"代数""方程""微分""积分"等，学科名词则有李善兰、徐寿、赵元益、徐建寅与西人合译之"重学""化学""医学""电学""光学""分学""声学""自行车""飞机"等。上述新语多在中日两国沿用至今。而傅兰雅与徐寿合译《化学鉴原》，将当时所知64个化学元素全作汉字定名（非金属类元素加石旁，如硒、磺；金属类元素加金

---

① ［日］吉田松阴：《读筹海篇》（清魏源《海国图志》首篇），《野山狱文稿》，第23页。

旁，如铂、锰），皆在中日两国沿用至今。傅、徐还申述"名目生新"说，概括新名拟定的规则与方法。①

总之，上述几类汉字词，有的并非"新语翻至"，而是"旧词复兴"，或曰"古典新变"（承袭古典基旨而变通之）；有的不是"日词入华"，而是"侨词来归"，上列新名产地皆在中华而不在日本。然而，某些中国出版的外来语词典和语言学著作未作穷原竟委工作，把它们一概视作"日语借词"，至今一些人仍持其说，这是不符历史实际的判定。从语源学角度论之，必须恢复上列三类词语的"中国首创"（如《四洲志》《海国图志》《瀛环志略》及江南制造局译制科技类、政法类、史地类诸名），"翻新古典"（如"革命、自由、共和"之类）及"回归侨词"（如"地球、小说、物理、卫生"之类）身份，并论析创制、输出与逆输入之始末，考查中—西—日三边互动间的因革及传递转换情实。

恢复历史本来面目是新名研究的基础。

三、近代日本语文的贡献

指出"新名七成日源"说之偏误，决不意味着可以否定近代日本发展汉字文化、助力中国语文变革的贡献。

幕末明治日本在译介、诠释西学的过程中，运用汉语构词法创制一批汉字新名（如哲学、美学、干部、常识、笔谈等）；更大量选取并改造汉语古典词（如伦理、科学、政治、范畴、艺术、民族等）翻译西洋术语；普及词缀化用法，如前缀（如老~、小~、第~、非~、阿~等）与后缀（如~者、~力、~式、~性、~化、~家、~阶级、~主义等），又借鉴西式语法，丰富了汉字语用，对白话文运动及汉语的现代化进程起到推动作用，这一劳绩理应充分肯认。但是，将日本语文的贡献从汉字文化圈大格局拔擢出来，加以夸张描述，对汉字新名的语源张冠李戴，一概让与日本，则有失允当。今日议此，并非仅是维护新语发明权的荣誉之争，更重要的是：端

---

① 傅兰雅：《江南制造总局翻译西书事略》第二章。傅氏"名目生新"说详见冯天瑜：《新语探源》，中华书局，2004，第277~281页。

正对词语演绎线路的认识，以准确把握新名定格、词义异动及发展过程，既是历史文化语义学学理的坚守，更涉及广义的求真务实问题，忽略于此，便无法把握真实的近代中国文化史，也会曲解日本文化史和东西文化交通史。而失却了对文化史的确切认知，在"夜郎自大"与"百事不如人"两个极端间跳跃，何谈文化自信？何谈开展健全的中外文化交流？

笔者以为，近代日本对汉字文化发展的贡献，主要并不在于提供了多少新词（对此不必缩小，也不应夸大），而在于终结汉字新名的散漫无序、自生自灭状态，界定中国自创或由日本创制的新名的古典义、现代义、世界义，并使之贯通，通过教科书、工具书汇入学科体系，通过学校教育、社会教育，为汉字文化构筑现代性知识系统提供语文基础。这项极有意义的工作，近代日本人劳绩显著，却又并非由其单独完成，而是16世纪末叶以来的四百余年间，中—西—日三边互动的结果，中国人与日本人在此间互为师生，交相更替创作者与学习者身份，而欧美传教士在中国士人协助下的译创之功也至关重要。仅以19世纪中期而论，入华新教传教士在华人的协助下用汉语编写出版的论著有英国米怜21种、英国麦都思59种、德国郭实腊61种。英国傅兰雅在徐寿的协助下，还总结了创制汉字新名的方法。另外，苏格兰人慕维廉在中国生活53年，出版中文著作39种。而英国传教士伟烈亚力主笔的《六合丛谈》充分展开中西人士合作翻译，王韬曾记述其具体过程：

> 伟烈亚力乃出示一书，口讲指画，余即命笔志之，阅十日而毕事。于是《西国天学源流》，黎然以明，心为之大快。①

这种"西人口述，中士笔志"的合译方法，从明清之际以至于清末一以贯之。我们不可忘却中西人士合作创制新名的业绩，它们往往是幕末明初日本制作汉字新名的范本。

自严复等兼通中西语言的译者出现以后，中国逐渐减少借助日译词而直接译述西学，但日本新语的效用并未中止，其某些优势继续张扬，如

---

① 　《西国天学源流》，1890年淞隐庐活字版排印本，第28页。

严复"一名之立，旬月踟蹰"，苦心孤诣译创的"计学""群学""母财""脑学""界说"固然准确、典雅，却不及日译汉字新语"经济学""社会学""资本""心理学""定义"简明易懂。严复提出翻译"信、达、雅"三原则，但其创制的译名古雅艰深，不够畅达通俗，从传播及语用角度言之，往往落败于日译词。这一历史真实我们亦须记取。

日本译词虽有便捷易用的优点，但不应忽略这些日本汉字词多半源自汉语古典，或用汉语构词法创制。新近一例颇能说明问题：2019年5月1日，皇太子德仁继承平成天皇，成为新天皇，日本公布新年号为"令和"，官方解释，此名是从日本最早的和歌集《万叶集》卷五《梅花歌卅二首并序》"初春令月，气淑风和"句中择字组成，并宣称这是第一个典出日本古籍的年号。这个解释显然有文化"脱中"用意。但经考索却适得其反：公元8世纪成书的《万叶集》"初春令月，气淑风和"句，脱胎于东汉科学家兼辞赋家张衡的作品《归田赋》中"仲春令月，时和气清"，而张衡又参酌了先秦典籍《仪礼·士冠礼》"令月吉日"句式。另外，《黄帝内经·灵枢》云："阳受气于东，阴受气于五脏，故泻者迫之，补者随之，知迫知随，气可令和。"有人戏称，新年号"令和"的父亲是《万叶集》，祖父是《归田赋》，曾祖是《仪礼》或《黄帝内经》。

日本使用的汉字语汇，多源出中国古典，这是不必也不可回避的历史实际，日本近代翻译西学时创制汉字新语，深植中华文化土壤，这是不可忘却更不能斩断的历史脉络。

综论之，中日之间的语文交际，呈一种互为师生的关系，今人不必作偏执一端的估量。中日两国协力共创的语文成果，是丰厚的文化财富，至今仍在中日双方发挥作用，并且构成当下及今后语文建设的坚实基础。

中日间关于对方国情的"信息不对称"

一、日本详于"知中"，中国略于"知日"

处于汉字文化圈外缘的日本，自古即以研习中国文化为基本功课，而与此同时，中国对日本这个东瀛岛国则颇不经意。

时至近代，日本以中国为主要拓殖对象，搜集中国情报更成要务，遂有长期运行的禹域考察与研究。中国却继续陶醉于天朝上国的迷梦，视日本为"蕞尔小国"，不屑一顾。

于是，从古代到近代，日本的中国认知走向广博精深，颇得孙子兵法"知己知彼、百战不殆"之精髓。反观中国，却轻慢日本，对其的了解满足于大而化之，以致形成中日间关于对方国情严重的"信息不对称"。

清末洋务思想家、外交家薛福成较早指出应当重视日本。他于中日甲午战争爆发前夕说：

> 东方诸国足以自立、足以有为者，惟中国与日本而已。①

这种判断远超当时忽视日本的习俗之见，可谓卓识。薛福成进而回顾

---

① ［清］薛福成：《〈日本国志〉序》，黄遵宪著，吴振清、徐勇、王家祥点校整理：《日本国志》，天津人民出版社，2005，上卷卷首第1~2页。

中日关系起伏跌宕的历史，尤其言及近代日本"百务并修，气象一新，慕效西法，罔遗余力"，而中国对此却"懵然罔省"。深怀危机感的薛福成吁请"究心时务"者用力关注日本。

较早发现中日关于对方信息严重不对称的先觉者，是清末出使日本的诗人、外交官黄遵宪。他撰于19世纪80年代的巨著《日本国志》，真切揭示了日本处心积虑考析中国、中国对日本却茫然少知的情形。他在《〈日本国志〉叙》中坦陈中国人"不知日"：

> 昔，契丹主有言："我于宋国之事纤悉皆知，而宋人视我国事，如隔十重云雾。"以余观日本士夫，类能读中国之书，考中国之事。而中国士夫好谈古义，足己自封，于外事不屑措意，无论泰西，即日本与我仅隔一衣带水，击柝相闻，朝发可以夕至，亦视之若海外三神山，可望而不可即。若邹衍之谈九州，一似六合之外，荒诞不足论议也者，可不谓狭隘欤！虽然，士大夫足迹不至其地，历世纪载又不详其事，安所凭借以为考证之资，其狭隘也亦无足怪也。①

薛福成赞同黄遵宪的看法。他在《〈日本国志〉序》中指出：

> 近世作者如松龛徐氏（《瀛环志略》作者徐继畬——引者）、默深魏氏（《海国图志》作者魏源——引者），于西洋绝远之国尚能志其崖略，独于日本考证阙如。或稍述之而惝恍疏阔，竟不能稽其世系疆域，犹似古之所谓三神山者之可望不可至也。

这篇撰于光绪二十年（1894）春三月的文章，今天读来格外具有历史寓意。该文写就仅数月之后，中日甲午战争爆发，日本大胜清国。中国之败，原因是多重的，而轻视日本、知日本甚少，是不可忽略的一条。

---

① 黄遵宪著，吴振清、徐勇、王家祥点校整理：《日本国志》，天津人民出版社，2005，上卷卷首第4页。

二、《日本国志》成书十年，久不流通意味着什么

自古以来，中国对日本认识远少于日本对中国的认识，梁启超说："中国人寡知日本者也。"

中国近代开始有少数学人研究日本，清朝驻日参赞黄遵宪为其中翘楚。黄遵宪在日本做了大量调查研究，于1879年开始撰写，于1887年完成50余万字的典制体巨著《日本国志》。该书全方位记述了日本历史的流变，重点放在明治维新以来的各项规制，此为中国人撰写的第一部详尽的日本史（重点在"明治维新史"）著作。但这部作品并未受到清廷重视。黄遵宪曾将《日本国志》抄本先后递呈主持外交的北洋大臣李鸿章（1888）、两广总督张之洞（1889）、驻英公使薛福成（1894），并请李、张备咨径送总理各国事务衙门。

李鸿章1888年的"禀批"称："该道所著《日本国志》四十卷，本大臣详加披览，叙述具有条理，如《职官》《食货》《兵》《刑》《学术》《工艺》诸志，博稽深考，于彼国改法从西，原委订正，尤为赅备，意在于酌古之中为匡时之具，故自抒心得，议论恢奇，深协觇国采风之旨。虽日本模仿泰西仅得形似，未必志一国而能赅五部洲之形势，然于东瀛政教图经言之凿凿，如在目中，亦有志之士矣。……明隆庆间黄少詹洪宪奉使朝鲜，睹其先世实纪，归作《朝鲜国记》。今此书详瞻过之，洵足与前贤颉颃也。"李鸿章对《日本国志》似乎评估不低，却并未意识到其重要性。"禀批"流露出小视日本威胁严重性的大国心态（"日本模仿泰西仅得形似"），连带着贬低《日本国志》的价值（"未必志一国而能赅五部洲之形势"[1]），遂将黄著束之高阁达六年之久，而这六年正是日本积极备战攻击中国的关键时段。

张之洞1889年"咨文"称："查该道籍隶广东嘉应州，随使日本最久，于该国情形向称熟悉，又能留心时事，搜访纂辑，遂有成书。详阅所呈《日本国志》，条例精详，纲目备举，寄意深远，致功甚勤。且于外洋

---

[1] 黄遵宪著，吴振清、徐勇、王家祥点校整理：《日本国志》，下卷第1006~1007页。

各国风俗政事，俱能会通参考，具见究心时务……"①张之洞对黄著评价甚高，但他时任两广总督，非中枢要员，不便推介《日本国志》，实际上仍是将黄著束之高阁。

出使英伦的薛福成1894年获黄遵宪寄送之《日本国志》，一读之下，高度肯认，并为之作序。但此时已在中日甲午战争爆发前夕。他自英国返回中国后不久病逝，亦不可能促成《日本国志》出版。

如此，《日本国志》因总理衙门敷衍塞责，被搁置十年。直至甲午战败，"国人始知日本之可畏，与其谋我之亟，而我门户大开，弱点尽露"②，这才想起《日本国志》之存在。总理衙门唯一认识《日本国志》价值的袁昶（1846—1900）叹曰："此书稿本送在总署，久束高阁，除余外无人翻阅。"袁昶指出，若其书早早流布于世，国人知晓日本，预作准备，不致惨败，可省赔款二万万白银。

当然，如前所述，黄遵宪成书十年未为人知，并非由于黄遵宪"久谦让不流通"，而是朝廷麻木，将其束之高阁，以致贻误国人了解强敌日本的时机。

不独《日本国志》，半个世纪前之《海国图志》亦遭遇同样命运：在中国，冷遇之；在日本，热捧之，因此对中日两国近代命运产生殊然不同的影响。

由甲午战败刺激而奋起的戊戌变法诸君子，对《日本国志》青睐有加。康有为的变法条议及所撰《日本变政考》多采自该书，光绪帝向翁同龢索要该书，变法期间之改革诏令基本承袭该书所载日本维新之举措，更遑论黄遵宪在湖南亲自策划新政，开风气之先。此为后话。

三、疏于"知日"的状况现代未获根本扭转

经过甲午惨败，中国觉醒者开始考析日本，旅日学者和留日学生撰写一批介绍日本的文字，然详尽而有深度者甚少。戴季陶在研究日本问题时

① 黄遵宪著，吴振清、徐勇、王家祥点校整理：《日本国志》，下卷第1006~1007页。
② 吴天任：《黄公度先生传稿》，香港中文大学出版社，1972，第497页。

曾大发感叹：

> 你们试跑到日本书坊店里去看，日本所做关于中国的书籍有多
> 少？哲学、文学、艺术、政治、经济、社会、地理、历史，各种方
> 面，分门别类的，有几千种。每一个月杂志上所登载讲"中国问题"
> 的文章有几百篇。参谋部、陆军省、海军军令部、海军省、农商务
> 省、外务省、各团体、各公司，派来中国长住调查或是旅行视察的人
> 员，每年有几千个。单是近年出版的丛书，每册在五百页以上、每部
> 在十册以上的，总有好几种。一千页以上的大著，也有百余卷。"中
> 国"这个题目，日本人也不晓得放在解剖台上解剖了几千百次，装在
> 试验管里化验了几千百次。我们中国人却只是一味地排斥反对，再不
> 肯做研究工夫，几乎连日本字都不愿意看，日本话都不愿意听，日
> 本人都不愿意见。这真叫做"思想上闭关自守""智识上的义和团"
> 了。①

戴氏揭示了国人的一种偏执情绪：将抵抗日本侵略混同于"排日"。
日本侵略中国，国人自应"抗日"，但有效的抗日必须"知日"，必须向
强敌学习，那种非理性地拒绝了解日本的一切，只会因失于"知彼"而陷
入被动挨打。再从发展中日友好关系而论，更应当详悉日本的历史与现
状，像日本人熟知中国文化一样，研习日本文化。

有论者将昧于"知日"、盲目"排日"的看法称为"高调的日本
观"，这样的日本观有相当市场，其根源在于中日之间的信息不对称。中
日近代最终摊牌之前（中日甲午战争前），中日关系处于信息不对称状态
长达两千年之久。这种信息不对称导致中国对日本的忽视，进而是漠视和
不信任。

从历史的时序看，汉唐以来，在信息不对称状态下，中日关系早就
埋下最终爆发全面冲突的基因。信息不对称下的中日关系表现为中国对日
本的忽视和无知："徐福东渡"传说埋下高调处理对日关系的种子；汉魏

---

① 戴季陶：《日本论》，光明日报出版社，2011。

时期的朝贡造就了中日关系的单向性；隋炀帝时期日本开始追求平等身份被中国忽视；唐初中日角逐朝鲜半岛，"白村江之役"日本战败，转而学习大唐，中国产生对日本的优越感，再次忽视日本的野心；……明朝初年日本已经不为中国信任，倭寇乱华加深了这一情结，又阻止了中国真实地了解日本；丰臣秀吉侵略朝鲜是其侵略中国、挑战东亚朝贡体制的战略尝试，中国开始关注日本但并未将其看作假想敌；明末日本暗中迫使琉球称臣朝贡，中国不知；清初日本武士道精神勃发，伴随着对大陆的侵略野心宣传，中国仍不知；明治维新后至中日甲午战争前，日本做好侵略中国的政治、军事和文化心理准备，中国于此仍知之甚少。中国对日本的长期漠视，对日本的自尊进而演变为对大陆的野心并未有足够的认识，及至清末才开始扭转朝贡体系意识、建立与日本对等的民族国家关系，然从军事上准备和日本决战，已是很晚、很被动的了。[①]

近代日本出于推行"大陆政策"的需要，全方位开展中国调查，对中国历史、现状了解细致，在中国国情的掌握上追求"反客为主"，其中也形成若干扭曲的映像。反观中国，对日本历史、现状了解比较粗率，对本国的国情、地情认识也往往大而化之，由此带来的后果，已清清楚楚地记录在近代史上。

改变中日间关于对方认知度的不平衡现象，是今之国人的一项无可推卸的职责。仅从学术层面而言，在调查研究的基础上，拿出深具历史感和现实洞察力的考析日本、探讨中日关系的论著，已经时不我待。有了这样的成果，方可与日本长期以来考析中国的论著在切磋、辩难中，彼此理解、相互补充，这是形成健全的中国观、日本观、中日关系观的认知基础。筑牢这一认知基础，有助于消弭中日之间对于对方认识的非理性误区，这对中日双方都将有所裨益。

---

① 李扬帆：《中国近代之败，实为意识之败——两千年中日交往史的反思》，《同舟共进》2009年第7期。

近代日本中国调查的历史警示与文献价值

一、日本踏查中国：从学习到觊觎

与中国"一衣带水""一苇可航"的日本，作为汉字文化圈之一员，长期关注中国情势、研习中国文化，踏查乃至考究中国，是其基本国策和一以贯之的社会行为。

日本对于中国的调查研究，约略分为两个大的阶段：

第一阶段，是奈良时代（710—794）、平安时代（794—1192）以降对于中国的学习性调查。

不同于公元7世纪以前日本人自发仿效中国文化，8世纪初以后，日本政府派出遣隋使、遣唐使、遣宋使，除办理外交事宜外，还让随团前往的留学生、游学僧踏查中国，将内容广泛的中国情事记载传送回国，以供朝野研习。一例为阿倍仲麻吕、吉备真备等文士的纪行诗文；二例为日僧对唐土僧俗两层面的考察，如圆仁和尚（793—864）的《入唐求法巡礼行记》四卷，于唐事记述尤为详备，成为日本的"仿唐"课本。

彼时日本人调查研考的领域是汉字、儒学、中国化佛教、律令制度以及生产与生活方式。

以佛教为例，日本遍地寺庙（7万多座），不是天台宗、净土宗、禅宗，就是华严宗，皆为8、9世纪唐地调查所习得之中国化佛教，而并非直取印度原始佛教。

再如日本的律令制，指导思想"王土王臣""一君万民"论皆学自中国古典，所制订的《飞鸟净御律令》《大宝律令》《养老令》等律令，皆从隋唐制度仿来（又有所变通）。

公元7世纪中期的"大化改新"（被称为与"明治维新"相并列的日本史上最重要的两次社会变革之一），实际上就是一次"唐化"运动，其改新灵感得自中国调查。

日本天皇使用年号，亦沿袭中国汉武帝以来的做法，迄今未变。日本官署也仿自中国的"三省六部"，当下还可见一斑（外务省、文部省之类）。

通过对中国的调查学习，日本文明迅进，有学者统计，日本古坟时代落后中国千年，平安时代落后中国500年，镰仓幕府—室町幕府时期落后中国300年，战国时代落后明朝100年，至17、18世纪的江户前中期，已大体追平清朝。能够在千余年间实现这种文明跨进，有诸多原因，认真学习先进的中国文化便为其一，而向中国学习的入手处，就是调查研究中国。

这是日本调查中国的第一个阶段——抱着虚怀若谷的态度，老老实实、认认真真地对中国文化（从物质层面、制度层面到观念层面）进行调查研究，将其引为自用（当然也作改造，有取有弃）。

第二阶段，始于明治时期（1868—1912）前后。自江户末期起，学习西方有成的日本发展水平渐超中国，明治维新"殖产兴业""文明开化""富国强兵"，国力张大，倡言"雄飞海外""经略中国"，虎视眈眈于昔年老师，渐次形成以侵占中国乃至整个东亚为目标的"大陆政策"（此策19世纪80年代趋于成熟），而对中国开展更大规模的社会调查和剖析研考，则是大陆政策的奠基石。

明治—大正—昭和年间，日本的中国调查，其目的已由古代—中世—近世的学习中国，转变成近代殖民主义式的窥探中国，以为经略、攻占中国作准备。

此间日本的中国调查，采用欧美列强经营殖民地、半殖民地的考察方法，如观察法、访谈法、问卷法、文献法、统计分析法、体质人类学与文化人类学相结合的方法等，调研日益系统深入。

由于地缘、语文、人种相近，明治以降日本人对中国的调查比欧美人更享便利。外国调查中国，就其广度、深度和持续性而言，称日本为世界之最，是绝不夸张的。

近代日本，一些浪人、学者、僧侣以个人身份踏查禹域（其力度亦相当可观，见小鸟晋治1997年监修出版之《幕末明治中国见闻录集成》20卷，1999年监修出版之《大正中国见闻录集成》10卷），但作为国家行为的调查工作，至明治后期以降，构成日本探究华境的主要形态，军部、农商务省、外务省、兴亚院、各大财团、新闻单位纷纷设立中国调查系统。而南满铁道株式会社调查部和东亚同文书院是两个最具规模、实绩显著的调查机构。

二、南满洲铁道株式会社调查部的惯行调查

近代以降，为了达到掠占中国之目的，日本军国主义者承续传统，深入中国社会内部作调查研究，最著声名者，当推南满洲铁道株式会社（简称"满铁"）调查部。

1906年11月，日本设立南满洲铁道株式会社，总社在大连，以后在许多地方开设分社。

满铁初设总务部、运输部、矿业部、附属地行政部四个部，1907年4月增设调查部，对中国进行军事、政治、经济情报搜集，调查范域不限东北，还伸向中国关内各地以及美国、德国。调查部以后曾先后改称调查科、情报科、资料科，1939年4月恢复"南满洲铁道株式会社调查部"原名。

满铁调查部在沈阳、吉林、哈尔滨、北京、上海等地设事务所，集中大批专家（曾达2000多人），从事中国社会调查。1939年4月，为适应扩大的侵略战争的需要，调查部改组、扩充，从事"中国抗战力调查""中国惯行调查""日满支工业立地条件调查""东亚重要物资自给力调查""世界情势调查"等。30余年间，满铁调查部搜集的各种情报、档案、书籍、杂志、剪报等，达数十万件，并有数千种资料汇编、论著、刊物出版。满铁东京分社负责与日本各情报机构交换情报，每周有定期碰头会。

满铁调查部号称以经济问题、社会问题调查为本业，其实，自成

立伊始，满铁调查部即承接日本军部交付的调查任务，向参谋本部第二部（即情报部）和关东军司令部提供情报。1906—1945年间，满铁调查部为日本政府及军部提供调查资料、研究报告6000余份，与军事直接相关的有《东北三省（满洲）土匪研究》《中国抗战能力调查》《关于八路军新四军的情况汇报》等，并编写直接用于军事的"兵要地志"①。

据西原征夫《哈尔滨特务机关——日本关东军情报部简史》载，驻屯中国东北的日本关东军司令部二课（情报）兵要地志班和情报部文书谍报班，虽是专司兵要地志调研的机构，但由于人员少（如情报部文书谍报班负责兵要地志的人员只有5人，其中军官1人、译员1人、士兵1人、俄国人2人），加之任务主要是调查编制和不断完善北满兵要地志、中东铁路及西伯利亚的运输能力，因而一些重要的兵要地志工作依靠满铁调查部。草柳大藏在《满铁调查部内幕》一书中透露，1927年，满铁调查部"俄国通"岛野三郎应关东军参谋长小矶国昭中将和参谋河边虎四郎中佐之约，在1929年至1936年间，编写完成洋洋50余卷的《苏联兵要地志》，其规模和详尽程度震动关东军司令部。与此相比，日本军方编定的一些兵要地志可谓相形见绌。为嘉奖满铁调查部对关东军的情报支持，关东军司令官本庄繁中将在1932年8月奉调回国之时，特别向满铁颁发了"感谢状"。

"二战"结束后，满铁调查部人员返回日本，一些调查研究专家应聘到东京大学、京都大学等校任教。他们都感到，东京大学、京都大学这样的名牌大学的工作环境与满铁调查部相较，是小手工业作坊与现代化大工厂之比。可见当年为军国主义服务的满铁调查部的规模之大、调查研究的水准之高。

三、回顾东亚同文书院的中国调查

东亚同文书院的源头，可追溯到欲以日本为盟主以抗拒西方势力的

---

① 兵要地志，指从军事需要出发，对有关地区的军事、政治、经济、地形、交通、气象、水文等现实和历史情况进行调查而编制的资料。近代日本十分重视兵要地志的编纂和利用。

"兴亚论"者、军人间谍荒尾精（1859—1896）。荒尾精于1886年创办汉口乐善堂，该堂作为日本明治时期"经略中国"的传奇人物岸田吟香（1833—1905）所办上海乐善堂的支店，以经营药材、书籍、杂货为掩护并提供经费，开展"中国调查的试行调查"，范围在湖南（据点设在长沙）、西南地区（据点设在重庆）。汉口乐善堂重视实地踏查、结交华人，其《外员探查须知》规定，探查人物包括"君子、豪杰、长者、侠客、富豪"，并将其姓名、住址、年龄、行踪详加记载。调查内容则包括各地山川土地状貌、人口疏密、风俗良否、民生贫富、被服粮秣等，调查报告"对每一个村庄，每一条道路，每一座小丘甚至于水井，都标示得清清楚楚"，这种精细入微的田野考察，开日后东亚同文书院旅行踏查之先河。[①]

荒尾精于1889年返国，向参谋本部提出2.6万字的《受命书》，对中国的朝廷、内政、人物、兵事，及英、法、德、俄等四大国的对华策略做了详细分析。可见，汉口乐善堂对中国进行区域调查、专科调查，有着自觉的战略性动机。荒尾精曾经报告军部：日本要征服广土众民的中国，需要扩充军备，投入巨额资金，而日本财政能力无法应付，唯一的出路是开源，开展"商战"，与西洋列强争夺中国市场，而要做到此点，必须培养"中国通"，对中国开展详细、周密的调查，全方位把握中国经济及社会实态，这便可以大大节省经略中国所需资金及人力物力。[②]

综观荒尾精向日本军部的建策，实为两大要领——一为批量造就"中国通"，二为开展系统的中国调查。此成为日后东亚同文书院的基础。

1890年，荒尾精在上海创设日清贸易研究所。同年底，荒尾精在陆军士官学校时期的校友根津一（1860—1927）继任所务。该所招收150名日本学生入学，以研习中国语言、了解中国商事习惯及社会状况为务。修业四年，前三年为学科，最后一年实地调查并撰写报告。因运营资金枯竭，日清贸易研究所于1893年8月停办。

1899年日本东亚同文会会长、"亚洲主义"的领衔人物近卫笃麿（1863—1904）访华，与两江总督、南洋大臣刘坤一在"兴亚论"上一拍

①②　井上雅二：《巨人荒尾精》，东亚同文会，1936。

即合，两人于1900年5月在南京成立以"兴亚"为旗号的南京同文书院。

近卫笃磨主张的"亚洲主义"，与福泽谕吉倡言的"脱亚入欧"，旨趣相反而又相成，共为明治以后日本基本国策的两个方面。"亚洲主义"倡言，在日本的统领下，亚洲诸国联手与欧美对抗。这一点对中国某些政要颇有吸引力（刘坤一、张之洞等清末督抚皆曾服膺此说），孙中山在相当一个时期内也宣传"亚洲主义"，当然，孙氏的"亚洲主义"是希望中国与日本联手主导。这在当时不过是一种幻想。

因义和团事起，南京不安全，1901年4月同文书院迁至上海，更名"东亚同文书院"，首任院长为根津一。学生从日本各府县招考，每府县两名，享受公费待遇，入书院者多贫寒好学，具武士道精神，顽强耐苦，勇于任事。学生修业三年，主要学习汉语，以及中国历史、地理、政治、经济、文化等课程，最后一年以一学期时间旅行调查，此对有冒险追求的日本青年，尤具吸引力。东亚同文书院在日本被视作"幻的名门校"，不少学生心向往之。1918年，书院申请开设中华班，自1921年起，招收十一届共约百名中国学生，其中有后来担任汪伪政权特务机关76号头目的李士群。

为培植亲日势力，东亚同文会以退还庚子赔款之经费，在天津、汉口成立同文书院附属学校。

1939年，东亚同文书院由三年制专科学校升格为四年制大学，命名"东亚同文书院大学"，前三年修习中国文化，包括汉文、史地、经济等，后一年以学习踏查的名义对中国进行调查。

清末民初，昭示"亚洲主义"的同文书院，以"亲善"姿态争取中国朝野好感，湖广总督张之洞以刻有《诗经》的石碑赠给书院；至民初，孙中山、黎元洪、段祺瑞、汤化龙等政要名流为书院调查题词壮行；鲁迅、胡适等学者还曾到书院演讲。清末民初，书院的调查活动获中国中央政府、地方政府的支持，踏查各地畅行无阻。1931—1945年中日十四年战争间，同文书院调查区域受限，囿于日占区，但调查力度有增无减。1945年日本战败投降，上海东亚同文书院大学被盟军勒令关闭，人员及部分资料迁回日本爱知县。

东亚同文书院的学生，从第一届开始，以三个月至半年时间，获得中国政府许可证，数人结成一组，或乘车坐船，或骑马徒步，所谓"沐雨栉风""风餐露宿"，足迹遍及中国各省城乡，有的调查组直接目睹中国近代的大事变：如辛亥四川保路风潮及反正，辛亥武昌起义，新军革命者在四川处决清朝钦差端方，北洋军阀混战，二次革命间的江浙战争，上海攻防战，五四运动后全国范围的反日浪潮，1928年的"济南事变"等，踏访者都作现场观察，留下生动详细的记述。

东亚同文书院在每期旅行调查之前，学生受专业教师指导，拟定调查题目，开展调查研究方面的理论、专业知识的学习，尤其是接受调查方法指导，然后编成调查旅行队，如第6期生的晋蒙队，第9期生的鄂川队，第10期生的香港北海队，第13期生的山东、辽吉队，等等。踏查队又以领队学生名字命名，如——

1922年的园田次郎队，旅行线路：上海—大连—旅顺—哈尔滨—满洲里—齐齐哈尔。交通方式：船、步行、火车、货车。

1924年的青柳贞三队，旅行线路：上海—南京—武汉—郑州—开封—三门峡—华阴—潼关—洛阳—焦作—太原—代县—大同。交通方式：船、步行、火车、马车、骑马、牛车、汽车。

总汇各届诸队的调查内容，涉及中国各地经济状况、经商习惯、地理形势、民情风俗、多样方言、农村实态、地方行政组织。具体调查项目包括：

①地理：沿途形势、气候、都市、人情风俗、交通运输、税关。

②经济：经济单位、资本家、劳动者、田园及住宅、农业、畜牧业、林业、矿业、工业、物价、生活水平、外人企业及势力。

③商业：贸易状况、商贾、公会、度量衡、货币、金融、商品、商业惯例。

④政治：现在政情及过去政情。

记述方式除文字外，还有图表、素描速写、照片，等等。

上述各类见闻材料，由学生整理成"调查旅行报告书"，作为毕业论文提交，并开展宣讲报告活动。

从1901年到1945年，东亚同文书院、东亚同文书院大学的学生近5000人先后参与中国调查，旅行线路700余条，仅第5~42期生的旅行线路便达

676条，足迹遍及除西藏以外的中国所有省区，可谓密如蛛网，分布于中国南北东西，有的还远涉东南亚的菲律宾、安南、爪哇等地和俄国西伯利亚及远东。

调查旅行历时最长的一次，是2期生林出贤次郎1905年的新疆调查旅行，共274天（另说历时一年多），跋涉天山北路，直抵中俄边境伊犁。

东亚同文书院较之尤著声名的满铁的调查，时间更长——满铁不足40年（1907—1945），东亚同文书院若从前身汉口乐善堂算起，调查中国几达60年（1886—1945）。其调查范围之广弥，也超迈满铁——满铁调查主要在东北、华北、华东，而东亚同文书院着眼于全中国乃至俄国和东南亚。

笔者与爱知大学刘柏林教授于20世纪末曾访谈多名东亚同文书院大学后期校友（时年皆七十开外，现在多已离世），得知书院的中国调查一直延续至日本战败前夕的1945年夏。

44期生（1943年入学）土门义男于1998年5月9日在名古屋说，他于1945年初夏参加的调查旅行，线路是上海—青岛—热河—东北。

45期生松山昭治1998年5月9日在名古屋说，他1944年春，入东亚同文书院大学就读，只在1945年夏初为高年级同学旅行调查出发送行，自己这一届未及作旅行调查。

36期生春名和雄（我们调研时，春名和雄任日本巨型财团丸红株式会社社长，其办公室悬挂其与万里委员长的合影照片）于1999年7月12日在东京说，他所参加的旅行组于1939年到江苏南通做社会调查，住在日军营房，并为日军作临时翻译。

40期生贺来扬子郎、42期生小崎昌业（曾任日本驻罗马尼亚大使）于1999年7月12日在东京说，他们所在的两届因战争的缘故，旅行调查开展得很不正规，但并未中断。

可见，即使在1937年至1945年抗日战争全面爆发期间，东亚同文书院的调查旅行也未曾中止，其地域当然限于日军占领区及其边缘地带。

东亚同文书院的调查，对于中国的山川形胜、自然资源、政治结构、经济运行、民情风俗乃至各省人的性格特征，无不作细致了解。参加调查的学生提供旅行日记和调查报告。书院据以整理编纂，产生大批资料文献和研究著作，并提供给通产省、外务省、军部利用。

如果说同文书院调查早期侧重经贸、社会结构、民情风俗，主要服务于对华"商战"。九一八事变后，尤其是七七事变后，书院更直接为侵华战争效力，"学徒出征，翻译从军"一时成风，而其调查活动更广增军事性内容，有多篇"中国抗战力"调查报告（国军战力、八路军战力屡为调查题目），日占区民众及外国人对日军态度调查报告，等等。至于与军事情报相关的诸种信息则多如牛毛，如各战区的山岭高度、水源供应、通行线路，乃至一条小河的冬夏水量、渡涉方式，如此种种，或用摄影，或用素描，或用文字加以记述，提供军部利用。书院曾派14批师生以旅行之名，到中国各地实测五万分之一标尺的军用地图，精确细致到一房一树、一河一径的程度。

吾辈观看抗日战争影视片，常见这类镜头：一群中国军官围览某战役的军事地图，发现中国自制地图粗略失准，远不及日方地图的精确细致，军官皆愤愤然，拍桌大骂。殊不知，此种令国人尴尬的局面，正是包括东亚同文书院在内日本诸机构的精细调查使然。

四、警示与启迪

自明治后期以降，日本对华商战和军事侵略屡屡得手，基本原因当然是两国国力之差，同时也与由满铁、东亚同文书院等机构提供系统的、巨细无遗的中国调查颇有干系。当引为吾人警示与启迪。

回顾东亚同文书院的中国踏查，做法略有三端——

1. 长时间持续作现地调查

东亚同文书院的中国调查以持续多年实地踏查为基础，前期（清末民初）适应日本对华商战的需要，主要考察财政经济状况，尤其关注市场动态。中后期（尤其是九一八事变、七七事变以后）则加入愈益增多的军事性调查内容，往往在貌似民生调查的旗号下，实藏掠取军事情报内蕴，诸如公路的长宽度、路面结构，桥梁的建筑材料、长度、载重量，渡口的运输量及河面宽度，对这类项目皆作长时期、持续不断的实地踏查，皆为侵华军事战略服务。

近代中国也做过若干域外调查，稍见成效，但大体而论，调查的派遣者和实行者既少诚心研习之意，更缺乏长期系统的工作。通常情形是，主事者为了某个特定目的（往往是急功近利的），临时组织人搜集情报，调查者衔命而去，敷衍塞责，拼凑若干材料条目，返身即归，上下皆满足于虚应故事。显例是1886年、1891年北洋水师两度访日，本为调研日本海军和国力的良机，但北洋水师却游冶长崎，漫游马关、横滨，不仅未能放下身段探究日方军情社情，反而在炫耀清威之际，将自身的优劣让对方洞察无余。甲午海战清方完败，与此不无关系。

反观日本，则围绕宏观、中观、微观主题，持续不断地踏查中国，动辄历年，如满铁调查部38年，东亚同文书院加上它的前身59年。日本的海军系统、各大株式会社、著名报刊，对中国的各项调查也往往长达数年乃至十多年，外务系统（通过驻各地领事）调查的持续性、系统性也令人咋舌。如驻汉口总领事水野幸吉多年调研华中重镇汉口，所撰《中国中部事情——汉口》（1908年上海昌明公司出版），至今仍是华中研究不可或缺的参考材料。

中国也有作持续调查的力行者，如社会学家费孝通的江村调查，自20世纪30年代开始，一直持续到21世纪初，故能对问题有历史的、系统的认知，其著《江村经济》，成为人类学中国学派代表作，所示中国农村及集镇经济现代化诸义历久不衰。惜乎此种持续、系统的调查，在中国只是凤毛麟角。

2. 搜集感性材料与理性专科考察相结合

东亚同文书院的中国调查，以"用腿走路"为倡，将田野踏查置于调研活动的首位，自然物象必究、人文世情必求，上自政界朱门，下至市井巷陌，皆在探查范围。自1907年起，由外务省出资，同文书院中国大旅行得到经济保障，使踏查旅行调查持久而规范，覆盖面广大，此所谓"地毯式调查"。同时书院又注意文献占有，将直观的感悟体验与间接的书本知识结合起来，达成感性与理性认知的统一，达成所谓"立体式调查"。

书院历届学生组队调查，皆须撰写两种文字的结业书：一是见闻性的旅行日志，称为"大旅行记"，为散文体游记文，多载社会生活具象细节；二是专题调查报告，称为"大旅行报告书"，在踏查与文献考辨的基础上，提供较精准的专题调查材料。感性的旅行记与学理性的调查报告两相比配、相得益彰，使调查对象的表里情态毕现。

东亚同文书院历届学生的旅行日志，先用作演讲汇报，继而由书院选编，印行年度旅行记，书名多用优雅的中国四字语，如《虎风龙云》《金声玉振》《乘云骑月》《出庐征雁》《大陆漫步》《南腔北调》等，到七七事变后，旅行记汇编本则题名《靖亚行》之类，穷兵黩武溢于言表。

东亚同文书院历届学生的专科性调查报告，原本交存书院及东亚同文会，整理本抄录五份，东亚同文书院、东亚同文会各存一，另三份呈交日军参谋本部、外务省、农商务省等军政机构。彼时已有部分调查报告经书院加工整理，印行多种"调查报告书"，如《山东省石炭调查》《上海附近食料品市场》之类。

值得一提的是，虽多历政变、战乱，同文书院校址又一再迁徙，而调查报告的原件、抄件基本保存完整。笔者在丰桥的爱知大学图书馆和北京图书馆（今国家图书馆）多次浏览所藏之东亚同文书院大旅行记和调查报告，皆为其数量巨大和编整有序而作观止之叹。日本人认真、精细的工作精神，值得学习。

3. 编修关于中国国情的综述性巨帙

日本不仅在微观范域对中国进行地区性、专科性实地调查，而且基于微观调研，力采固有文献、大量吸纳新鲜的调查材料，作宏观的中国研究，修纂大型集成性的中国国情文本。如井上陈政（1862—1900）于明治中期编撰长达2347页的《禹域通纂》（1888年大藏省刊行），以"通达彼邦之风土事情，通观其始终"为目的，从空间与时间两大向度，全面述评中国，成为日本首部关于中国国情的百科全书。

后此，又有全面论列中国商业的汇总类书，著名者为东亚同文书院前身——日清贸易研究所编纂之两编三巨册（2300多页）的《清国通商综览》（1891年出版，主纂者根津一），多取材于汉口乐善堂成员数年的调查报告，系统介绍中国"本部十八省"之产业、经营制度、交易环境、行规与商事习惯、交通口岸、对外贸易乃至国民性，成为清末内容繁复的商贸集合体实录。

1901年建立的东亚同文书院，在整理编纂集成性论著方面更上一层楼。书院设中国研究部等多种编纂机构，对历届学生提交的巨量旅行记和调查报告，及时加工整理，选择出版多种调查报告书，如《山东省石炭调查》《上海附近食料品市场》之类。书院的研究论著有出自学者个人之手的，如书院教授马场锹太郎利用调查报告，编《中国重要商品志》《上海市的沿革与特殊性》，颇富特色。

书院的大型总汇性出版物，则为书院学人集团制作，如《清国商业惯习及金融事情》之类，而最著声名、使用率较高的是《中国经济全书》与《中国省别全志》。

由东亚同文会于明治四十年（1907）发行的12卷《中国经济全书》，是同文书院规模最宏大的经济类作品。该书吸纳中国各省志、州志、县志中的经济生活记述，更广采书院旅行踏查形成的经济类调查报告，以新型章节体例编而汇之，内容涉及清末农业思想与政策、土地权利移转、劳工就业与酬报、金银铜物价、资本家种类与投资方法、民众生活程度、铁路、邮政，乃至外国对清贸易，全方位介绍近代中国经济生活的方方面面，成为日本对清"商战"的指南。该书虽是日文版，然许多引用资料、表格、人名地名以中文书写，从而保证了素材的原本性，提高了可信度。

东亚同文会编《中国省别全志》，是东亚同文书院受日本政府重金资助编纂的中国地方志全书。为编此志，书院组织教师及毕业生，在长达11年（1907—1918）间实地调查中国列省，又博采中国旧志材料，于1917—1920年完成《中国省别全志》（18卷），包括广东省（附香港、澳门）、广西省、云南省（附海防）、山东省、四川省、甘肃省（附新疆省）、陕西省、河南省、湖北省、湖南省、江西省、安徽省、浙江省、福建省、直隶省，每省一卷两册。

抗日战争全面爆发后，由东亚同文书院大学教授马场锹太郎主持，编日军尚未占领诸省之志，自1942—1946年间纂成《新修中国省别全志》，包括四川省、云南省、贵州省、陕西省、甘肃省、新疆省、青海省、西康省，为攻略民国"大后方"作地志资料准备。"新修全志"共8卷14册。

《中国省别全志》与《新修中国省别全志》以中国固有省、州、县方志材料为基础，大量补充东亚同文书院调查材料，并部勒以近代地方志体例。下以《中国省别至志·湖北省》的篇目为例，见其结构大貌——

中国省别全志·湖北省（一）　　中国省别全志·湖北省（二）

序　　　　　　　　　　　　第六编　主要物产及商业特产

凡例　　　　　　　　　　　第七编　工业及矿产

目录　　　　　　　　　　　第八编　输入品

第一编　湖北省总说　　　　第九编　商业机关及特殊特产

第二编　开市场　　　　　　第十编　金融货币及度量衡

第三编　贸易

第四编　都市

第五编　交通运输及邮电

中国古有修志传统，民国年间有编近代性方志的计划，各地成产方志馆，各省志、县志纷纷出版（通称"民国志"）。然在积贫积弱时代，修志难以持续系统展开。而出于"经略中国"的需要，日本以其长期系统的中国调查为基础，在20世纪上半叶纂修、出版了总汇中国各省的多卷本全志，每卷千余页，图、表、文兼具，并附地图，提供了研究民国史、经济史、地方史的系统材料。这项规模浩大、系统完整的中国地志工程，中外迄今似无可与比肩者。

五、东亚同文书院中国调查的整理、研究现状

1945年日本战败投降，外务省下属的东亚同文会被盟军司令部勒令解散，东亚同文书院大学作为其下属机构被勒令关闭，返回日本的东亚同文书院大学的末任校长本间喜一与教职员、学生商议重组大学，并吸收从汉城（今韩国首尔）的京城帝国大学和台北帝国大学返日的部分师生及资料，于1946年在爱知县丰桥市建立爱知大学（后来又建名古屋三好校区和车道校区）。今日的爱知大学作为日本中部的一所文法大学，承继东亚同

文书院积累的有关中国问题的丰富资料及中国现地调查传统，设立日本唯一的"现代中国学部"，继续开展中国现地调查，培养新一代的"中国通"。爱知大学还设立"东亚同文书院纪念馆"，致力于东亚同文书院校史研究和资料搜集、保存与整理。可见当下日本虽放弃侵略中国的国策，然其调查研究中国的传统并未丢失。

略晚于爱知大学，东亚同文书院的后援组织东亚同文会在1945年被取缔后，于1948年组建"霞山俱乐部"（东亚同文会首任会长近卫笃麿号霞山），后更名"财团法人霞山会"，为日本外务省下属研究中国的机构，战后几十年间日本举行的东亚同文书院纪念活动和研究工作，多获"霞山会"资助。

东亚同文书院浩如烟海的大旅行记和调查报告书，其原件与抄件，现存两处，一是爱知大学丰桥校区图书馆，二是北京的国家图书馆。

爱知大学建校七十余年，继续整理东亚同文书院的大旅行记，增补若干年度旅行记汇编本；又以更大力量汇编东亚同文书院的调查报告书，出版多种专题书籍，如谷光隆编《东亚同文书院大运河调查报告书》（爱知大学1992年刊印）。爱知大学藤田佳久教授等长期从事东亚同文书院校史研究，其考析重点也是东亚同文书院的中国调查，对此长时段中国调查作了分期考析。

东亚同文书院的中国调查文献的另一收藏重镇，是中国国家图书馆。然在20世纪后半叶的几十年间，东亚同文书院中国调查被视为研究禁区，材料封存，仅有房建昌等少数学考略有涉猎。世纪之交情况有所改进，除频出介绍文字外，近年国家图书馆做了重要的基本文献的整理工作，国家图书馆出版社影印出版了东亚同文书院编纂的五十巨册《中国省别全志》和《新修中国省别全志》，两百巨册的《东亚同文书院中国调查丛刊》（1927—1943年的调查报告），两百五十巨册的《东亚同文书院中国调查丛刊续编》（1916—1926年的调查报告），笔者忝列前书顾问、后书主编，为三书写了长篇导言。国家图书馆做了一项很有意义的资料汇集介绍工作，为今后的研究、利用东亚同文书院中国调查奠定了文献基础。

近年来，武汉大学、北京大学、复旦大学等皆有学人利用东亚同文书院中国调查报告，开展清末和民国的经济、社会研究及中日关系史研究，笔者与聂运伟、刘柏林合作之《东亚同文书院中国调查之研究》已经草成，盼与同仁共讨。

十年前，笔者曾经在湖北省社会科学联合会提出一个建议——开展对省情国情的调查研究，省社联采纳此议，组织相关学科人员开展系统的社会调查，现在已经出版"中国调查丛书"，包括《湖北省籍企业农民工生存状况调查》《湖北省开展"三万"活动调查》《资源型企业社会责任调查》等。这项工作值得长期坚持做下去，其他省份也可以做这样系统的调查工作。这是从东亚同文书院中国调查中得到的启发。

陆 问学历程

修学三门径：义理—考据—辞章

我们的青年朋友走上大学教学、科研岗位，即将跨入学术殿堂，在下作为一个老教师，特三致贺忱，并寄语诸君：

> 以修习学问为志
> 以修习学问为乐

以下结合自己的体悟，参酌先哲的谠论，略议修学门径，卑之无甚高论，聊供参考。

谈及"修习学问"，清代桐城派代表作家姚鼐（1732—1815）会通汉学、宋学的名论值得玩味：

> 余尝谓学问之事，用三端焉。曰：义理也，考证也，文章也。是三者，苟善用之，则足以相济；苟不善用之，则或至于相害。①

姚氏所说"义理、考证、文章"，或称"义理、考据、辞章"均各有特指——

"义理"原指儒学修齐治平功夫，通过诠释经典，修行践履，达到意

---

① ［清］姚鼐：《述庵文钞序》。

义人生的高远目标。从治学而言，"义理之学"讲究的是理论思维能力的训练与运用。

"考据"指通过实证性研究（校勘、释义、定量分析），搜集材料、辨析材料，去粗取精、去伪存真。"考据之学"讲究的是占有并辨析材料能力的训练。

"辞章"指作文立言功夫。"辞章之学"讲究的是表达能力的训练，作文何以做到"信、达、雅"。

姚鼐"学问三端"说，可从两个层面诠释。

（1）"义理、考据、辞章"指三门学问。于此，前哲早有论述，宋代理学家程颐指出：

> 古之学者一，今之学者三，异端不与焉。一曰文章之学，二曰训诂之学，三曰儒者之学。①

小程子所谓的"文章之学"即辞章学，"训诂之学"即考据学，"儒者之学"即义理学。程颐作为理学的代表人物，强调"儒者之学"，即"道学""义理学"，认为文章与训诂都是为"趋道"服务的，皆综会于"儒者之学"。

至考据学大盛的清代乾嘉间，兼精"义理"与"考据"的戴震进而归纳：

> 古今学问之途，其大致有三：或事于理义，或事于制数，或事于文章。②

"义理、考据、辞章"三学并列，昭示了中国传统的学术分科理路——"义理之学"约为中国哲学原型，"考据之学"（又称训诂之学、制数之学）约为中国史学原型，"辞章之学"约为中国文学原型。

---

① ［北宋］程颢、程颐：《二程集》卷十一《二程语录》。
② ［清］戴震：《与方希原书》，《戴震集》卷九。

（2）"义理、考据、辞章"指普遍性的治学涉及的三方面能力，一切研习学问的人都应努力具备。

姚鼐之言的精辟处在于，阐发了"义理—考据—辞章"三者"相分"而又"相济"的道理，指出三者固然分野，但不可彼此排斥，三者当并行不悖、互动共济，这是中国传统的主流学术理念和作文准则。就一个学术工作者的知识和能力准备而言，"义理—考据—辞章"三者"相济"论也是极富启示性的，置之现代语境，似可这样表述：

> 一个以学问为事业的人，应当有理论修养，得以攀登时代的思想高峰，对错综复杂、隐而未彰的研究对象获得理性真解和创造性诠释；
>
> 应当有广博的知识积累，占有丰富的材料，所谓"前言往行无不识也，天文地理无不察也，人事之记无不达也"[①]，更须具备辨析材料的能力，如"老吏断狱"，去伪存真，由表及里，透过纷繁表象直逼真相；
>
> 应当锤炼语言，长于辞章，有一种"两句三年得，一吟双泪流"[②]的追求。

"义理、考据、辞章"三学，"考据"贡献并审定材料，"辞章"提供方法和表述，"义理"整合内容并探究形上之道，三位一体，相辅相成。三者合则互美，分则相害。

以下我们先分述"义理""考据""辞章"，再合论三者应当"相济"而不可"相害"。

一、义理

"义理"指普遍皆宜的道理或讲求经义、探求名理的学问，约指"理

---

① 《隋书·经籍志》。
② ［唐］贾岛：《题诗后》。

论思维"。西哲有言：

> 理论思维仅仅是一种天赋的能力。这种能力必须加以发展和锻炼，除了学习以往的哲学，直到现在还没有别的手段。[①]

"义理"能力的提升，必须经由对前贤的哲理杰作的攻读、体悟。从先秦诸子、希腊群哲，到现代各思想流派的代表作均应有选择地涉猎。以《庄子》为例，多由寓言故事昭显哲理，其《天下》中惠施的言说"一尺之棰，日取其半，万世不竭"，道出了空间无限可分和时间无限可分的观点。《秋水》中庄子与惠子濠梁观鱼，就人可否"知鱼之乐"展开辩论，提出人除自知之外，能否感悟其他事物的问题，这是认识论中的一个大题目。此外，《庄子》中"庄生梦蝶""蝶梦庄生"的遐想，直逼认识主体与客体的互动问题；"庖丁解牛"以屠夫宰牛比喻从实践中掌握客观规律，做事便得心应手、迎刃而解。以上诸篇，给人哲理启示良多。

史学工作者还尤其需要钻研历史哲学论著。我较用力于王夫之的《读通鉴论》和黑格尔的《历史哲学》二书，在史学理论与方法上获益匪浅。王夫之论及秦始皇废封建、置郡县的功过得失，提出"天假其私以行其大公"的论断，颇类似黑格尔"最大的'罪孽'，反而最有益于人类"的警句，揭示了主观动机与客观效果相矛盾的现象背后，有着不以人的意志为转移的支配力量在起作用，黑格尔归之于"绝对精神"，王夫之归之于"势""理""天"。

除阅览、思索外，当然还要实践，接触每一研究论题，自觉地树立一种理论追求，在考察先辈对此论题已有的思辨成就的基础上，试图求得深入一层的真解。我在撰写《中华文化史》和《中华元典精神》过程中，便从总体框架到具体论点、论证上，做若干探讨尝试。如《中华文化史》就中国文化得以发生发展的生态环境，作全景式把握，从地理环境、经济土壤、社会结构三层面的分析与综合着手，剖析中华文化的生成机制，试图运用系统论的方法诠释中国文化诸特质，并对跳跃式的西方文化历程与连

---

① ［德］恩格斯：《自然辩证法》，人民出版社，1971。

续性的中国文化历程作出比较。《中华元典精神》则力求超越直线进化观和历史退化观等传统的两极认识，以否定之否定的螺旋发展论解析文化史的辩证历程，呈现今对古在"复归"外貌下所包蕴的历史性跃进。这些努力当然只是初步的，但我愿意追踪先哲和时贤，继续锐意精进。

二、考据

"考据"，指研究问题时，详尽占有相关材料，并对材料进行辨析、考核，以资证实和说明论题。

做任何一门学问（无论是自然科学还是人文学及社会科学），第一位的任务就是占有事实材料。俄国生理学家巴甫洛夫（1849—1936）说过，事实材料好比空气，研究者好比飞鸟，鸟翅只有振动空气才能高飞。事实材料是学术研究的出发点，对事实材料精密辨析方有可能获得科学结论。

梁启超在《清代学术概论》中归纳乾嘉考据学的特色：其治学之根本方法，在"实事求是""无证不信"。这是对考据学颇为精要的概括。

"考据"对历史研究的基础作用，可以"光绪死因"一题为例加以说明。关于光绪皇帝之死，自其1908年亡故以来的百年间一直聚讼未决，大约经历了三个阶段：（1）清末盛传光绪被慈禧害死，此说主要源出有二：一为清廷人士（如外务部右侍郎伍廷芳、光绪的陪侍及起居注官恽毓鼎、末代皇帝溥仪等）根据慈禧与光绪的关系作出的判断，二为戊戌政变后流亡海外的康有为等人的推断和展开的宣传。20世纪80年代以前，社会舆论和史学界多信从此说。（2）1980年以后，随着清宫档案发掘整理工作的展开，尤其是光绪生前脉案、药方的发现，获知光绪一生体弱、百病丛生，1908年夏秋之交已病入膏肓，系因病死亡，非他人谋杀。据此，光绪正常死亡，在1990年前后十余年间几成定论。（3）21世纪初，"清光绪帝死因"专题研究课题组，用精密仪器对光绪的头发、遗骨、衣服及墓内外环境进行检验、分析，发现光绪死时体内含砷量高于正常值80～90倍，而砷是毒药砒霜的主要成分。由于此一事实的发现，光绪系中毒死亡，确凿无疑。此外，又通过大量文献材料的比照，发现有关光绪的所谓"脉案"（病历），并非光绪本人对御医的陈述，而是慈禧或太监代光绪向御医介绍的"病情"。慈禧唯恐自己先死，光绪复出掌权，遂在全国求医，制造光绪病入膏肓的舆论。故以往认作可靠材料的光绪"脉案"（病历），也应重新看待。可见，经考据获得的实证，是作出"光绪死因"判断的基本依据。

搜集事实材料是第一步，下一步的工作是辨析材料。陈垣（1880—1971）将考据方法分为三种：理证（根据逻辑推理判断正误），书证（以本书和他书为据，考证正误），物证（以出土龟甲、金石、器物为据，考证史料正误）。记得少时常听父亲议及清人考据繁密，言必有据，如法官审案，孤证不决，务求旁证、反证；母子证（从同一源头发展来的一连串证据）不及兄弟证（来源于并列的若干证据）有价值，等等。成年后接触乾嘉学者的论著，从事研究工作以来更时常翻检这类书籍，钦佩乾嘉学者的渊博和谨严。对一切以学术为目标的人来说，都有占领材料，进而对材料去伪存真、去粗取精的必要。作"以论代史"的空议固然无益于世，拿到史料便用，也有可能害人误己。总之，辨析材料并非考据家的专利，而是全体学者的必修功课，对于史学工作者而言，既以"实录"为治史目标，也就格外需要相当的考据功力。

20世纪80年代初，写作《辛亥武昌首义史》，我便着意于考析武昌首义前后一系列似乎已有定论的微观问题，逐一爬梳、参校材料，提出有别习惯说法的新结论：湖北第一个革命团体是吴禄贞（1880—1911）主持的花园山聚会，科学补习所只是继之而起的组织；《大江报》时评《大乱者，救中国之妙药也》作者并非詹大悲（1887—1927），而为黄季刚（1886—1935）；汉口宝善里机关失事为10月9日，并非10月8日；首义第一枪由程正瀛（1885—1916）打响，并非熊秉坤（1885—1969）；10月10日首先举义的是城外辎重队马棚纵火，城内工程营放枪在后；早在1911年4至6月间，革命党人已有举黎元洪为都督之议，黎元洪于首义后被推举，并非纯属偶然。台湾东吴大学缪寄虎教授读毕拙作后，曾撰文称赞这些新论的"搜材之博、考证之详、文笔之细"，并以为，"今日台湾普遍漠视历史教育只知道有电脑之际，冯教授的考证文章也许可以刺激一下中国人恢复其大脑的使用功能"。寄虎先生这"恢复大脑功能"之说，颇具启示性——占有丰富的材料，加以认真辨析，既是"考证"，同时思辨也在其间，而且是扎实、有的放矢的思辨。故而，考证是义理的基础。

三、辞章

辞章之学不仅指文章辞藻，更指文章论证框架的建构，思路和方法的选择，写作风格与研究对象的适配等。

对于"辞章"，中国有两种极端之论，扬雄以为是"雕虫小技"，"壮夫不为"；曹丕则认定是"经国之大业，不朽之盛事"。平心而论，作为表达思想的手段，辞章重要，自不待言。中国又有"文史不分家"的传统，故追求辞章之美，非唯文学家，史学家、哲学家孜孜于此者也不在少数。司马迁便不仅以史学家名世，又以文学家著称，《史记》有"史家之绝唱，无韵之《离骚》"的美誉；现代一些卓越的史学家，其史著也都文采斐然，读来令人神往。中国最渊深的哲学著作《老子》更是玄妙的哲理诗，《庄子》则"汪洋辟阖，仪态万方"，为辞章极品。我甚钦仰前辈史家、哲人的文质彬彬，不满新旧八股的呆板乏味，虽自叹才情欠缺，却心慕手追，力图文章有所长进，述事纪实，务求清顺流畅，娓娓道来；辩驳说理，则讲究逻辑层次，条分缕析。无论哪类文字，都切忌板起脸孔，而应以理服人，以情动人，寓庄于谐。文章不写空话、套话，不作无病呻吟。我以为，就文章而言，史学不同于哲学，较近于文学。除史论以外的历史著作，哲理最好深蕴于述事背后，主题更应藏于事实展现和形象描绘之中。《史记》的深意主要不是靠"太史公曰"陈述，《资治通鉴》历史哲学精华也不在"臣光曰"的直白，而寄寓在历史过程的生动叙述之中。这便是古语所谓"载之空言，不如见之于行事之深切著明也"。当然，那种画龙点睛式的议论和哲理性评断，也是令篇章增辉的"文眼"。

四、"义理、考据、辞章"三者"相济"而不可"相害"

"义理、考据、辞章"不仅各具独立价值，而且，理论指导、材料辨析、文字表达三个方面能力缺一不可，此三者间的关系应当"相济"而不得"相害"。

以史学而论，忽视史料的占有与辨析，其义理不过是空中楼阁，是无源之水，无本之木；同样，没有理论思维，所占有的史实也只是一堆原材料，无以建构伟岸的大厦，诚如刘知几（661—721）所说：

> 夫史之有例，犹国之有法。国无法，则上下靡定；史无例，则是非莫准。[①]

这里的"例"，便是指治史的理论与方法。此外，有义理与考证功力，如果文章苍白乏味，也难以成就良史，正所谓"言而无文，行之不远"；反之，擅长文章表达，却缺乏义理与考证功夫，则不过是花拳绣腿，上不得真阵式，而且还会以文坏史，古来忌文人修史、文人修志，即是防范这种情形。

为学术工作者说一句"豪言壮语"吧——

天将降大任于治学者，必先精思义理，苦心考据，擅长辞章，并致力于三者间的"相济"，于宏大处着眼，从精微处着力，方有可能造就"表征盛衰，殷鉴兴废"的学术成果。我辈不敏，却应当终生莫懈、不倦无悔地朝着这一方向努力！

---

① ［唐］刘知几：《史通》卷四《序例》。

庭教记略

20世纪80年代初期以来，沉寂多年的文化及文化史研究在中国大陆兴盛起来，议论迭出，著述纷呈，有人称之为"文化热"。后来，又有此"热"现已转"冷"之说。然而，作为躬逢其盛的参加者，我似乎没有感到忽"热"忽"冷"的起伏跌宕，只是觉得，这项切关紧要的研究工作在不正常地萧条三十多年之后，近十余年来始而复苏，继而向纵深拓展，目前正方兴未艾。此外，就个人经历而言，走上文化史研究道路，也与一时之热潮关系不大，而可以说是蓄之久远，发于天然。

先父冯永轩（1897—1979）是一位历史学教授，早年就学于武昌高师（武汉大学前身），师从文字学家黄季刚先生，又入清华大学国学研究院第一期，师从梁启超、王国维等国学大师，以后转徙各地任教。先父性格刚直，宁折勿弯，1958年被戴上"右派"帽子。其时正在念高中的我，心情十分抑郁，只有忘情于文学时方获得几分精神自由。1960年初，我正值高中毕业前夕，三兄因发表批评"反右倾"的言论而被作为"反革命"逮捕。父兄的"问题"显然杜绝了我投考理想大学和专业的可能。而恰在此间，我又暗自做起了作家梦——一个缥缈遥远的梦。从许多中外作家的经验谈中得知，念大学文学系与当作家风马牛不相及，作家的大学是生活，写作实践是驶向目标的风帆。基于以上几层原因，高中毕业时我对考大学全然失去兴致，同学们备考最紧张的几个月，我仍然在省图书馆阅读《悲惨世界》《复活》《白痴》之类，并且出乎一直视我为文科人才的师友们意料之外，我被录入武汉师范学院生物系。感谢生物系的课业较为轻松，使我在涉猎自然科学理论与方法（尤其是达尔文的《进化论》），"多识鸟兽草木之名"的同时，赢得大量时间，继续攻读文史哲书籍并练习写作。大学四年间，我陆续发表一批科普文章、散文和杂文。记得我二十一岁时（1963年）刊发的一篇游览颐和园万寿山的文章（题为《不要忘记帝国主义》），于写景间纵论古今，颇得友朋好评。一向喜爱文学的母亲，特别将那篇文章从报纸上剪下来，并批语保存。以后我出版书籍数不在少，也有过杀青付梓之乐，但都无法与1963年那篇短文发表时的激动相比。

与母亲常以欣赏目光注视儿子迥然不同，不苟言笑的父亲从来没有夸奖过我，但他可能发现小儿子确实热爱文史，正可弥补前面四个儿子纷纷从事其他专业带来的遗憾。而60年代初期父亲刚被摘掉"右派帽子"，心绪稍稍宽松，便连续几个寒暑假给我讲授《论语》《孟子》全文和《史记》选篇。记得每日晨起，父亲手不持片纸，不仅逐句吟哦经典原文，而且引述程注、朱注等各类注疏，并联系古今史事，议论纵横。我则记录不辍，偶尔插问，父亲又申述铺陈。如此，由旦及暮，母亲端来的饭菜常常凉了又热，热了又凉。

由泛览进而精读，从浮光掠影于知识圣殿边缘，到逐步升堂入室，其转折发生在1962—1965年这段庭训之间。当时我并未意识到其意义，直至后来走上学术研究道路，方深觉重要。当然，对中国古典的研读，毕竟是青年时代才开始，以后又未能坚持，故在对古典的熟悉程度上，远不能与有"童子功"的老辈学者相比。我们这一代学术工作者可能有某些长处超越老辈，但对本国文化元典的熟悉与体悟方面显然不足，这是难以出现一流文史大家的原因之一。弥补办法，除我辈尚须努力外，更要着眼于新的一代。我有一个构想：从培养文科尖端人才计，可在少数重点学校（最好从高小开始）开设少量班级，除普通课程外，增设古典课，使学生对文化元典熟读成诵，再辅之以现代知识和科学思维训练，从中或许可以涌现杰出的文史学者。

"文革"时期，工作单位武汉教师进修学院派仗连绵，逍遥派则每日学习"五十四号文件"（扑克）。我于派仗很快厌倦，对那一据说是韵味无穷的"五十四号文件"又兴趣索然，于是便躲进一家三口挤居的11平方米的宿舍里读书（1968年结婚，分得此小房间，一住多年）；开会学习文件时，也在文件掩护下藏书偷阅。那时可读的当然只有鲁迅、马列的书，偶尔也有《第三帝国的兴亡》等书私下流传。从20世纪60年代末期到70年代中期，我认真通读了《鲁迅全集》和几种马列经典。鲁迅对社会、人生的深刻剖析，对历史、文化的独创见解，以及无与伦比的犀利文笔，都于我恩泽久远。而《德意志意识形态》《法兰西内战》《反杜林论》《家庭、私有制和国家的起源》则提供了历史辩证法的生动范本，并使我开始受到理论思维训练，又对哲学及哲学史发生兴趣。黑格尔把哲学比喻为密纳发的猫头鹰，黄昏时方起飞。对一个民族来说是这样，对一个人来说也大抵如此。就我而言，最先发生兴趣的是文学，紧随的是史学，以后才是哲学。然而这只猫头鹰给人的教益深刻。如果说，文学提供的是形象，史学提供的是事实，哲学则昭示着规律。

20世纪70年代后期，我遇到一次选择专业的机会。少年时的作家梦这时早已淡化，因为自知形象思维非己所长；而哲学固然有诱惑力，但玄虚抽象又令人生畏。于我决计以冷热适度、虚实相济的历史研究为业，步龙门扶风后尘，跨入史学之门。由于目睹近三十年的史学偏于政治史和经济史，文化史久遭冷落，而自己对文、史、哲均有涉猎，又稍长于综合，便选择总括诸观念形态的文化史为自己的专攻——那时尚在全国性的"文化热"兴起以前三四年。此外，自己既为鄂籍，自80年代初开始担任湖北省地方志副总纂和武汉市地方志副总纂，湖北及武汉史志责无旁贷，于是又兼治湖北地方史志，以辛亥武昌首义史和张之洞为主要研究对象。文化史与地方史便成为我习史、治史的一体两翼，并有助于宏观把握与微观考察的交融互摄。

今日回首反顾，早年的泛览、青年的庭训、中年的抉择，历历在目。正是这一切，使我走过一段并不完善却又趣味盎然的学史、研究道路。

未成文的家训

一次朋友聚会，大家在漫议间，追忆起各自的家训，于是，不少精辟的治家格言竞相呈现，或引人莞尔一笑，或令人击节赞叹，然而我却侧坐无语。一位老兄发问："天瑜，你怎么不作声？你那书香世家，应当有很好的家训，说来听听。"我一时应答不出，因为，我们家里并未拟订过家训，没有朗朗上口的治家格言。散会后，我时而琢磨：冯家固然未能拟出成文家训，先父母也不爱说教，极少宣讲"如何做人"之类的大道理，但冯家还是无言地传承着自己的做派与风格。那么，这种传递不辍的风格（或曰"家训"）应当如何概括呢？回顾先父母的音容笑貌，追忆他们一生行事作风给我们兄弟树立的身教，我吟出六字——"远权贵，拒妄财"，这是否可以视作冯氏家训呢？

父母都不具有进攻型的性格，讲究的是"君子不为"，一生守住底线；抵御权贵和金钱的威压、诱惑，只求一个心安理得。我把上述六字报告天琪大哥，他立表赞同，并举出事例，说明父母如何"远权贵，拒妄财"，其中新疆一例较为典型。

大哥长我十多岁，与父母相处最久。1935年，六岁的大哥与两岁的二哥随父母远赴新疆。当时统治新疆的盛世才，正以"开明"面目现世，吸引了不少内地知识分子，如茅盾、杜重远、萨空了，乃至赵丹，皆曾投奔新疆，期望以新疆作为建设新中国的基地。先父也是此行列中人。到新疆后，父亲确实受到盛世才的重用，出任当时新疆最高学府——迪化师范学校校长，又任新疆编译委员会委员长。盛世才还许诺，以后将委以重任。但先父在与盛世才交往中，发现此人野心勃勃，又阴鸷可怖，先父毫不留恋地位和待遇，决计离开新疆。盛世才当然不愿放走好不容易从内地邀请来的人才，一再挽留。先父使尽各种计策，包括仿效蔡锷脱离袁世凯的办法：装作与夫人大闹，以家庭无法维持为理由，诱使袁世凯同意蔡锷离京，先父也如此演绎，几番周折，盛世才只得放行。先父遂带长子天琪经河西走廊返回内地（二哥已过继给有女无子的大舅，留在新疆），先母则赴苏联塔什干留学，后从西伯利亚铁路绕道海参崴，沿海路、江航，到武汉与父亲团聚，冯家才算是摆脱盛氏的掌控。几年后，盛世才撕破"开明"假面，在新疆屠戮各种进步人士（包括共产党人陈潭秋、毛泽民、林基路等），时任新疆教育厅厅长的我大舅死于刀下，四叔被投入监狱，二哥与表姐流浪新疆数年。若父亲当年稍有留恋权位、金钱之念，不毅然离新，必死于盛氏屠刀之下。

天琪大哥还讲到，抗日战争期间，父母在鄂东山区执教省立第二高中（父亲当过二高校长），不惧当局高压，抵制CC系[1]对学校的控制，终于辞职以抗，一段时间家庭生活极度艰难。

抗战胜利后，冯家回到武昌，其时年幼的我渐有生活印象。记得家居的正对门住着一位国民党元老，地位甚高，1948年当选"国大代表"，那条小巷车水马龙、热闹非凡。先父母多年间绝不与这一巨室来往，少时的我从未进过其大门。反之，冯家与周围的贫寒人（谢家、戴家等孤寡之家）相处极好，对其常有周济。（"文革"期间冯家遭难，一再被抄，而暗中帮助冯家脱险的，正是谢、戴家人）母亲的一位同事周安（我少时称她"周先生"），丧夫，半身不遂，母亲迎其在我家居住多年，直至送终。冯家与另一对门的李家关系密切，往来频繁。这李家主人是中共创始人之一李汉俊，李汉俊1927年被反动军阀杀害，李太太带女儿居于此。我少时常去李太太家玩耍，见其孤儿寡母，家徒四壁，清贫孤苦，而我父母对李太太母女十分亲近。前几年我在武大校园遇到李汉俊的女儿（武汉大

---

① CC系指成立于1927年9月的"中央俱乐部"（Central Club的简称），是民国时期以陈果夫、陈立夫为首的国民党内势力。

学离休教授，已行年九十），共同忆起李、冯二家的情谊，李教授连称冯先生、张先生（指我父母）人好，不势利，并夸奖："冯家家风上品。"

在"反右"运动中，父亲不惮权势压力，宁可自己受伤害也决不陷害人的做派，给我以潜移默化的影响。在后来的岁月，我也有数次"挨整"经历，但挨整期间决不揭发别人，是我的原则。单位的专案负责人对我极其恼火，告知属下：对冯某别抱幻想，他"要做人"。事后我想，这位以"左"闻名的专案官的"要做人"之说，却道出了真相，而这正是冯家风格的一个方面。

此外，我本人20世纪70年代后期一再拒绝"进京任职"（因此避免了日后的种种麻烦），又在1984年、1986年两拒校长任命（因而得以有时间和精力专务学术），几位兄长和我妻子都支持这种抉择，此皆冯氏家教的余韵流风。（略需说明：进京任职、当校长的，好人多多，做出有益贡献的也不乏其例，只是我于"权位"无兴趣，故辞谢之，这只是说明家教影响力之深，绝非自命清高，更无推广上述做法之意）

父母一生清贫自守，淡看金钱，"有饭吃即可，何必追求多财"是冯家的口头禅。父亲有颇高的文物鉴赏水平，几十年间又在全国各地周游教书，每到一地，必从自己有限薪水中挤出资金，选购书画、钱币等文物，几十年下来，数量可观，且多佳品，自20世纪50—60年代即有人求购，父亲总以"非卖品"相应。1978年，冯家将所藏古币（从夏代贝币、春秋战国布币刀币、秦半两、汉五铢，直到唐宋元明清的通宝钱），全部捐赠给武汉师院刚复建的历史系，今湖北大学钱币馆的主要馆藏便来自此。近十年来，我整理出版家藏文物图册（《冯氏藏墨》《冯氏藏札》《冯氏藏币》，合称"冯氏三藏"），冯氏收藏渐为人所知，内地及香港欲以高价收购者不时与我直接或间接联络，皆被谢绝。这是遵循"收藏而不贩卖""取自社会，回馈社会"的冯家原则行事。

父母曾经讲过什么立身做人的教言，我已失去记忆，但他们"远权贵，拒妄财"的处世风格，至今仍历历在目，且对我们兄弟影响深远。友人唐翼明说，在嗜权逐钱之风日盛的当下，冯氏"远权贵，拒妄财"的家教尤具价值。翼明兄言重了，那"卑之无甚高论"六个字，冯氏子孙用以独善其身，庶几可以，然治平社会则不敢奢望。

"住读"湖北省图书馆八年记

　　十八岁已是久远的过往。那是1960年，即在华师一附中高中毕业的一年。记得高三下学期要填写家庭情况表（为高考"政审"作准备），我写上——"父亲冯永轩"，政治面貌栏"右派分子"。这已经决定了我的高考结局，心里明镜似的。表交上去以后，不料被教数学的班主任贾老师叫到数学教研室去，平日和善的贾老师相当严肃地说："冯天瑜，你家里还有问题没有写进表里。"我说："除了父亲是'右派'，我家没有别的问题。"贾老师说："你有一个哥哥冯天璋是反革命。"我说："三哥在天津大学水利系读书，还是共青团员，怎么是反革命呢？"贾老师操着湖南口音斩钉截铁地说："'上边'正式通知学校，现行反革命冯天璋，最近已被逮捕。"我想起，三哥确有四五个月没有给家里来信，但家里尚不知出了这么严重的问题，而"上边"却把信息通告我这个中学生弟弟的所在单位，当时真有点毛骨悚然。几年后才获悉三哥出事的原委：三哥与几位天津大学、南开大学（两校紧邻）的同学经常一起晚饭后散步，闲谈中对"反右""反右倾"多有批评，同行的一位女同学喜记日记，把大家聊天的内容详载其中。这位女生正与一个华侨同学谈恋爱，而"上边"怀疑那个华侨是外国派遣来华的特务，于是突查其女友，抄到日记，但其中全无男友"特务"证据，却发现冯天璋等人批评"反右""反右倾"的大量言论，于是意外抓到一个"天大—南开学生反革命集团"。

　　我深为正直的三哥担忧。1963年（我读大三），三哥已摘除"反革命"帽子，留劳教农场劳动，暑假期间我去天津小站农场（清末袁世凯"小站练兵"之地）探望三哥，与来自北京、天津各名牌大学的学生一起"劳动教养"十多天（白天下田进行水稻田间管理，晚上天南海北纵谈——当然不谈政治），深感这是一群何等聪慧、有思想的兄长！有些人自此与我成了相交多年的朋友。

18岁的我，面临的局面：父亲是"右派"，加上三哥又成了"反革命"，因而全然无意高考，准备放弃，在老师、同学的劝导下，勉强乱填高考志愿表（近年获知，当时高考录取与学业成绩无关，考生分为四类：政治条件最好的入名牌大学，可入保密专业；次等的可入较好大学；三等为"五类分子"子弟，只能入较差学校，"右派"之子的我，当属此类；四等为杀关管人员及在港台任职人员子弟，不予录取）。之后两三个月，班上同学"搪功课"、紧张备考，我则继续躲在湖北省图书馆读托尔斯泰的《复活》、狄更斯的《双城记》……精神有所解脱：世界何其开阔，高考得失何足道哉。

少年时代的生活细节大多遗忘，但十八岁时在特定的氛围中读文学名著的情景，连同此前八年间在湖北省图书馆泛舟书海的经历，还历历在目，鲜明如昨。

我的母亲张秀宜（1901—1971）多年做中小学教员，1949年到湖北省图书馆工作，直到1962年退休。我是五兄弟中最年幼的，大概也是随慈母左右时间最长的一个。自小学三四年级起，我每天从武昌实验小学步行半小时，穿过立有孙中山铜像的阅马场，到绿树掩映的蛇山之麓、抱冰堂下的省图书馆。开始两年，多在儿童阅览室看小人书，《三国演义》《水浒传》《说唐》《说岳》《希腊神话》《三个火枪手》一类连环画是我的最爱，除熟记那些引人入胜的故事外，还因连环画的导引而迷上人物白描，有一段时间，我的课本、练习簿的空白处都画满中外英雄豪杰的人像，连手纸也未能幸免。这种随手画人物的习惯，一直保持下来。近三十年在国内外参加学术活动，留下一批中外文化人的速写。被画者常问，你是不是接受过美术专业训练？我说没有，是小时候在湖北省图书馆儿童阅览室形成的信笔涂抹习惯。

大约从小学六年级开始，主要是在初中和高中阶段，我又成为省图书馆成人阅览室的常客，每天放学归来，包括星期天，大都泡在阅览室里（省图书馆只在周一休馆）。这得感谢20世纪50年代的中学教育尚无沉重的课业负担，即使像初中母校武昌实验中学、高中母校华师一附中这样的重点中学，功课在校内自习时便可做完。我对考分又一向不大在意，母亲也从未因我某次考分高而表扬、考分低而责备，故我放学后便自由徜徉于省图书馆的书廊之间。那种纵游书海，与应试无涉，没有被功利心所污染，唯一的驱动力是兴趣、好奇，堂皇言之，是求知欲。中年时我读到亚里士多德《形而上学》中的名论："人们是由于诧异才开始研究哲学……人们追求智慧是为了求知，并不是为了实用。"回想自己少时读书经历，竟与古希腊哲言相暗合！惭愧的是，中年以后阅读，多是为了课题研究而找材料，各类图籍大多被分割、拼合成了为写某书所要用的资料长编，昔时那种悠游于名著佳篇之中的陶醉感，以及对名著的整体把握，实在是久违了。近年我多次下决心，一定要摆脱中年读书的异化状况，复归少时读书的本真情态。然而，逝去了的过往，还能重拾吗？但总该努力一试吧。

在嗜书者那里，"心游万仞""思接千载"的文学女神往往最早降临。忆昔少年时，湖北省图书馆群籍中，首先令我形诸舞咏、心驰神往的，是中外文学名著。《三国演义》等讲史小说，《水浒传》等英雄小说，《西游记》等神魔小说，《红楼梦》等世情小说自然读得烂熟，林教头风雪山神庙的悲壮、秦琼卖马的无奈、岳飞枪挑小梁王的神勇，都使人摇情动魄；曹操得天时、孙权得地利、刘备得人和，也略有领悟，最初的"历史观念"大约由此获得。

以初中二年级为端绪，另一扇知识之窗豁然敞开：俄罗斯、法兰西、英吉利、德意志文学，如磁石般吸引了我的注意力。在那一相对禁锢、封闭的时期，这些名著打开了一个个孔隙，可以窥探广远、深邃而又新奇的外部世界。少时的阅读刻下的印象实在真切，屠格涅夫（1818—1883）描绘的林中狩猎、转型时期父与子两代人之间的精神冲突、农奴木木的悲惨遭际，列夫·托尔斯泰铺陈的俄法战争壮阔场景、安德烈公爵战死前仰望苍天的冥想、比埃尔苦苦的精神探讨、《复活》中聂赫留朵夫的自我拷问，陀思妥耶夫斯基（1821—1881）抒写的彼得堡白夜飘荡的那些敏感而又病态的魂灵，契诃夫（1860—1904）对孤儿万卡一类底层人物的深切同情、对专制政治和市侩风气的揭露与鞭挞，都与我得之中国传统的民本思想和忧患意识交相呼应。而肖洛霍夫（1905—1984）展开的顿河草原上葛利高里们的血战，阿列克谢·托尔斯泰（1883—1945）表现的十月革命前后知识分子的"苦难的历程"，则与当时从教科书上获得的革命史观颇有相异之处。巴尔扎克（1799—1850）精工细描的巴黎社会、葛朗台的吝啬、高里奥的晚境凄苦、拉斯蒂涅的名利追逐，皆以艺术典型让我永记心间；司汤达（1783—1842）《红与黑》展开的法国王政复辟时期贵族与第三等级的矛盾冲突，狄更斯（1812—1870）刻画的阴暗的伦敦下层，德莱赛（1871—1945）揭示的纽约金融界和艺术界，……不仅提供了美学感受，还多有社会史的认知收获。后来，我读到恩格斯对巴尔扎克《人间喜剧》的评价：

> 在这幅中心图画的四周，他汇集了法国社会的全部历史，我从这里，甚至在经济细节方面（如革命以后动产和不动产的重新分配）所学到的东西，也要比从当时所有职业的历史学家、经济学家和统计学家那里学到的全部东西还要多。①

联系早年读巴尔扎克《欧也妮·葛朗台》《高老头》《贝姨》《邦斯舅舅》的印象，我对恩格斯的这段论述深以为然。后来我从事文化史研究，颇服膺于陈寅恪先生"以诗证史"（这里的"诗"可泛解为各类文学作品）的路数，这与我早年从文学名著中获得社会史的认知启示直接相关。

青年时历史与哲学著作对我更有吸引力，而早年广览文学名著为史哲研习奠定了基础。中年时我跨入学术研究门槛，自此被一个又一个课题挤压着，很少有余暇读文学作品，常常引以为憾。但早年从中外名著中获得的对中西文化的体悟，却在不断反刍，颇有助于对历史问题的理解，尤其有助于中外文化比较的展开。从某种意义上说，我日后能从事中国文化史

---

① ［德］马克思、恩格斯：《弗·恩格斯致玛格丽特·哈克奈斯》，载《马克思恩格斯选集》第37卷，人民出版社，1976。

及中外文化比较研究，得益于十八岁前后对中外名著的大量阅读和整体、有机的把握。比照当下的大学文科教育，学生主要接触的是几种通史课本，如历史系的中外古代史、近代史、现代史，中文系的中外文学史，辅之以少量的原著选读。这些教材自然是应当学的，但今日大学生多是一路从严格的应试教育筛选上来的，六年中学被沉重的课业负担压得喘不过气来，难得有时间、精力阅览整部名著（如果今日的孩子像我少时那样在图书馆看"闲书"，一定会遭到老师和家长的厉禁）。到了大学，他们学的又是多门"二手性"课本，较少接触文史哲元典。美国哈佛大学的校训是"与柏拉图同在，与亚里士多德同在"，我们的大学也可以立信条为"与先秦诸子同在，与李白、曹雪芹同时"。然而，如果不读先哲元典，对元典有较深切的体悟，怎能得其真精神，怎能与先哲"同在"呢？

少时在湖北省图书馆喜欢阅览的另一类书籍是游记和地理书，它们使我足未出户，而遍历大江南北、黄河上下，尾随司马迁"西至崆峒，北过涿鹿，东渐于海，南浮江淮"；追迹徐霞客"朝碧海而暮苍梧"。除神交古人，泛游九州外，更远涉重洋，翱翔于佛罗伦萨、斯德哥尔摩，深入亚马逊热带雨林，穿越撒哈拉大沙漠。十几岁时，我特别着迷于地图，常将湖北图书馆的各种中外地图册借来，铺在阅览室大桌上反复参看。记得某馆员笑问我是不是有周游世界的计划，这真道出了我的心思，那时我最大的愿望确乎是周游世界。为周游世界作练习，1958年暑假我应湖北省博物馆之约，到鄂东山区搜集革命文物。一个16岁的孩子，怀揣省博给的二三十元钱，乘车先至麻城、蕲春、英山等县城，从县文化馆获得文物线索，只身步行大别山纵深处（好几次走到深夜），造访许多老红军（皆为当年脱队留下当农民者），收取文物十余件（红四方面军留下的刀枪、旗帜、货币等），大半个月间对土地革命的真实情况略有一点超出教科书的认识（如获知麻城乘马岗的白骨墩埋葬的数千红军官兵和地方干部，并非牺牲于与国民党军的战斗中，而是在张国焘搞肃反扩大化时遇难，老红军带我到现场观看，并历数当年情景）。那次经历使我初领不仅要"破万卷书"，还要"行万里路"的道理。

由于熟读各类地理书和地图册，加之睡觉前时常想象自己到世界某地，并为某国某地设计发展蓝图，久而久之，便能如数家珍地说出中国各省乃至世界各国的简史、面积、人口、都市、山脉、河川、矿藏资源、风俗习惯，乃至国民经济总产值、钢铁及粮食产量等指标约数，并养成持续关注的习惯。20世纪80年代以降，随着改革开放的拓展，我也得以历访美国、日本、澳大利亚、德国、法国、瑞士、新加坡、俄罗斯、瑞典、匈牙利、奥地利、斯洛伐克等国，部分实现早年"周游世界"的梦想。在国外会议或讲学之余，与同行中国朋友及陪同游览名胜的外国友人谈及该国该地自然状貌、社会风情、历史演进、艺文哲思诸细节，有些内容外国友人亦觉新鲜，于是大表惊讶，或夸我为"某国通"，或问我是不是访问前夕对该国、该地的史地概况做过专门调查，我说，非然也，那些"准备"是小时候完成的。其潜台词为：那一切是十八岁前后在湖北省图书馆准备的。

地理常识当然不是高深学问，但烂熟于胸可以产生实在的空间感。历史总是在特定空间运行的，史学工作者不仅要有清晰的时间意识，还应当形成真切的空间意识，只有如此，才能对历史人物、历史事件产生方位感、质地感和度量感，历史人物和事件才能立体地得以再现，我们也才有可能对其作共情的理解，达到"知人论世"的境界。我每每建议学文史的青年朋友，多读点地理书和高水准的游记，熟悉地图，以合古之治史者"左图右史"的教言。而这种心得，是我十八岁在湖北省图书馆获得的。

二十世纪五六十年代的省图书馆可谓藏龙卧虎之地，少时我在馆里见过的老馆长方壮猷（1902—1970）、杨开道（1899—1981）等都是硕学鸿儒。方先生50年代初任湖北省图书馆馆长，是卓有贡献的历史学家，与我父亲冯永轩是清华国学研究院第一期同学，受业于梁启超、王国维等国学大师。方先生一次巡视阅览室，发现成人读者中有一个小孩（按规定，小孩不能入成人阅览室），便上前亲切询问，馆员介绍"这是张老师的儿子"，方先生马上用浓重的湖南乡音说："那不是永轩兄的公子嘛，好，好，他这么好学，将来一定可以继承乃父事业。"方先生这番不经意的话，我记了一辈子。

杨开道馆长是我国农业社会学开创者，好像是留美的，是费孝通的老师，曾任华中农学院院长。杨先生来省图书馆做馆长约在20世纪50年代后期，当时我已念高中，常在晚饭后与正在图书馆院子里散步的杨先生相逢，一次聊起天来，老少间谈及各国经济发展水平，我不知天高地厚，列举各国经济及社会数据，比较其自然条件和工农业特色，杨先生大感惊讶，高兴道："你是个经济学、社会学的好材料，以后跟我学吧。"在场的一位馆员说："他熟读文史，大概会学文史。" 杨先生说："多了解经济、社会实态，于攻文史也有好处。"由于父亲当时戴着"右派帽子"，而1958年以后高考"政治条件"压倒一切，我早已不存考取理想专业及大学的念想，故只能对杨馆长等人的期望付之一笑。当时还隐约获悉，杨先生1957年也被打成"右派"，但他仍显得潇洒自如、气宇轩昂，我心中暗暗佩服。

副馆长张遵俭先生（1915—1990）寡言、低调，我少年时与他好像没有对过话。20世纪80年代初写作《张之洞评传》，获知张馆长是张之洞侄孙，曾两次造访，一谈之下，发现此人内秀、博学，不愧文襄公后人。

新时期担任湖北省图书馆馆长的孙式礼，是"三八式"南下干部，20世纪50年代人称"孙秘书"，负责馆里的党政事务。他为人谦和、广闻多识，从他那里时能听得种种掌故和名人逸事，足见其阅览之博。副馆长徐孝宓，是藏书大家徐行可（1890—1959）的哲嗣，我少时从父亲处听过关于徐老先生苦心孤诣搜罗秘籍的逸事，又从母亲处得知，徐孝宓没有进过学校，得徐老先生家学，成为渊博的图书馆学家，其对版本、目录学之精熟，省内难得。我"住读"图书馆时，徐孝宓夫妇都还年轻，待我十分亲切。以上提及的前辈多已乘鹤仙逝，但他们的音容笑貌永存吾心。

"文革"期间，母亲瞎了一只眼睛，父亲一生省吃俭用、采自各地的相当丰富的藏书，被抄走又退回。后听说将有一次更彻底的查抄，我与父母商量，决定抢在查抄者到来之前，将藏书捐给省图书馆，以免珍贵文籍损失。图书馆派人用几辆板车将书拖走，父亲在板车队后踉踉跄跄地追随了好长一段路，回家后发呆几天。20世纪80年代初，我听说省图书馆特藏部中还散置着不少盖有"冯永轩珍藏""黄安冯氏藏"等藏书章的书籍，我几次想提出进特藏室看看这些自小常常翻阅的旧籍，也曾想建议设一冯永轩赠书专架，但念及历时已久，原有的近万册书籍大多风流云散，于是也就把这种请求咽了回去。

中年后从事文史研究，除自己日渐壮大的藏书外，我主要利用所在大学及院系的藏书，但偶尔也到省图书馆查阅，而每到馆里，老馆员张德英先生等都热情接待，颇有如归故里的感觉。我二十年前撰写《张之洞评传》，近十年撰写《新语探源——中西日文化互动与近代术语生成》，曾到省图书馆查书，杨海清馆长等大力帮助。熟识的学界前辈，如姚雪垠（1910—1999）、张舜徽（1911—1992）先生等，也曾对我提及过他们从事撰著（如姚写《李自成》、张写《清人文集别录》）得益于省图书馆藏书的故事。湖北学人的著述活动多得省图书馆之助，此言并不夸张。

省图书馆百年馆庆，我专程到少时生活过八年的故地转了一圈，看到省图书馆新起的楼宇和绝大多数工作人员生疏的面孔，颇有时光"如白驹过隙，忽然也"的慨叹。然而，八年"住读"往事历历在目，这里永远是亲切的、生机勃勃的，因为它是哺育我的精神家园。

2004年秋季草撰

"看家书"

做学问的人（尤其是人文学者）必须在理论思维方面下功夫，这是众所公认的法则。恩格斯说过，一个民族要站在科学的高峰，就一刻也不能没有理论思维。而理论思维的提升，有赖于对优秀哲学著作的攻读——

> 理论思维仅仅是一种天赋的能力。这种能力必须加以发展和锻炼，除了学习以往的哲学，直到现在还没有别的手段。①

谈到"学习以往的哲学"，我想起20世纪90年代张世英先生的谈话。

北京大学哲学系张世英教授，是黑格尔专家，堪称中国研究黑格尔第一人。张先生为湖北籍，有很深的家乡情结，20世纪80年代应湖北大学之邀，在湖大组建德国哲学研究所，集结张志扬、陈家琪、鲁萌等一批中年学者，创办《德国哲学》期刊。在研究德国哲学领域，这个团体和期刊达到当时国内的较高水平，这与张先生的引领有关，当然也受益于80年代宽松而富于创造精神的学术环境。80年代中后期，张先生经常来湖北大学，我当时四十多岁，在湖北大学工作，虽然是西方哲学研究的圈外人，但与张世英先生一见如故，结成忘年交，我们常于傍晚在校园外侧的沙湖边散步，从家常、时政到中西文化比较，都是漫议内容。90年代初，湖大德国

---

① ［德］恩格斯：《自然辩证法》，人民出版社，1971。

哲学研究团队风流云散，中年学者多出走海南、上海，张世英先生也少来湖大，我则调往武汉大学，数年未遇张先生。约在90年代后期，香港举行一个广涉文史哲的大规模学术会议，张先生与我都参会，而且两人同住维多利亚海港边的一个宾馆，房间相邻，这样又有机会聚谈。会议期间，我们每天傍晚都在维多利亚公园散步，一如当年在武昌沙湖之滨的情景。这次香港晤谈，涉及理论思维训练问题。

记得张世英先生谈到：一个学者要攀登学术山峰，理论思维不可或缺，而要提高自己的理论思维水平，当然须广泛阅览，拥有渊博知识，但尤当深研二三经典，要有自己的"看家书"。张先生的这个说法跟恩格斯的名论精神吻合，而又是从张先生的学术生涯中总结出来的，使人联想起各行各业皆需"看家本领"的俗语，听来特别亲切。于是我请教张先生：您的"看家书"是什么？他毫不犹豫地回答："黑格尔的《小逻辑》和《大逻辑》。我从二十岁在西南联大念哲学系开始，就反复钻研这两本书，后来做哲学研究半个世纪，反复阅览，常读常新。这两本看家书，对于理论思维的训练有很大好处，打下我研究黑格尔乃至西方哲学的基础。"紧接着，张先生反问："冯先生（我是后辈，但张先生总是这样客气地称呼）你的'看家书'是哪几种？"

以前我没有想过这个问题，并未自觉认定"看家书"。张先生之问，促使我反顾自己的读书历程：少时阅览甚泛，遍及中外文学名著，广涉史地杂学，谈不上"看家书"。而且，没有张先生那么幸运，我三十多岁方初入学术门墙，而一进门，即深感理论思维之紧要。为弥补疏于理论的缺陷，我读了一些思想史名著，渐被三本书所吸引，一是黑格尔的《历史哲学》，曾在一年间看了五六遍，以后还经常翻阅，那本王造时翻译的《历史哲学》被我翻烂了，书角都磨圆了。黑格尔的辩证思维和"巨大的历史感"令我着迷，他关于人类的文明从东方发端，东方（印度、中国）是历史的少年时代、希腊是历史的青年时代、罗马是历史的壮年时代、日耳曼是历史的老年时代，勾画了全球精神史轮廓。黑格尔是一个强烈的欧洲中心主义者，认为人类思维发展到日耳曼达到顶峰，这是我不能接受的观点，但黑格尔把历史视作世界性辩证过程的思想，对我深有启迪。后来我的几本拙著，包括《中华文化史》《中华元典精神》，都可以看到《历史哲学》的影响。黑格尔的《历史哲学》算得上我的一种"看家书"，当然并不意味着我对这部著作的全面服膺。

张先生赞同我关于黑格尔文明史观的评价，并批评黑格尔无视中国哲学的偏颇之论。张先生接着询问：你另外的"看家书"是什么呢？我说："是王夫之的《读通鉴论》和黄宗羲的《明夷待访录》，二书是历史学者，尤其是近古及近代文化史研究者的必读之书。"

王夫之的《读通鉴论》洞察历史发展的不以人的意志为转移的力量，是"一动而不可止"的"势"（《读通鉴论》卷十五）。自先秦以来，多有哲人论"势"，如孟子谓"虽存智慧，不如乘势"；韩非子谓"服于势""乘必胜之势"；唐人刘知几、杜佑、柳宗元都论势。但中古时代占主导的史观是"心术决定论"，如朱熹认为历史变化取决于"心术"，尤其是"人主之心术"。而王夫之认为心术论浅薄，他的《读通鉴论》指出，在"心术"之后，有更深沉的力量在左右历史进程，这便是"趋势""机势"。如张骞通西域，固然直接起因于汉武帝"远求善马"及邀击匈奴之类的"心术"，但其背后的推力则是中原与西域间经济文化交流的大势，这是"武帝、张骞之意计"所不及的（《读通鉴论》卷三）。又如秦始皇废封建，立郡县，出于一家之私，是嬴政期望秦朝从始皇、二世一直到万世能够传继不辍。但因为郡县制有利于国家统一，符合历史趋势，故两千年相沿不改，王夫之的评判是："秦以私天下之心而罢侯置守，而天假其私以行其大公，存乎神者之不测，有如是夫！"（《读通鉴论》卷一）此论类似黑格尔"最大的'罪孽'反而最有益于人类"以及"恶"是历史前进的"杠杆"的警句。王夫之指出，而导致这种历史吊诡的，是不以人的主观动机为转移的客观历史趋势。再如汉武帝频繁用兵，将文景之治以来国家积累的财富消耗几尽，武帝的做法在后世受到很多人的批评，但《读通鉴论》指出，武帝之作为，虽有劳民伤财之弊，但收到国家统一、开发东南西南的大利，"以一时之利害言之，则病天下。通古今而计之，则利大而圣道以弘"（《读通鉴论》卷三）。诸如此类以历史大势观史、辩证观史，突破了流行的以"仁义"论史的皮相之见，打开我的脑洞。

王夫之的《读通鉴论》展示了中国历史哲学的深刻与博大，是我的又一本反复研读的"看家书"，这在拙著《明清文化史散论》中可略见踪迹。

第三本"看家书"，是黄宗羲的《明夷待访录》。这部仅十万言的论著把中国古典的政治学说推向高峰。西方近代的政治哲学，如卢梭的《民约论》（后来翻译为《社会契约论》）、孟德斯鸠的三权分立思想，提供了今之政治建构的理论基石，而黄宗羲的《明夷待访录》在若干方面可以与孟德斯鸠、卢梭的思想相比肩，当然彼此也多有差异。

《明夷待访录》第一篇是《原君》。古人把讨论一个问题的来龙去脉称"原"，"原君"是讲君主、王权（或皇权）的形成及演变。黄宗羲以"公天下"为判断标准，赞扬"古之君"、谴责"今之君"。所谓"古之君"，用社会发展史眼光看，约指原始共产时代的部落领袖，譬如黄帝、炎帝，以及尧、舜、禹等上古"圣君"。这些圣君为什么一向被人们所崇仰？因为他们守持"天下为公"，一切思想和行动都是为了大众，天下最劳苦的事情自己担起来，益处好处都给公众。"古之君"只有那些道德最高尚的人，如尧、舜、禹才愿意去干，畏苦者避之唯恐不及。所谓"今之君"，则指家天下的王者，尤其指秦汉以下的专制君主，《原君》篇从总体上加以谴责。此前的古代典籍，多有批评、限制帝王的民本思想，如《左传》的"从道不从君"说，《孟子》的"民贵君轻"说，逐桀、诛纣是挞伐"独夫民贼"说，但民本主义的批判仅指向"暴君""昏君"。而黄宗羲抨击的是整个"今之君"，指出"今之君"把天下之利都收归己有，把天下之害都让老百姓去承受。故求私利者竞相争逐君位。这就接近于否定专制君主制度。

《明夷待访录》第二篇《原臣》也颇富创意：一反传统的君臣主奴论，提倡君臣同事论，君臣如扛木头的一群人，前面的唱"嗬"，后面的唱"嘿"，是彼此呼应、协作的同事关系。再如《明夷待访录》的《学校》篇，认为学校不仅是教育机关，而且应该成为议政讲堂，"公天下之是非于学校"，是非不能仅由朝廷说了算，还要学校代表民众来评议。这都是很了不起的思想，至今仍有生命力。

《明夷待访录》里还有些篇也很精彩，比如《奄宦》篇，揭示宦官干政的根源是君主集权。再如《置相》篇，剖析君主和普通人一样，杰出者是少数，多半是庸人，还有坏人，而君主是世袭的，没有选择余地，而丞相不是世袭的，是精选出来的杰出人才。故明代废除丞相制，使君主专制之弊愈益深重。如此谈"置相"，是对世袭君主制的批判。《明夷待访录》还提出"工商皆本"命题，是对"重本（农）抑末（商）"传统的救正。

黄宗羲承袭先秦以来的民本思想，又向前跨进，直逼近代民主主义。我把明清之际产生的这种思想称为"新民本"，在拙著《解构专制——明末清初"新民本"思想研究》中加以阐述，意在说明：中国近代民主主义并非全为舶来品，还自有民族文化的内在根据。梁启超便讲过此点，孙中山多次给日本友人赠送《明夷待访录》的《原君》与《原臣》，也是强调此点。

黑格尔把古希腊称作欧洲人的"精神家园"。我们中国人也有自己的"精神家园"，先秦诸子便是。论及近代启蒙思想，并非只有西方的伏尔泰、卢梭、洛克，中国明清之际的"黄、顾、王"的思想也有独到处，前面略讲我的两本"看家书"——黄宗羲《明夷待访录》、王夫之《读通鉴论》，皆不让于伏尔泰、卢梭、洛克的作品。此外，顾炎武也有富于近代启蒙意义的观点，如他区分"天下"与"国家"，这也是纠谬归正的卓识。顾氏中年，明清鼎革，有些人因朱明王朝的覆灭痛不欲生。顾炎武也十分悲愤，他曾经冒死参加抗清活动，但是他的认识超乎一般，不赞成将"天下"与"国家"相混同。国家（朝廷）是李姓、赵姓或朱姓的，是为君为臣者的专利品，所以国家兴亡当由"肉食者谋之"（中国古代把吃肉的人喻为统治者），老百姓（"菜食者"）不必为某一朝廷的垮台如丧考妣。而"天下"则不然，天下（包括其文化）是天下人的，所以，天下（包括其文化）的兴亡"虽匹夫之贱，与有责焉"。到了近代，梁启超把顾氏语概括成很精练的一句话——"天下兴亡，匹夫有责"。指出一个微贱到没有任何功名、地位的匹夫，对于天下的兴亡都负有责任，因为天下是所有人的天下。现在有些影视剧把这句话给"阉割"了，说成"国家兴亡，匹夫有责"，这就忽略了顾炎武的苦心和深义。

介绍张世英先生与我谈论"看家书"，当然并非向大家推荐《大逻辑》《小逻辑》《历史哲学》《读通鉴论》《明夷待访录》这几种书，而是说，每个学人要根据自己的情况（专业、爱好等等）选择"看家书"。庄子曰："吾生也有涯，而知也无涯。"面对浩茫无际的书籍海洋，当有选择，应该确定自己的"看家书"。

"义理"能力的提升，必须经由对前贤的哲理杰作的攻读、体悟。从先秦诸子、希腊群哲，到现代各思想流派代表作均应有选择地涉猎，义理收获自见。以《庄子》为例，多由寓言故事昭显哲理，其《天下》记述的惠施的言说"一尺之棰，日取其半，万世不竭"，道出了空间无限可分和时间无限可分的观点。《秋水》中的庄子与惠子濠上观鱼，就人可否"知鱼之乐"展开辩论，提出人除自知之外，能否感悟其他事物的问题，这是认识论的一大题目。此外，《庄子》关于"庄生梦蝶"还是"蝶梦庄生"的遐想，直逼认识主体与客体的互动问题；"庖丁解牛"以屠夫宰牛比喻从实践中掌握客观规律，做事便得心应手、迎刃而解。以上诸篇，给人哲理启示良多。总之，理论思维的训练，离不开"学习以往的哲学"。